Heinz G. Günther
Olaf Günther

Clever Küchen kaufen

In der gleichen Reihe erschienen:

Clever Möbel kaufen
ISBN 978-3-947557-01-1
Infos im Internet: www.clevermoebelkaufen.de

Clever mieten – Tipps und Tricks für Mieter
ISBN 978-3-9811218-8-9
Infos im Internet: www.mietrecht-information.de

Clever bauen – dem Pfusch am Bau ein Kontra!
ISBN 978-3-9808863-4-5
Infos im Internet: www.hausbau-maengel.de

Wir freuen uns über Ihr Interesse an diesem Buch. Gerne stellen wir Ihnen kostenlos weitere Informationen zu unserem Programm zur Verfügung.

Bitte sprechen Sie uns an oder besuchen Sie uns im Internet:

Verlag Günther Net Publishing
Gertrud-Bäumer-Weg 4
D-71522 Backnang

Telefon: +49 7191 345537-1
Telefax: +49 7191 345537-2

Internet: www.gnp-verlag.de

Heinz G. Günther
Olaf Günther

Clever Küchen kaufen

**Perfekt planen,
Qualität erkennen und vergleichen,
den günstigsten Preis herausholen**

Verlag Günther Net Publishing

Hinweis: Wir sind stets bemüht, Sie mit unseren Werken nach bestem Wissen zu informieren. Dieser Ratgeber beruht auf unserer Kenntnis der jeweiligen Sach- und Rechtslage. Verbindliche Auskünfte holen Sie sich bitte bei Ihrem Rechtsanwalt ein.

ISBN 978-3-947557-11-0 11. aktualisierte Auflage
(ISBN 978-3-947557-10-3 10. aktualisierte Auflage 2019)
(ISBN 978-3-9814858-9-9 9. aktualisierte Auflage 2016)
(ISBN 978-3-9814858-6-8 8. aktualisierte Auflage 2015)
(ISBN 978-3-9814858-3-7 7. aktualisierte Auflage 2013)
(ISBN 978-3-9814858-0-6 6. aktualisierte Auflage 2011)
(ISBN 978-3-9811218-6-5 5. aktualisierte Auflage 2009)
(ISBN 978-3-9811218-5-8 4. aktualisierte Auflage 2008)
(ISBN 3-9808863-3-6 3. aktualisierte Auflage 2006)
(ISBN 3-9808863-7-9 2. bearbeitete Auflage 2004)
(ISBN 3-9807393-7-6 1. Auflage 2002)

Originalausgabe

© Copyright by
Heinz G. Günther
Olaf Günther

© Copyright by
Verlag Günther Net Publishing
D-71522 Backnang

Das Werk ist in allen seinen Teilen urheberrechtlich geschützt.
Verwertungen jeglicher Art, insbesondere des – auch auszugsweisen –
Nachdrucks, der fono- und fotomechanischen Reproduktion,
Fotokopie, Mikroverfilmung, sowie der Übersetzung und jeglicher anderen
Aufzeichnung und Wiedergabe durch bestehende und künftige Medien
nur mit ausdrücklicher Genehmigung des Verlags.

Die Entdeckung, dass es so einfach nicht ist, wie man gedacht hat, ist als Gewinn anzusehen

*(Carl Friedrich Freiherr von Weizsäcker
Atomphysiker und Philosoph)*

Vorwort
zur 11. Auflage

Der Boom in der Küchenbranche geht weiter. Doch die Anzahl der Berichte und Reportagen in den Medien, in denen auf die vielschichtig praktizierte Abzocke beim Küchenkauf hingewiesen wird, hat in letzter Zeit deutlich abgenommen.

Liegt das etwa daran, dass die Mehrzahl der Küchenhändler jetzt ehrlich und offen mit ihren Kunden umgeht?

Wohl kaum. Wir gehen davon aus, dass immer noch weit mehr als 90% aller Verbraucher zu viel für ihre neue Küche bezahlen und beim Kauf oftmals Tausende Euro verschenken.

Sei es, weil sie durch angebliche Preisnachlässe oder durch Preisfallen wie zum Beispiel die „Küche zum Meterpreis" geködert werden. Oder sei es, weil sie wegen der Vielzahl und der Intransparenz der Angebote ganz einfach überfordert sind, sich für das richtige zu entscheiden.

Geblieben sind auch die Angriffe der Küchenhändler gegen uns und diesen Ratgeber. Dies äußert sich zum einen in wütenden E-Mails, die wir erhalten.

Zum anderen zeigt es sich in den zahlreichen Fake-Bewertungen, die hauptsächlich beim größten Internet-Buchhändler A. eingestellt werden. Mit bewusst falschen Aussagen zum Buchinhalt und abstrusen Behauptungen versucht eine gewisse Klientel, diesen Ratgeber in den Schmutz zu ziehen. Motto: „Leute, kauft Eure Küche lieber ohne dieses miserable Buch. Das braucht Ihr nicht."

Trotzdem oder gerade deshalb war *Clever Küchen kaufen* einmal mehr vergriffen und eine Neuauflage fällig.

Wie immer nutzten wir diese Gelegenheit, um den Ratgeber komplett zu überarbeiten. Die Überarbeitung fiel dieses Mal relativ umfangreich aus.

Neben Änderungen in den Kapiteln Küchenqualität und Küchenpreise haben wir die Benotungen der Hersteller aktualisiert sowie die neu auf den Markt gekommen Handelsmarken in die Listen aufgenommen.

Wichtige Neuerungen und Ergänzungen waren beispielsweise bei den „10 Geboten für den Küchenvertrag" einzuarbeiten. Auch die neuesten Verkaufstricks der Küchenhändler haben wir beleuchtet und zeigen auf, wie man clever darauf reagiert.

Insgesamt enthält die vorliegende 11. Auflage mehr Informationen und Tipps als je zuvor.

Besonderer Dank gilt dabei unseren Lesern. Sie haben uns in all den Jahren seit dem Erscheinen der Erstauflage im November 2002 mittlerweile Feedback im 4-stelligen Bereich gegeben.

Und dieses Feedback ist für uns die Richtschnur, nach der wir *Clever Küchen kaufen* auf dem neuesten Stand halten.

Wir sind uns auch dieses Mal sicher, dass mit unseren Insidertipps und mit der Kaufstrategie – unserem „7-Schritte-Küchendeal" – wieder viele Tausend Leser prächtige Einsparungen bei ihrem Küchenkauf erzielen werden.

Wir wünschen Ihnen viel Spaß beim Lesen und mit dem beim cleveren Küchenkauf ersparten Geld!

Heinz G. Günther   Olaf Günther

Vorwort
zur 1. Auflage

Der Ratgeber *Clever Möbel kaufen* war gedruckt und in den Handel gebracht. Ich atmete auf und wollte mich bequem zurücklehnen. Aber daraus wurde nichts.

Viele Leser berichteten mir von ihren gewinnträchtigen Erfolgserlebnissen beim Kauf von Polstergarnituren, Schrankwänden, Schlafzimmern usw. Gleichzeitig drängten sie: „Wenn wir uns eine Küche kaufen, wie sollen wir das machen?"

Manchmal klang es wie ein Hilferuf:

> „(...) Ich muss in Kürze umziehen und eine Küche kaufen. Bei den Preisen in den Möbelhäusern wird mir ehrlich gesagt schlecht, da meine Küche sehr groß und ein Standardküchenblock zu klein ist. Können Sie mir helfen?"

Das Thema Küchenkauf hatte ich bewusst nur am Rande gestreift. Ich wollte *Clever Möbel kaufen* nicht überfrachten. Also musste nun ein spezieller Küchenratgeber her.

Die Küchenbranche komme ihm vor wie eine Landschaft im Nebel, schrieb mir ein anderer Leser. Die Werbesprüche wie „Hightech-Designerküche", „Perfektion bis ins Detail", „Komfort, Ergonomie, Stauraum", „1A-Qualität", „Das A und O – perfekte Planung", „komplett organisierbares Schubkastensystem", „Montageteam mit Kompetenz", „unschlagbares Preis-Leistungs-Verhältnis" würden mehr verhüllen als offenbaren. Wenn man schließlich mühsam hindurch gedrungen sei, werde man das Gefühl nicht los, dass man für sein Geld hätte Besseres bekommen können.

In der Tat: Küchen kaufen ist oft kompliziert. Jeder falsche Schritt ist teuer. Ich weiß das sehr wohl, weil ich selbst in meiner Zeit als Möbelhändler viele Küchen geplant, verkauft und auch montiert habe.

Da ich heute auf der anderen Seite stehe, frage ich mich, wie ich dem Verbraucher am besten zeigen kann, wie er es anpacken soll.

Und dann die vielen Pannen und Ärgernisse. Manche werden erst sichtbar, wenn die neue Küche bereits in Gebrauch ist. Wie kann ich dem Küchenkäufer zeigen, wie er schadlos da durchkommt?

Plötzlich kam mir die Idee: Ich trete nicht wie ein Dozent vor seine Seminarteilnehmer, sondern mache den Küchenkauf zu meinem eigenen Erlebnis.

Ich schlüpfe in die Person eines Verbrauchers, der sich eine Küche zulegen will und schildere, wie ich vorgehe und was ich erlebe. Bei diesem Testkauf beschränke ich mich nicht auf mein eigenes Küchenprojekt, sondern blicke auch hinter die Kulissen der Küchenbranche und beschreibe, was ich sehe.

Dann hole ich den Preishammer heraus und handle den optimalen Kaufvertrag aus. Später schaue ich kritisch zu, wie montiert wird. Schließlich biete ich den häufig auftretenden Ärgernissen mit eigenem Reklamationsmanagement die Stirn.

Der Leser wird sich mit seinem Küchenprojekt in meinen Schilderungen wiederfinden. Er kann es dann genauso machen wie ich – oder noch besser.

Billigheim-Ingenheim, im November 2002

Inhaltsverzeichnis

1.	Meine Küche: Traum oder Plan?	15
2.	Küchenplan und Küchenwirklichkeit	17
2.1.	Keine Einbauküche ohne Plan	17
2.2.	Wie komme ich zu meinem Küchenplan?	18
2.3.	Jetzt keine Fehler machen	20
3.	Planen heißt zuerst Messen	22
3.1.	Wie oft, wo und was ich messe	25
3.1.1.	Auf dem Boden messen	26
3.1.2.	In verschiedenen Höhen messen	29
3.1.3.	Installationsanschlüsse messen	30
3.2.	Meine Küche, komplett gemessen (bemaßt)	33
4.	Planen mit Küchenelementen und Einbaugeräten	38
4.1.	Zahllose Einzelteile, aber nur wenige Basiselemente	38
4.2.	Unterschränke	41
4.3.	Hochschränke	45
4.4.	Oberschränke	47
4.5.	Die übrigen Elemente	53
4.5.1.	Arbeitsplatten	53
4.5.2.	Nischenausstattung	56
4.5.3.	Kranzleisten und Lichtblenden bei Landhausküchen	57
4.5.4.	Ergänzungsteile	58
4.6.	Einbaugeräte	65
4.6.1.	Geräte zum Kochen und Backen	66
4.6.2.	Geräte zum Kühlen, Gefrieren, Auftauen, Garen	70
4.6.3.	Geräte zum Geschirrspülen und Waschen	72
4.6.4.	Sondergeräte	73
5.	Planen mit Ergonomie	75

5.1.	Was die Ergonomen fragen	75
5.2.	Die Antworten und was daraus gemacht wird	76

6.	Wie ich meine Küche Schritt für Schritt plane	86

6.1.	Mehrdimensional denken	86
6.2.	Von links nach rechts	87
6.3.	Die Kernküche	88

6.3.1.	Unterschränke und Hochschränke in der Kernküche	89
6.3.2.	Oberschränke in der Kernküche	94

6.4.	Die erweiterte Küche	97
6.5.	Die Komplettküche	99
6.6.	Die Wohnküche bzw. Inselküche: Ein Sonderfall?	106
6.7.	Was passiert jetzt mit dem fertigen Küchenplan?	107

7.	Wie ich hinter die Küchenqualität steige	108

7.1.	Produktqualität jetzt – Montagequalität später	108
7.2.	Welche Qualitäten meine Küche haben soll	112

7.2.1.	Die Küchenfront	112

7.2.1.1.	Beschichtete Fronten	114

7.2.1.1.1.	Folie	115
7.2.1.1.2.	Melaminharz	115
7.2.1.1.3.	Schichtstoff	115
7.2.1.1.4.	Lacklaminat	116

7.2.1.2.	Lackfronten	116
7.2.1.3.	Glasfronten	117
7.2.1.4.	Acrylglasfronten	117
7.2.1.5.	Furnierte Fronten	118
7.2.1.6.	Fronten aus Keramik, Beton, Stein und Metall	118
7.2.1.7.	Welches Frontmaterial ist für mich optimal?	119
7.2.1.8.	Puristisch grifflos oder klassisch mit Griff?	120
7.2.1.9.	Frontstärke bzw. Plattendicke	121

7.2.2.	Der Korpus	121
7.2.3.	Die Küche aus Holz	124
7.2.4.	Die Beschläge	126
7.2.5.	Die Arbeitsplatte	132

7.2.6.	Die Spüle und die Armatur	136
7.2.7.	Sonstiges	138
7.3.	Wer produziert welche Qualität?	140
7.4.	Das Herstellerranking: 97 Küchenproduzenten im Vergleich	141
7.5.	Wie ich die optimalen Einbauelektrogeräte herausfinde	144
7.5.1.	Gerätegrundausstattung	144
7.5.2.	Dunstabzug	148
7.5.3.	Mikrowellengeräte	150
7.5.4.	Induktionskochgeräte	151
7.5.5.	Gasherde	152
7.6.	Sicherheit und Gesundheit	153
7.7.	Gütezeichen: Kann ich mich darauf verlassen?	160
8.	Und jetzt ran an den Küchenhandel	163
8.1.	Küchenkauf ist auch Psychologie	163
8.2.	Die unverzichtbare Basis für Preisabfrage und Preisvergleich	164
8.3.	Angebote der Küchenhändler	167
8.4.	Wie ich die Angebote der Küchenhändler vergleiche	173
9.	Wie die Küchenpreise gemacht werden	175
9.1.	Preisspiegel und Preisspannen	175
9.2.	Die Ebenen der Preisgestaltung	177
9.2.1.	Preisgruppen der Küchenhersteller	177
9.2.2.	Virtuelle Preisblätter der Küchenhändler	179
9.2.3.	Einkaufskonditionen der Küchenhändler	183
10.	Wie ich den günstigsten Anbieter herausfinde	186
11.	Entzaubert: 11 Verkaufstricks und -strategien der Küchenhändler, die Sie kennen sollten	187
11.1.	Der Lockruf der Rabatte	187
11.2.	Listenpreise, die keine sind	188
11.3.	Die berühmt-berüchtigte Blockverrechnung	189
11.4.	Die Einbaugeräte als Manövriermasse	190
11.5.	Verwirrung per Computer	192

11.6.	Jetzt oder nie	194
11.7.	Meterküche: Vorsicht Falle	195
11.8.	Erpressung gefällig?	197
11.9.	Der Küchen-Test	198
11.10.	Küche geschenkt?	199
11.11.	Das perfide Versteckspiel mit den Handelsmarken	201
12.	Wie ich zum Zielpreis für mein Wunschmodell komme	206
12.1.	Wie ich über den Zielpreis verhandle	209
13.	Die 10 Gebote für den Küchenvertrag	212
14.	Der clevere „7-Schritte-Küchendeal"	223
14.1.	So holen Sie das Maximum heraus	224
15.	Wie ich Lieferverzögerungen begegne	226
16.	Wie ich die Küchenmontage überwache	231
17.	Wie ich Reklamationen manage	237
18.	Klare Worte zum Schluss und 3 Punkte, woran Sie einen seriösen Händler erkennen	241

Anhang A: Kleine Materialkunde – vom Material zur Qualität..........243

Anhang B: Checkliste Messen.. 264

Anhang C: Checkliste Planen.. 267

Anhang D: Checkliste Küchenqualität..274

Stichwortverzeichnis..287

Hinweise...293

Meine Küche: Traum oder Plan?

Werbespots wollen mir einen Traum einreden. „Vom Küchentraum zur Traumküche" hallt es mir entgegen. Und so beispielsweise soll der Traum aussehen:

Abbildung 1

Warum sollte ich von meiner Küche träumen?

Wir haben eine neue Wohnung gemietet und jetzt stehe ich da und schaue in die leeren Räume. Ich stelle mir vor, wie ich hier lebe und was ich hier tun werde. Bei der Küche fällt mir ein: Kochen, Essen, Abwaschen, Verstauen.

Ich sinniere weiter. Küchen sind so alt wie die Menschheit. Höhlen mit Lagerfeuer, auf dem Rohes verdaulich gemacht wurde, waren auch Küchen. Heute sind es hochtechnische Gebilde. Schmeckt mir das Essen deshalb besser als den Urmenschen mit ihrem Urhunger? Ich glaube kaum.

Allerdings will ich nicht verhehlen, dass heute in einer speziell eingerichteten Küche viele Speisen zubereitet werden können, die einem bei den primitiven Kochstellen der Urzeit gar nicht erst in den Sinn gekommen wären. Beispielsweise Pommes frites...

Aber deshalb gleich von einer Küche träumen?

Geträumt hat meine alte Freundin Grit. Sie erzählte:

> *„In einem euphorischen Anfall habe ich schon jetzt eine Küche gekauft, obwohl ich sie erst im August nächsten Jahres brauche. Es ist ein Ausstellungsstück, natürlich sehr günstig. Im Kaufvertrag wurde sofortige Gesamtzahlung vereinbart. Und ich habe auch gleich mit Karte bezahlt (wie man nur so dumm sein kann!).*
>
> *Im Nachhinein habe ich festgestellt, dass ich die Küche gar nicht so stellen kann wie geplant. Was mache ich nun?*
>
> *Gott sei Dank, ich kann das Geld noch bis morgen zurückrufen. Aber dann?"*

Oje. Das kommt eher einem Alptraum als einer Traumküche nahe. Ich sehe mich darin bestätigt, dass ich an einen Küchenkauf nicht herangehen kann wie an den üblichen Möbelkauf, denn es sind zu viele Besonderheiten zu beachten. Ich muss mehr als bei anderen Möbeln daran denken

- ✓ welche Begrenzungen mein Küchenraum hat,
- ✓ wie und wo die Installationen (Wasser, Abwasser, Strom, Gas) liegen,
- ✓ was in meiner Küche alles geschehen soll,
- ✓ wie die Küchenteile angeordnet sein müssen, damit ich optimal hantieren kann.

Das alles eignet sich nicht zum Träumen. **Ich halte es daher lieber mit dem Planen.**

2. Küchenplan und Küchenwirklichkeit

2.1. Keine Einbauküche ohne Plan

In Gedanken weiß ich recht schnell, wie meine Küche aussehen soll. Aber steht sie so bereits irgendwo in der Wirklichkeit, in einem Küchenstudio oder in einem Möbelhaus?

Wohl kaum. Vielleicht finde ich nach langem Suchen eine Ausstellungsküche, die meinen Vorstellungen nahe kommt. Es wäre jedoch purer Zufall, wenn ich freudig ausrufen könnte: „Da ist sie! Die nehme ich so wie sie ist."

Es geht wohl nicht anders: Was ich vor meinem inneren Auge sehe, muss als Zeichnung aufs Papier oder auf den Monitor eines PC gebracht werden. Nur dann kann ich aus meiner Küchenvision eine Küchenrealität machen.

Wenn ich an Grit denke, erscheint mir diese Forderung umso wichtiger. Planloser Küchenkauf mit nachfolgendem Weh und Ach ist leider gar nicht so selten.

Ich höre sagen: „Küchenpläne gibt es doch en masse. Manche Küchenstudios hängen voll davon. Kann man die denn nicht verwenden?"

Höchst selten. Selbst wenn ich nur eine einfache, standardisierte Küchenzeile (die Fachleute nennen das Küchenblock) stellen wollte, fordern die Raummaße bei mir zuhause meistens Veränderungen. Und schon gilt der Musterplan nicht mehr. Die einzelnen Küchenelemente müssen anders angeordnet werden. Meine Küche ist eben ein Unikat.

Unikate sollten immer dokumentiert werden. Die beste Dokumentation einer Einbauküche ist ihre planerische Darstellung, bestehend aus Grundriss und Ansichten.

Der Küchenplan hat noch eine andere wichtige Funktion: Wie ein Spiegel hält er mir die künftige Küchenwirklichkeit vor. Ich kann mich imaginär darin bewegen. Und ich kann prüfen, ob alles stimmt. Sogar dann noch, wenn die Küche montiert wird.

Der Küchenplan dient mir demnach als Kontrollblatt von Anfang bis zum Ende meines Küchenkaufs. Er ist für mich ein unverzichtbares Dokument.

2.2. Wie komme ich zu meinem Küchenplan?

Wenn der Küchenplan so wichtig ist, erheben sich die gleichermaßen wichtigen Fragen: „Wie komme ich zu einem solchen? Plane ich selbst oder lasse ich planen?"

Ich werde beides tun!

Zuerst plane ich selbst (Eigenplanung). Denn zunächst weiß nur ich alleine, wie ich mir meine Küche vorstelle. Ich habe zwar tolle Einbauküchen in Werbeprospekten gesehen und mich auch in Küchenausstellungen umgesehen und Anregungen gesammelt, aber meine erste grobe Zeichnung auf einem Blatt Papier macht meine Vorstellungen von meiner Küche sichtbar – für mich und für andere. Und sei die Zeichnung noch so ungelenk: Sie ist durchaus bereits ein Küchenplan, zumindest eine Vorstufe davon.

Heutzutage bietet mir der Computer (PC) tolle Möglichkeiten für meine Eigenplanung.

Mit geeigneter Planungssoftware (Küchenplaner) ist die Küchenplanung fast ein Vergnügen. Softwareanbieter finde ich im Internet über die Suchmaschinen. Oder ich besuche die Internetseite eines Küchenanbieters (Hersteller oder Händler) und nutze sein kostenloses Online-Planungsprogramm.

Wenn ich mit Computern nichts am Hut haben sollte, könnte ich nach wie vor einen detaillierten Küchenplan per Hand zeichnen. Dazu bedürfte es gar nicht allzu viel. Ich bräuchte lediglich

- ✓ den Kundenprospekt irgendeines Küchenherstellers mit einem Typenplan, der die gängigsten Küchenelemente enthält,
- ✓ eine Zeichenschablone mit Grundrissformen von Spülbecken, Kochfeldern und sonstigen Planungseinheiten,
- ✓ Millimeterpapier, Bleistift und Radiergummi.

All diese Utensilien könnte ich mir in einem Küchenstudio besorgen, wenn es sie dort überhaupt noch gibt. Denn ich muss einschränken: Kaum ein Küchenstudio verfügt heute über Planungsmaterialien fürs Papier. Auch die Hersteller halten sie nicht mehr vor, weil die Küchenplanung nur noch am PC stattfindet.

Es spielt keine Rolle, ob ich mit Bleistift und Schablone oder am PC meine Küche plane: Ich werde bald feststellen, dass ich eine ganze Menge mehr über Küchen und ihre Einzelteile wissen muss als bisher. Aber deshalb liegt ja dieses Buch neben mir auf dem Tisch. Die folgenden Kapitel führen mich gezielt durch die Vielfalt der Elemente, aus denen Einbauküchen bestehen.

Wenn ich zuerst selbst plane, gewinne ich einen entscheidenden Vorteil:

Mit jedem Planungsschritt wird mein Gefühl dafür wachsen, was geht und was nicht. Ich behalte ständig die Übersicht und keiner macht mir ein X für ein U vor.

Das alles soll nicht heißen, den Küchenfachhändler in dieser Phase der Selbstplanung zu meiden. Er möge mir ruhig Infos geben. Dafür bin ich immer offen.

Ich muss aber darauf achten, dass der Händler bei diesen Gesprächen meine Planung nicht durcheinander bringt oder mich zum schnellen Kauf verleitet.

Inzwischen könnte eine andere Frage aufgekommen sein: „Ja muss ich nicht bei der ersten Planung bereits festlegen, welches Küchenmodell von welchen Hersteller ich haben möchte?"

Nein, muss ich nicht! Die Modelle fast aller Hersteller sind durchweg austauschbar. Gut so: Denn so finde ich heraus, welche Küche für mich optimal ist.

Früher oder später bin ich dann so weit und lasse planen (Händlerplanung).

Die Küchenfachhändler überstürzen sich förmlich, dies tun zu dürfen. Sie werben damit:

„Küchenplanung nach Maß – sogar bei Ihnen zuhause."

„Perfekter Service! Planungsprofis beraten Sie und planen am Computer Ihre Küche bis ins Detail. Machen Sie sich ein Bild von Ihrer Küche, bevor sie überhaupt steht."

„Wir planen Ihre Küche, selbst wenn Sie nicht bei uns kaufen."

Na also. Das werde ich ungeniert in Anspruch nehmen. Aber ich weiß, dass ich dabei manche Überraschung erleben werde – allen Werbesprüchen zum Trotz.

Denn der Küchenhändler will nicht nur planen, sondern hauptsächlich verkaufen. Er will mein Geld. Zusammen mit dem Küchenplan wird bereits der Kaufvertrag erstellt. Die Zeichnungen sind nur Anlagen hierzu. Er weigert sich, diese mir separat auszuhändigen. Erst wenn ich den Vertrag unterschrieben habe, will er sie mir aushändigen. Oder er gibt sie mir nur gegen Bezahlung.

Nichts da! So weit sind wir noch lange nicht. In der Planungsphase unterschreibe ich nichts und es wird auch nichts gezahlt. An das Geld, das ich für meine Küche letztlich aufwenden werde, **denke ich erst später**. Zunächst muss das Projekt durchgeplant sein.

Ich werde weiter unten darlegen, welche Tricks die Küchenfachhändler auf Lager haben, mich jetzt und hier zum Kauf zu überreden. Der Küchenplan wird dabei oft als Trumpf ausgespielt (siehe Ziffer 8.3.).

2.3. Jetzt keine Fehler machen

„Stimmt alles?"

Diese Frage muss ich mir in jeder Phase meines Küchenprojekts immer wieder stellen. Erst recht bei der Planung, sei es die Eigenplanung oder die Händlerplanung.

Bin ich bei der Planung nachlässig, ist früher oder später der Teufel los. Die fatalen Folgen von Planungsfehlern zeigen sich meistens nicht sofort, spätestens aber dann, wenn die Küche aufgebaut wird. Es ist sehr bezeichnend, was mir eine Leserin per E-Mail schrieb:

„Guten Tag Herr Günther, in den letzten zwei Monaten habe ich etwa 17.000,00 € in den Sand gesetzt. Ich bin erschüttert, verzweifelt und wütend über meine eigene Dummheit, Fachkräften in der Möbelbranche blindlings vertraut zu haben.

Wir haben vor kurzem ein Haus gebaut und bereits nach dem Innenputz haben wir uns um unseren Küchenkauf bemüht. Im Küchenstudio haben wir uns beraten lassen. Der Küchenplaner hat uns völlig von unserer eigentlichen Planung abgebracht.

Daraufhin wurden die Elektrizitäts- und die Wasserleitungen ganz anders verlegt. Wir haben einer sündhaft teueren Eckspüle von V+B zugestimmt, da eine normale Variante nach Meinung des Planers nicht passen würde. Auch einer Arbeitshöhe von 93 cm haben wir zugestimmt mit der Begründung, dass ich eine Schubladenreihe mehr habe.

Unterschrieben plus 20% Anzahlung und nach 16 Wochen kam die Küche. Resultat: Mit meiner Größe von 158 cm komme ich kaum an die Spüle noch sehe ich, was in meinen Kochtopf ist. Ich kann kein Brot schneiden und insgesamt habe ich in einer 9,5 m² großen Küche genau 20 cm und 40 cm Arbeitsfläche.

Der Küchenverkäufer verweigert jegliche Art von Schuld. Er übernimmt keine Verantwortung für sein Beratungsgespräch, obwohl er uns zu diesem Ergebnis in vier Sitzungen hingeführt hat. Ist das rechtens?"

Da sind gravierende Planungsfehler passiert. Ein seltener Einzelfall? Leider Nein. In der täglichen Planungspraxis treten noch viel, viel mehr auf. Es gilt, sie zu vermeiden.

3. Planen heißt zuerst Messen

Egal ob selbst geplant oder ob fremd geplant: Ein Küchenplan ist nur dann etwas wert, wenn die Maße und der Maßstab stimmen.

Ich komme darauf, weil ich früher, als ich selbst noch Küchen verkaufte, bei den Planungsgesprächen mit den Kunden oft Lustiges erlebt habe:

> „Geben Sie mal her", sagte der Kunde ungeduldig und griff nach meinem Bleistift: „So meine ich das." Dann zeichnete er ungelenk Kasten neben Kasten, große und kleine, und schrieb hinein: Herd, Spüle, Kühlschrank usw.

> Als wir dann die vorgegebenen Standardmaße der einzelnen Objekte zusammenzählten, stimmte es hinten und vorne nicht. „Ist doch besser, wenn Sie das machen", resignierte der Kunde und gab mir den Bleistift zurück.

Da ich gerade den Begriff Maßstab verwendet habe, möchte ich gleich dazu anmerken:

> Mit Maßstab meine ich nicht den Zollstock, sondern das gleich bleibende Verhältnis von Strichlängen auf dem Papier zu den Längen in der Realität.

> Die Zeichnungen in diesem Buch enthalten aus projektionstechnischen Gründen keine Angaben zum Maßstab. Die Maßzahlen sind in Zentimeter. Falls andere Maßeinheiten verwendet werden, ist dies besonders erwähnt.

Zurück zum Messen. Da ich mich entschlossen habe, auf jeden Fall selbst einen Küchenplan mit Hilfe meines Computers zu fertigen, werde ich auch selbst messen. Natürlich muss später ein Küchenfachberater aus irgendeinem Küchenstudio ebenfalls messen. Ich werde dann seine Messergebnisse mit meinen vergleichen. Kontrolle ist alles.

Jetzt aber hinein in die neue Wohnung, um endlich mit dem Messen zu beginnen. Wenn ich dann anschließend die Maße in den PC eingegeben habe, kann ich alles bildlich betrachten – so wie hier in den nun folgenden Abbildungen.

Ich schaue mir den Küchenraum aus der Vogelperspektive an (Abbildung 2). So erhalte ich einen ganzheitlichen Eindruck:

Abbildung 2

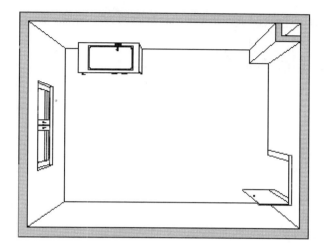

Aha, die Küche ist ja gar nicht leer. Der Vormieter hat seinen alten Spülenschrank stehen lassen. Oder gehört der zum Mietobjekt? Zurück in der menschlichen Perspektive, sehe ich den Raum so (Abbildung 3):

Abbildung 3

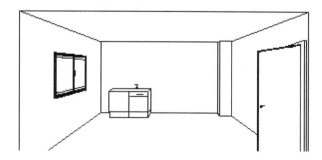

Ja, die Spüle muss raus. Die kann ich nicht gebrauchen. Sie hindert nur beim Messen.

Jetzt möchte ich den Grundriss sehen, meine wichtigste Arbeitsgrundlage (Abbildung 4) beim Messen:

Abbildung 4

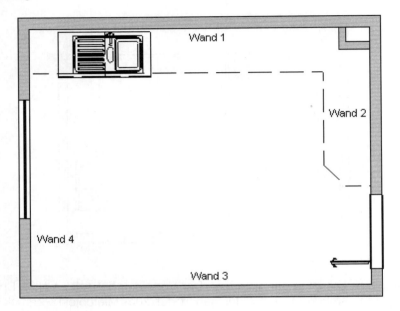

Der Grundriss ist deshalb meine wichtigste Arbeitsgrundlage, weil ich hier alles eintragen werde, was nun kommt.

Zuerst will ich wissen, wie groß die Küche überhaupt ist. Das wäre also die erste Messung und sie ist die einfachste. Es geht um die Länge und die Breite des Raums.

Ich komme auf 440 x 345 cm und rechne kurz: Die Küchenfläche beläuft sich auf 15,18 m².

3.1. Wie oft, wo und was ich messe

Einmal habe ich bereits ausgemessen. Kann ich es dabei belassen oder sollte ich die Messung zur Sicherheit wiederholen?

Es klingt mir von Jugend her im Ohr, was damals während des Praktikums der Meister spöttisch sagte:

„Ja, Ja. Zwei Mal gemessen und immer noch zu kurz!" Das war sein Kommentar, als ich für ihn ein Brett zurecht gesägt hatte und er es nicht gebrauchen konnte.

Ich hatte tatsächlich zwei Mal gemessen – zwei Mal falsch!

Wem wäre so etwas nicht schon passiert? Damals prägte ich mir ein: **Man kann nie zu oft messen.**

Trotzdem wiederhole ich die Messung zur Flächenberechnung nicht. Denn dieses Maß dient nur zu meiner Information. Bei der Küchenplanung hilft es mir wenig.

Anders ist es bei der Stellfläche für die Küchenteile. Auf den ersten Blick bietet sich an, die Küche über Eck entlang den Wänden 1 und 2 anzuordnen, wie es die gestrichelte Linie im Grundriss (Abbildung 4) zeigt. Hier hinein werde ich die einzelnen Küchenobjekte stellen.

Zwischendurch etwas zu den zahlreich umherschwirrenden Begriffen: Ich nannte bisher „Küchenteile", „Küchenobjekte", „Typen". Später werden weitere Bezeichnungen hinzukommen, wie Küchenelemente, Küchenbauteile, Module usw. Sie bezeichnen dem Grunde nach alle dasselbe: Schränke und Geräte zum Einbauen.

Zurück zur Stellfläche. Hier also muss ich mein Messwerkzeug besonders sorgfältig anlegen. Und nicht nur einmal! Ich muss

- ✓ die einzelnen Messstrecken ständig überprüfen,
- ✓ mehrere Maße für ein und dasselbe Objekt ermitteln,
- ✓ weiterhin ständig messen, um das richtige Objekt an den richtigen Standort zu bringen.

Genau das heißt Küchenplanung. Das Messen begleitet mich vom Anfang bis zum Ende.

3.1.1. Auf dem Boden messen

Zunächst hole ich mir eine neue Grundrisszeichnung auf den Bildschirm (Abbildung 5), um darin die Maße dokumentieren zu können. Die alte Spüle lasse ich weg. Dabei fällt mir auf, dass ich bisher den Heizkörper unter dem Fenster übersehen habe. Den füge ich schnell ein.

Dieser Beinahe-Fehler veranlasst mich, mich selbst zu ermahnen. Ich muss aufpassen, dass alle räumlichen Besonderheiten vollständig erfasst sind: Mauervorsprünge, Schrägen, Schaltkästen usw.

Bei den nun folgenden Messungen liegt mein Messwerkzeug (Zollstock, Maßband, Laser-Entfernungsmesser) **auf dem Boden.**

Wenn ich auf dem Boden messe, habe ich es oft mit Fußleisten (Abschlussleisten bei Kunststoffböden oder Parkett, gefliese Bodenleisten usw.) zu tun. Ich muss ihre Tiefe hinzuzählen, damit ich die wahre Entfernung von Wand zu Wand erhalte. Die Küchenteile sollen später ja genau dazwischen passen. Die Fußleiste hindert dabei meistens nicht. Denn die unteren Küchenelemente ruhen auf Stellfüßen, die nach innen versetzt sind (siehe auch Ziffern 4.2. und 4.3.).

Wie Abbildung 5 zeigt, messe ich an zwei Stellen: Dicht an der Wand und ca. 60 cm parallel davor.

Abbildung 5

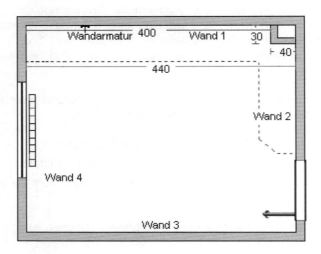

Warum die Parallelmessung? Nicht nur wegen des Schornsteins, dessen Breite ich ermitteln muss. Nein, die folgende Abbildung 6 zeigt es:

Abbildung 6

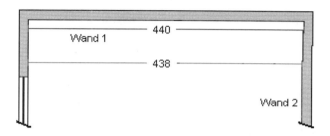

Es ist gar nicht so selten, dass die Raumecken nicht im 90°-Winkel verlaufen. Hier ist es die rechte Ecke. Vielleicht ist der Verputz von Wand 2 ungleichmäßig aufgetragen worden.

Denn meine erste Messung direkt an der Wand zeigt noch 440 cm. Die zweite Messung ca. 60 cm davor ergibt jedoch 438 cm. Es hat schwerwiegende Folgen, wenn ich diese Maßunterschiede nicht beachte:
Wenn ich nur die 440 cm sehe, könnte ich die Wand prima ausnutzen und beispielsweise fünf Unterschränke vorsehen, und zwar

2 Unterschränke	120 cm =	240 cm
1 Unterschrank	100 cm =	100 cm
2 Unterschränke	50 cm =	100 cm
		440 cm

Ginge der Auftrag so ans Werk, wäre die Misere perfekt, wenn die Schränke geliefert und ausgepackt sind und zur Montage anstehen (Abbildung 7).

Abbildung 7

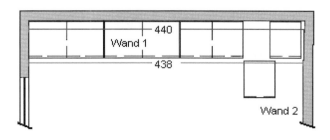

27

Die Perspektive (Abbildung 8) zeigt noch anschaulicher, was der „krumme Winkel" ausgelöst hat. Ein Unterschrank passt nicht mehr in die Zeile, obwohl nur mickrige 2 cm fehlen:

Abbildung 8

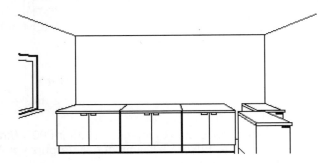

Später wird der Monteur fluchen. Wie soll er die fünf Unterschränke an dieser Wand unterbringen? Ja, diese Messfehler.

Stopp! War es denn wirklich ein Messfehler? Nein, denn die Maße stimmen. Es war ein Planungsfehler. Die ausgewählten Küchenelemente passen eben nicht auf 438 cm.

Hiermit habe ich schon vorgegriffen. Die richtige Auswahl der Küchenteile ist eine Kunst für sich. Darüber gibt es unter Ziffer 6. „Wie ich meine Küche Schritt für Schritt plane" noch viel zu sagen.

Doch zurück zur Länge. Das Maß 440 cm ist trotzdem wichtig. Ich brauche es für die Arbeitsplatte. Diese muss rundum passgenau an den Wänden anliegen, also hinten 440 cm und vorne 438 cm lang sein.

Ein guter Monteur schneidet vor Ort die Schräge mit der Stichsäge zu, wie es die gestrichelte Linie zeigt (Abbildung 9).

Abbildung 9

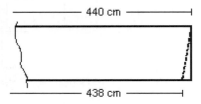

Schon wieder greife ich vor. Wir sind ja noch gar nicht beim Montieren. Aber es ist nützlich, in jeder Phase des Geschehens den gesamten Küchenaufbau im Auge zu behalten. Das nenne ich ganzheitliche Bearbeitung eines Küchenprojekts.

Die Sache mit der Arbeitsplatte zeigt mir außerdem, dass es nicht genügt, nur auf dem Boden zu messen. Die Arbeitsplatte wird nämlich später dort nicht liegen, sondern ca. 90 cm höher auf den Unterschränken.

3.1.2. In verschiedenen Höhen messen

Immer muss ich **dort messen, wo das Objekt später auch liegen oder stehen wird (Objektmessung).**

Manchmal kann es schwer fallen, diesen Grundsatz zu beachten, weil Gegenstände im Wege stehen.

Beispielsweise habe ich erlebt, dass ich eine Küche ausmessen musste, als der Vormieter noch dort wohnte. Die Küche war voll gepackt mit Möbeln. Ich konnte kaum etwas zur Seite rücken und nicht in alle Ecken kriechen. Ich habe dann nur auf dem Boden gemessen in der Annahme, dass die Maße auch für die Strecken galten, die ich nicht erreichen konnte. Das ging gewaltig daneben. Für das Auge nicht wahrnehmbar, neigte sich eine Wand leicht nach innen.

Ich will diesen Fall einmal auf meine Raumbeispiele übertragen und anhand Abbildung 10 demonstrieren, warum die Bodenmessung alleine nicht genügt.

Abbildung 10

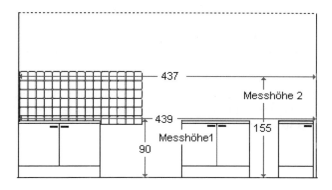

Die Zeichnung zeigt zwei Höhen, in denen ich mein Messwerkzeug angelegt habe: 90 cm (Messhöhe 1) und 155 cm (Messhöhe 2).

Wohlgemerkt, ich habe entlang der Wand gemessen. Und schon erhalte ich zwei Längenmaße, nämlich 439 cm in Messhöhe 1 und 437 cm in Messhöhe 2. Also ist die Wandecke links zumindest im Bereich der Kacheln nicht senkrecht. Das Auge nimmt dies nicht wahr.

Die Parallelmessung 60 cm davor ergibt nochmals andere Maße (siehe Abbildung 6). Klar, denn die rechte Raumecke hat einen Winkel von weniger als 90°.

Ist schon kompliziert, diese intensive Messarbeit. Aber nur sie führt zu der gewünschten Planungsgenauigkeit:

> Ich weiß jetzt, dass die Stelllänge für Unter- und Hängeschränke nicht 440 cm ausmacht, sondern höchstens 437 cm. Ferner weiß ich, dass die Arbeitsplatte 439 cm lang sein darf und bei der Montage auf eine Vorderkantenlänge von 438 cm abgeschrägt werden muss.

Mancher wird fragen: „Kommt es denn wirklich auf den Zentimeter an?" Aus Erfahrung sage ich: „Ja. Immer."

3.1.3. Installationsanschlüsse messen

Natürlich ist mein Küchenraum auch mit Anschlüssen für Strom, Wasser und Abwasser versehen. Mein Blick streift die Schalter, Steckdosen, Anschlussstopfen und Rohröffnungen und ich kann einen Seufzer nicht unterdrücken: Das sieht alles recht willkürlich aus.

Wie so oft, hat der Architekt bei der Hausplanung an die spätere Küchenwirklichkeit wohl nicht gedacht. Dabei wäre es ganz einfach gewesen.

Er hätte sich nur den Installationsplan eines Küchenherstellers zu besorgen brauchen. Diese Pläne zeigen die ideale Lage der Anschlüsse (Abbildung 11, Maße in mm).

Abbildung 11

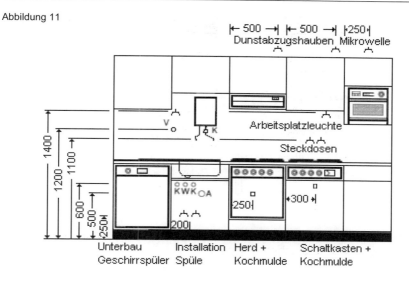

Auch für Kühl- und Gefriergeräte, hochgestellte Backöfen und Mikrowellengeräte zeigen die Küchenhersteller, wo die Anschlüsse liegen sollten (Abbildung 12, Maße in mm).

Abbildung 12

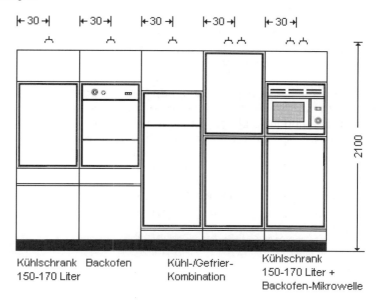

Für Gaskochstellen bieten sie ebenfalls die ideale Anschlusskonfiguration (Abbildung 13):

Abbildung 13

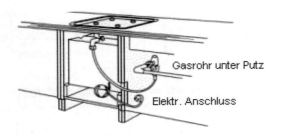

In meiner Küche sind die Installationsanschlüsse überhaupt nicht ideal platziert. Das wäre zu schön gewesen.

Letztlich ist das aber kein Problem. Wozu gibt es Verlängerungen für Wasserrohre und Elektrokabel?

Ich schweife in Gedanken ab zu den Bauherren, die viel Geld für ihre Eigenheime hinblättern und hoffe, dass sie darauf achten, die Leitungen und Anschlüsse in der Küche nach den Installationsvorschlägen der Küchenhersteller legen zu lassen. Allerdings können ihnen da durchaus Schwierigkeiten begegnen (Ziffer 11.9.)

Doch zurück zu meinem Küchenprojekt. Ich beziehe eine Mietwohnung und ich muss mit dem leben, was ich vorfinde. Das Verlegen von Anschlüssen kommt da nicht infrage.

Also muss ich die Lage der vorhandenen Installationsanschlüsse ausmessen. Dazu würde mir der Installationsplan eines Küchenherstellers allerdings kaum eine Hilfe bieten. Er zeigt mir lediglich, wie ich an diese Messarbeit heranzugehen habe: Vom Fußboden senkrecht in die Höhe und hier wiederum waagerecht nach links oder rechts. Mehr aber auch nicht. Die Maßzahl muss ich selbst ermitteln.

Wenn Sie jetzt beginnen, Ihren Küchenraum auszumessen, dann nehmen Sie am besten den **„Anhang B: Checkliste messen"** zu Hilfe. Dann vergessen Sie nichts.

3.2. Meine Küche, komplett gemessen (bemaßt)

Was ich bisher gemacht habe, waren grundlegende Messübungen. Wenn ich diese beherrsche, werde ich auch mit den zahllosen räumlichen Besonderheiten fertig, wie z.B.

- Nischen und Vorsprüngen,
- Schrägen bei Wänden und Decken,
- teilweise gefliesten Wandflächen,
- Heizkörpern,
- Fensterbänken,
- Türzargen usw.

Nun kann das „Messfinale" stattfinden. Zuerst die Bodenmessungen (Abbildung 14).

Abbildung 14

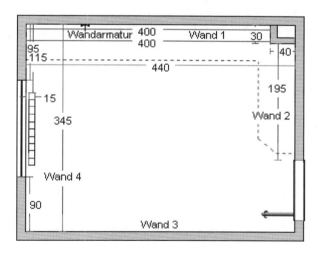

Zum Glück ist alles senkrecht, waagerecht und rechtwinklig.

Ich denke, ich sollte meine Küche über Eck entlang der Wände 1 und 2 stellen, wie es die gestrichelte Linie aufzeigt.

Was ich mit Wand 4 (Fenster, Heizung) und eventuell mit Wand 3 mache, werde ich mir später überlegen. Dabei wird sicher meine Brieftasche das Sagen haben.

Vorsorglich habe ich deshalb auch den Heizkörper ausgemessen. Von meiner Messsystematik her gesehen ist das keine Bodenmessung mehr, sondern bereits eine Objektmessung.

Als Nächstes messe ich in verschiedenen Höhen. Ich kann mir diese Messungen am besten anhand der Wandansichten vor Augen führen.

Da ist zuerst **Wand 1** (Abbildung 15).

Abbildung 15

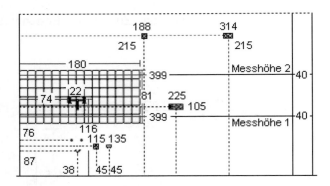

Die Raumecken sind exakt 90°, die Wandflächen verlaufen senkrecht. Der Kamin allerdings könnte Schwierigkeiten bereiten, wenn ich – wie beabsichtigt – die Küchenelemente über Eck baue.

Eine bereits vorhandene Besonderheit will ich in meiner Küche vorerst belassen: Die Wandarmatur. So nennt man den Wasserhahn, der über der Spüle direkt an der gekachelten Wand befestigt ist. Das findet man nicht mehr oft.

Ich persönlich liebe Wandarmaturen. Sie lassen sich bequemer sauber halten als Wasserhähne, die auf Arbeitsplatte oder Spüle aufgesetzt sind. Außerdem gibt es kein Hindernis auf der Arbeitsfläche.

Die Wandarmatur befindet sich in 116 cm Höhe und 74 cm von der linken Wand entfernt.

Der gekachelte Teil der Wand ist 180 cm breit und 81 cm hoch. Ich weiß noch nicht, ob er ausreicht, den Nischenbereich zwischen Unter-, Ober- und Hochschränken gänzlich abzudecken. Die Platzierung der Küchenelemente wird es zeigen.

Die gestrichelten Messlinien in Abbildung 15 geben die Position der Installationseinrichtungen an. Ideal im Sinne der Installationspläne der Küchenhersteller (Abbildungen 11 und 12) liegen sie nicht. Ich sehe (wiederum von links nach rechts gemessen):

in Höhe 215 cm	Steckdose	188 cm
	Doppelsteckdose	314 cm
in Höhe 105 cm	Dreifachsteckdose	225 cm
in Höhe 56 cm	Anschluss Warmwasser	76 cm
	Anschluss Kaltwasser	94 cm
in Höhe 45 cm	Steckdose	115 cm
	Herdanschlussdose	135 cm
in Höhe 38 cm	Abflussrohr	87 cm.

Ich ahne, dass die Aufstellung der Küchenunterschränke knifflig wird.

Nun zur **Wand 2** (Abbildung 16). Hier ist nur die Türhöhe interessant, vielleicht auch noch die Entfernung des kombinierten Lichtschalters von der Wand links.

Abbildung 16

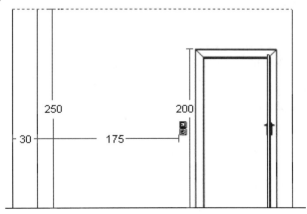

Wand 3 ist in die Planungsüberlegungen bisher nicht einbezogen und bleibt bei den Messungen zunächst außen vor.

Zuletzt zur **Wand 4** mit dem Fenster (Abbildung 17).

Abbildung 17

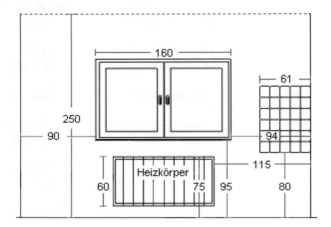

Hier sehe ich, was die Abbildung 15 (Wand 1) mir nicht zeigt: Die Kacheln beginnen in einer Höhe von 80 cm. Das ist prima, denn die Arbeitsfläche wird auf jeden Fall höher sein. Die Kachelunterkante bleibt also verdeckt. So gelingt mit dem Wandprofil ein sauberer Abschluss.

Es freut mich, dass das Fenstersims (Fensterbrett) 95 cm hoch liegt. Ich könnte die Arbeitsplatte bequem über Eck unter dem Fenster und über der Heizung weiterführen.

Da fällt mir etwas ein, was nichts mit dem Ausmessen meiner Küche zu tun hat, aber unbedingt bereits jetzt geprüft werden sollte:

> Sind die Raumwände so beschaffen, dass die Oberschränke sicher aufgehängt werden können?

> Ich stelle fest, dass es sich um gewöhnliches Mauerwerk aus Leichtbetonsteinen handelt. Eingebohrte Dübel werden fest sitzen, so dass auch beladene Hängeschränke, die doch ganz schön schwer sind, nicht herunterstürzen werden.

Ich ertappe mich, dass meine Gedanken bereits intensiv um die Montage der Küche kreisen. Dabei bin ich erst beim Messen, befinde mich also in der ersten frühen Phase der Küchenplanung.

Trotzdem sind solche Überlegungen durchaus jetzt schon angebracht. Denn bei einem Küchenprojekt muss man bereits am Anfang das Ende bedenken. Ich erwähnte bereits, wie nützlich eine solche ganzheitliche Betrachtungsweise ist (siehe Ziffer 3.1.).

Nachdem nun die Küche bemaßt (ausgemessen) ist, kann sie virtuell, also im Plan, mit Küchenteilen voll gestellt werden. Dazu muss man allerdings einiges über die Vielfalt der Küchenelemente wissen.

4. Planen mit Küchenelementen und Einbaugeräten

4.1. Zahllose Einzelteile aber nur wenige Basiselemente

Wenn man vor einer fertigen Küche steht, sei es in einer Wohnung oder in der Ausstellung beim Händler, erscheint alles wie aus einem Guss. Doch wir wissen, die Küche ist keineswegs kompakt. Sie besteht aus vielen Einzelteilen, die auch einzeln im Herstellerwerk produziert und erst vor Ort zusammengebaut wurden.

Da ich mich entschlossen habe, zunächst einmal selbst zu planen, muss ich mit dieser Vielzahl von Einzelteilen klarkommen. Das gilt aber ebenso, wenn später ein Küchenhändler mir seinen Plan vorlegt (siehe Ziffer 2.2.).

Und es schwirrt nur so von Bezeichnungen: Typen, Elemente, Küchenbausteine, Module, Stücke, Korpusse, Kasten usw. Ich muss deshalb erst einmal Begriffsklarheit schaffen.

Ich verwende als Oberbegriff **Küchenelemente** für alles, was die reinen Küchenhersteller liefern und **Einbaugeräte** für das, was die Geräteindustrie zu meiner Küche beisteuert.

Wohlgemerkt: Einbaugeräte. Die Haushaltsgeräte (Kaffeeautomat, Toaster, Eierkocher, Mixer usw.) gehören nicht dazu.

Wenn Oberbegriffe, dann auch Unterbegriffe. Und schon schwirrt es wieder vor lauter Bezeichnungen. Ich lege mich fest auf:

- Unterschränke,
- Hochschränke,
- Oberschränke,
- Arbeitsplatten,
- Kranzleisten und Lichtblenden bei Landhausküchen,
- Nischenausstattung und
- Ergänzungsteile.

Die Zahl der Küchenelemente ist Legion. Ich greife mir irgendeinen Herstellerkatalog beispielhaft heraus und zähle alleine bei den Hochschränken bereits 174 verschiedene Ausführungen.

Dabei handelt es sich ausschließlich um den Hochschrankkorpus, also den Möbelkasten mit Inneneinteilung. Jeder dieser Hochschränke kann mit den unterschiedlichsten Fronten (Türen, Blenden) geliefert werden. Mein Hersteller beispielsweise bietet insgesamt 50 Fronten.

Theoretisch gibt es demnach 8.700 Kombinationsmöglichkeiten. Und das nur bei den Hochschränken! Dabei habe ich die unterschiedlichen Schrankbreiten gar nicht berücksichtigt. Wie hoch ist erst die Zahl, wenn ich alle Küchenelemente zusammennehme?

Dabei hat dieser Hersteller noch nicht einmal ein sonderlich großes Produktionsprogramm. Wenn ich dann bedenke, dass die Produzenten, wenn sie im Markt bestehen wollen, oft neue Ausführungen kreieren müssen, komme ich aus dem Zählen gar nicht mehr heraus.

Für mich als Verbraucher bedeutet das: Die optimale Auswahl unter den zahllosen Küchenelementen zu treffen, ist eine Kunst. Oder so etwas wie Lotterie?

Übersichtlich wird es, wenn ich die Vielfalt der Elemente strukturiere. Und siehe da, es schält sich ein Kern heraus. Das sind die **Basiselemente oder Grundtypen**. Alles andere sind deren Varianten.

Ich begreife, dass dies produktionstechnische Gründe hat – die Produktionskosten nicht zu vergessen. Eine Produktionsanlage muss, unabhängig davon, was sie sonst noch alles kann, hauptsächlich auf die Massenfertigung von Stücken einheitlicher Beschaffenheit eingestellt sein. Und genau das sind die Basiselemente.

Ein paar Handgriffe des Werkmeisters, und schon produziert die Anlage Stücke mit anderen Maßen und in anderen Formen. Der Werksauftrag, der vom Küchenhändler hereingekommen ist, gibt dies vor. Umgekehrt gibt die Maschine vor, was ein Werksauftrag überhaupt enthalten darf und was nicht.

Die Basiselemente sind in ihrem grundsätzlichen Aufbau und in ihren Abmessungen bei fast allen Küchenherstellern nahezu gleich. Dies gilt vor allem für die Breitenmaße, die praktisch standardisiert sind. Selbst die Tiefen der Elemente ähneln sich.

Wenn es Unterschiede gibt, betrifft dies hauptsächlich die Höhen der Elemente, weil die Hersteller nicht die gleichen **Höhenraster** (das nächst höhere Element vergrößert sich immer um ein festes Maß, beispielsweise um 150 mm) verwenden. Meine Planung stört das jedoch nicht.

Die gebräuchlichsten Höhenraster sind 125, 130, 133, 140 und 150 mm. Beispiele sind die Modellreihe next125 des Herstellers Schüller Möbelwerk KG, 91567 Herrieden und das System Matrix 150 der Nolte Küchen GmbH, 32584 Löhne.

Für mich hat die Vielfalt der Elemente damit ihren Schrecken verloren. Ich halte mich bei der Planung zunächst an die Basiselemente.

Das hat einen besonderen Vorteil. Wenn ich meine Küche aus Basiselementen zusammenstelle, ist mein Küchenplan für fast alle Hersteller nachvollziehbar. Es wird leichter, mein Wunschmodell auszuwählen und die Preise zu vergleichen. Damit erlangt mein Preishammer ungeheuren Schwung.

Selbstverständlich haben die Küchenelemente von Hersteller zu Hersteller eine unterschiedliche Materialqualität. Dies wird später meine Kaufentscheidung ganz wesentlich beeinflussen. Für die reine Planung ist die Qualität der Materialien aber ohne Belang.

Wenn ich mich auf die Basiselemente konzentriere, hat das einen weiteren Vorteil: Meine Planung bleibt auch gültig, wenn sich neue Trends auftun. Denn die Küchenindustrie entwickelt gerne neue Elemente, sei es in deren Gestaltung (Design), in deren Technik oder bei den Materialien. Selbst neue Rastermaße werden kreiert. Die Basiselemente bleiben dennoch wie sie sind. Variationen oder zusätzlicher Schnickschnack vernebeln mir nicht den klaren Blick.

Dann also ran an die Basiselemente. Natürlich ist dabei der Hinweis auf die eine oder andere Variante durchaus angebracht.

4.2. Unterschränke

Die richtige Kombination von Unterschränken bildet quasi das Herzstück einer Küche. Ich will daher mit den Unterschrank-Grundtypen beginnen.

Da gibt es zunächst die klassischen, einfachen Ausführungen mit einer Drehtür und Fachböden bzw. mit zwei Drehtüren, Böden und Schubkastenreihe oben (Abbildungen 18 und 19).

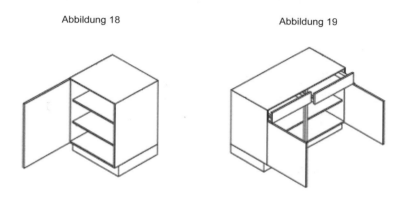

Abbildung 18   Abbildung 19

Der Unterschrank, den Abbildung 20 zeigt, besitzt ausschließlich Auszüge. Der Schrank daneben hat nur einen Auszug, aber zusätzlich einen Innenschubkasten. In einem solchen Element lassen sich selbst große Töpfe prima verstauen. Der schmale Stollenschrank (Abbildung 22) ist besonders geeignet, wenn eine kleine Lücke in einer Unterschrankzeile ausgefüllt werden muss.

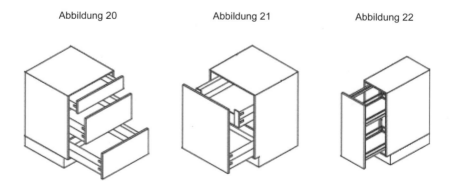

Abbildung 20   Abbildung 21   Abbildung 22

Unterschränke mit Schubkästen und Auszügen habe ich besonders gern. Später, bei der Auswahl der Elemente für meine Küche, werde ich speziell darauf achten.

Unverzichtbar sind, denn nur dann handelt es sich überhaupt erst um eine Küche, Unterschränke fürs Spülen (Abbildung 23) und Kochen.

Besonders praktisch sind Spülenunterschränke mit einem integrierten Mülltrennungssystem. (Abbildung 24)

Abbildung 23   Abbildung 24

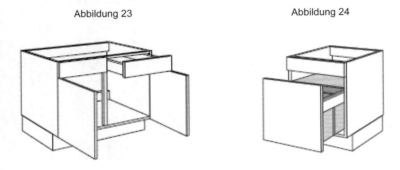

Der Kochstellenschrank (Abbildung 25) ermöglicht den Einbau von Backofen und Kochfeld.

Dort, wo Küchenzeilen frei im Raum enden, soll es nicht stumpf und plump, sondern abgerundet und aufgelockert aussehen. Dafür gibt es Abschlussregale (Abbildung 26).

Abbildung 25   Abbildung 26

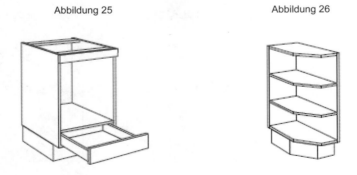

In vielen Fällen soll die Küche L- oder U-förmig über Eck gebaut werden. Dies geschieht dann mittels einer **Ecklösung**, wie es im Fachjargon heißt. Es handelt sich dabei um besonders konstruierte Eckschränke.

Da gibt es in erster Linie den kompakten Winkelunterschrank (Abbildung 27) sowie den geraden Unterschrank mit einer Anstellfläche (Abbildung 28). An diese Anstellfläche (hier links) kann ich jeden beliebigen Unterschrank anfügen.

Abbildung 27

Abbildung 28

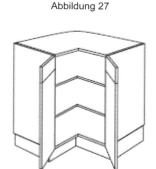

Außerdem ist die Ausführung mit dem Le-Mans-Auszug statt mit den üblichen Drehböden zu sehen. Erwähnt sei, dass es weitere pfiffige Ecklösungen mit Innenauszügen oder Eckschubladen (Handelsbezeichnungen u.a. Magic Corner, Spacecorner) für mehr Stauraum gibt.

Wenn der Spülbereich in einer Ecke platziert werden muss, kann ich auf eine Spülenunterschrank-Ecke zurückgreifen (Abbildung 29).

Abbildung 29

Abbildung 30

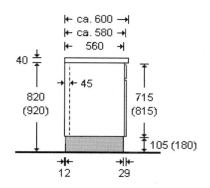

43

Die Abbildung 30 zeigt die Abmessungen der Unterschränke in der **Korpustiefe** 560 mm und in den beiden angebotenen **Korpushöhen** 715 mm und 815 mm. Inklusive der Front beträgt die Gesamttiefe rund 580 mm, mit montierter Arbeitsplatte sind es dann die üblichen 600 mm (Planungstiefe).

Anzumerken ist, dass bei meinem beispielhaft ausgesuchten Hersteller einige Basistypen ebenso in der Korpustiefe 350 und 710 mm zu haben sind.

Mehr als die Höhe und Tiefe interessiert mich die **Breite**, in der Unterschrankelemente geliefert werden. Und da sehe ich je nach Grundtyp eine erfreuliche Vielfalt:

15 – 25 – 30 – 40 – 45 – 50 – 60 – 80 – 90 – 100 und 120 cm.

Da wird die Auswahl später richtig Spaß machen.

Auf einen interessanten Aspekt muss ich nunmehr zu sprechen kommen. Die Rückwände der Schränke liegen nach der Montage nicht direkt an der Wand an. Sie sind ca. 45 mm gegenüber der Hinterkante der Seitenwand zurückgesetzt (in der Abbildung 30 die senkrechte, gestrichelte Linie).

Das ist gut so, denn das Holz oder der Holzwerkstoff könnten vielleicht durch Feuchtigkeit aus der Raumwand angegriffen werden. Wichtiger jedoch ist, dass Platz bleibt, um Kabel hindurchzuführen oder Unebenheiten in der Wand (z.B. Blindstopfen für Wasseranschlüsse, Steckdosen) auszugleichen. Die Hochschränke und Hänge- bzw. Oberschränke sind ebenfalls so konstruiert.

Schließlich noch ein allgemeiner Hinweis:

Die Abbildungen der Unterschränke erwecken den Eindruck, als ruhe der Korpus auf einem durchgehenden Sockel. In Wirklichkeit aber steht er auf höhenverstellbaren Einzelfüßen, die nach innen versetzt sind. Der Sockel ist nur eine Blende. Sie wird nachträglich aufgesetzt. Der Vorteil dieser Konstruktion ist, dass Unebenheiten bei Fußböden und Wänden leicht ausgeglichen werden können (siehe Ziffer 3.1.).

Die möglichen **Sockelhöhen** sind 105, 130, 155 und 180 cm. Das ist von Bedeutung, wenn ich die ergonomisch richtige Arbeitshöhe in meiner Küche ermittle (Ziffer 5.2.).

4.3. Hochschränke

Der Aufbau des Korpus (Kasten) ist bei den Hochschränken durchweg gleich. Nur die Ausstattungen ändern sich.

Die wichtigsten Grundtypen sind der Geschirrschrank mit Einlegeböden, der Geräteschrank (hier mit Nischen für Backofen und Mikrowelle), der Vorratsschrank (hier mit Klappe und Schüben) sowie der Apothekerschrank (Abbildungen 31 bis 34):

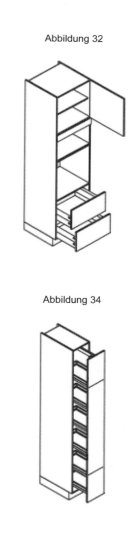

Abbildung 31

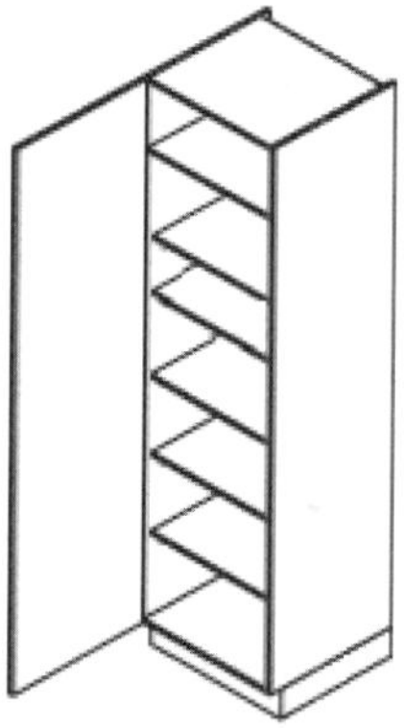

Abbildung 32

Abbildung 33

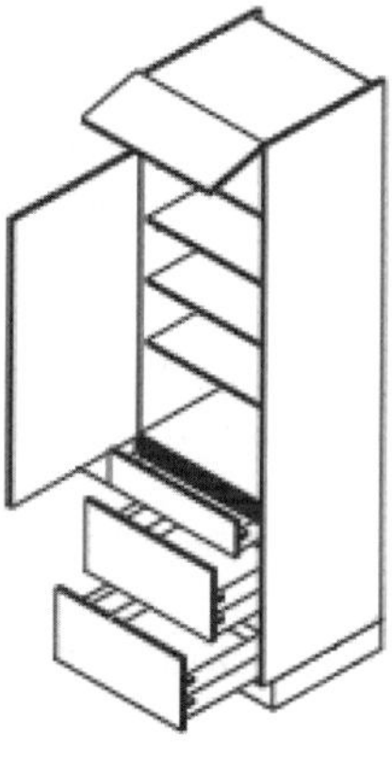

Abbildung 34

Bei diesen und den meisten anderen Schränken kann ich unter den **Breitenmaßen** 30 – 40 – 45 – 50 und 60 cm wählen (Apothekerschrank 30 und 40 cm).

Auch verschiedene **Höhen** gibt es (Abbildung 35, Maßangaben in Millimeter):

Abbildung 35

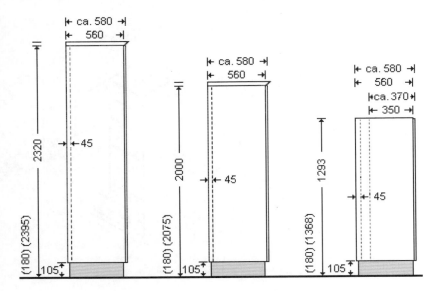

Für meine Küche wird von den drei Höhenmaßen wohl nur die Höhe 200 cm infrage kommen. Bei 232 cm würde ich bis fast unter die Decke bauen. Ich habe dann das Gefühl, die Küche erdrückt mich. Sicherlich, ich würde zusätzlichen Stauraum gewinnen. Ich denke, mit der Schrankhöhe 200 cm kann ich gut leben.

Interessant ist eventuell der sogenannte Halbhochschrank (Abbildung 35 rechts). Wenn ich ihn verwenden kann, lockert das die Küchenfront auf.

In der **Tiefe** messen die Schrankkörper 560 mm, genau wie bei den Unterschränken. Ich sehe, dass es den Halbhochschrank bei meinem beispielhaft ausgesuchten Hersteller ebenso in der Korpustiefe 350 mm gibt.

4.4. Oberschränke

Auch bei den Oberschränken sind die Ausführungen mit einer oder mit zwei schlichten Türen (Abbildung 36) die einfachsten Basiselemente.

Abbildung 36   Abbildung 37

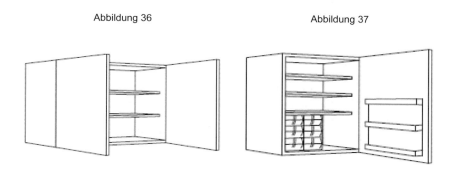

In den eintürigen Oberschrank (Abbildung 37) sind Gewürzregale und Schütten eingezeichnet – ein beliebtes Zubehör. Praktisch, wenn ich beim Kochen auf Gewürze etc. zugreifen kann, ohne mich vom Herd wegbewegen zu müssen. Aber das gehört zur Küchenergonomie und wird später genauer zu bedenken sein.

Die Vielfalt bei den Oberschränken gründet vor allem auf den verschiedenen Öffnungsmechanismen. Zu haben sind u.a. Schränke mit Falttür, Schiebetür, Faltklappe (Abbildung 38) und Schwebeklappe (Abbildung 39).

Abbildung 38   Abbildung 39

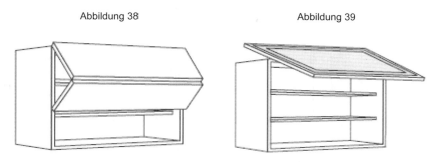

Zusätzlichen Freiraum bei der Gestaltung meiner Küche habe ich dadurch, dass die verschiedenen Türausführungen oft auch mit einer Verglasung zu haben sind (Abbildung 39).

Dann ist da das Regal, das ich gerne am Ende einer Oberschrankzeile aufhänge, falls sie frei im Raum endet (Abbildung 40). Ein Regal macht sich ebenfalls gut in einer Ecke (Abbildung 41).

Abbildung 40   Abbildung 41

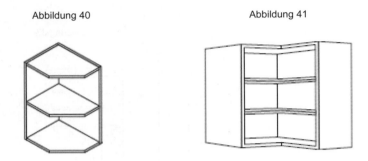

Ecklösungen im Oberschrankbereich sind eine knifflige Sache. Es kommt auf die richtige Wahl der Basiselemente an. Aber wieder muss ich auf später verweisen, um hier nicht zu verwirren. Zuerst möchte ich die gebräuchlichsten Ecktypen aufzeigen.

Wie bei den Ecklösungen für Unterschränke ist da zunächst einmal die Oberschrankecke als Kompaktschrank (Abbildung 42). Demgemäß muss es auch den Oberschrank zum Weiterbauen mit anderen Oberschränken geben (Abbildung 43).

Abbildung 42   Abbildung 43   Abbildung 43a

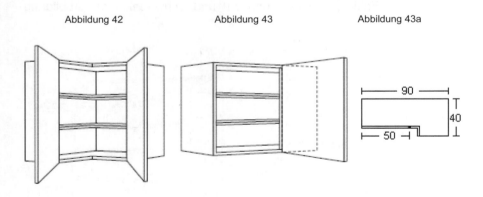

Der Grundriss (Abbildung 43a) zeigt, dass in diesem Fall nach rechts weitergebaut werden kann.

Nun interessiert es mich noch, wie es über der Kochstelle aussieht.

Wer eine frei montierbare Dunstabzugshaube (zum Beispiel eine Esse aus Edelstahl) bevorzugt, hat es relativ einfach. Wenn der Dunstabzug dagegen versteckt (integriert) werden soll, ist ein entsprechender Oberschrank, wie in Abbildung 44 gezeigt, erforderlich.

Abbildung 44

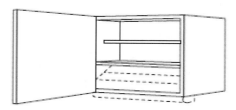

Jetzt zu den Abmessungen der Oberschränke. Zuerst wieder die **Breiten:**

15 – 25 – 30 – 40 – 45 – 50 – 60 – 80 – 90 – 100 und 120 cm.

Diese Maße kommen mir bekannt vor. Richtig, sie entsprechen denen der Unterschränke. Das muss auch so sein. Denn ein wichtiger Planungsgrundsatz sorgt für eine optisch perfekt erscheinende Küche: **Über dem Unterschrank hängt ein Oberschrank gleicher Breite.** Später werde ich feststellen müssen, dass sich das leider nicht immer verwirklichen lässt.

Fünf unterschiedliche **Höhen** zähle ich bei den Oberschränken (Abbildung 45). Das gibt mir eine Menge Planungsspielraum.

Abbildung 45

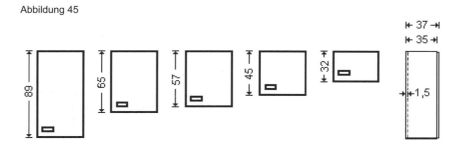

49

Die **Korpustiefe** gibt mein Hersteller mit 35 cm an, ein übliches Maß. Die Rückwände sind ca. 15 mm zurückgesetzt. Das ist sinnvoll aus den gleichen Gründen wie bei den Unterschränken (siehe Ziffer 4.3.).

Sehr bedeutsam ist das **Nischenmaß**, d.h. der Abstand der Oberschränke von den Unterschränken (Abbildung 46, Maße in mm).

Abbildung 46

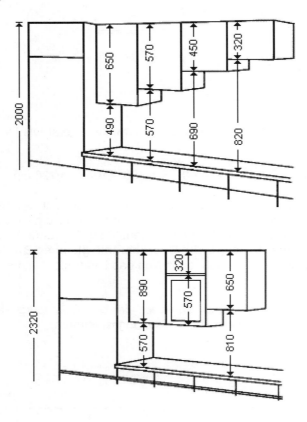

Wenn in der Küchenzeile ein Hochschrank steht, brauche ich nicht lange zu überlegen. Die Oberkante einer Küchenzeile ist damit vorgegeben. Je nachdem, welche Oberschränke ich wähle, lege ich damit gleichzeitig die Nischenhöhe fest.

Ist kein Hochschrank vorgesehen, bestimme ich selbst das Nischenmaß. Ich hänge die Oberschränke so hoch oder so tief, wie es mir gefällt.

Keine Regel ohne Ausnahme: Die Nische zwischen Kochstelle und Dunsthaube muss eine bestimmte Mindesthöhe haben, wenn das Absaugen funktionieren soll:

- Elektrische Kochstelle   Mindestabstand 47 cm
  (Kochplatten, Cerankochfeld)

- Gaskochstelle   Mindestabstand 65 cm

Und schon ist damit auch das Nischenmaß bei den benachbarten Oberschränken festgeschrieben.

Mancher findet ja heutzutage die gerade Linienführung bei den Küchenzeilen langweilig und möchte die Oberschrankzeile lieber aufgelockert sehen.

Ich krame einmal einen Küchenplan wieder heraus, der mir neulich in die Hände gefallen war und den ich kopfschüttelnd beiseite gelegt hatte (Abbildung 47).

Abbildung 47

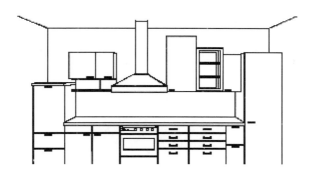

Na, ich weiß nicht. Wenn es jemandem gefällt, soll es recht sein.

Meine Toleranz stößt an Grenzen, wenn Planungsgrundsätze grob verletzt und – was noch wichtiger ist – die Bedürfnisse des Küchennutzers missachtet werden. Der Grundriss (Abbildung 48) zeigt es deutlich.

Abbildung 48

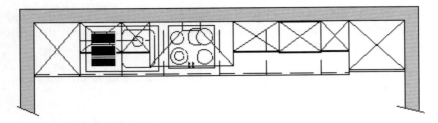

Das sind die Fehler:

- Unterschränke und darüber hängende Elemente lassen die vertikale Linie vermissen, das heißt, sie sind unterschiedlich breit.
- Die Einbauspüle befindet sich zu dicht am linken Halbhochschrank. Das heißt, man schlägt beim Hantieren mit Geschirr schnell an die Seitenwand an.

Planungsgrundsätze, Planungsfehler – eigentlich sollte ich an dieser Stelle nicht darüber sprechen, denn das geschieht später ausführlich. Aber ich kann nicht anders. Das kommt von meiner ganzheitlichen Betrachtungsweise, die mich dazu bringt, am Anfang bereits auf das Ende zu schauen. Und ich will das auch so.

Doch schnell wende ich mich wieder den Küchenelementen zu.

4.5. Die übrigen Elemente

Was jetzt noch anzuschauen ist, nämlich

- Arbeitsplatten,
- Nischenausstattung,
- Kranzleisten und Lichtblenden bei Landhausküchen sowie
- Ergänzungsteile

kann ich in der gebotenen Kürze zusammenfassen. Die Grundtypen sind schnell charakterisiert.

4.5.1. Arbeitsplatten

Am Anfang, als die Einbauküche in Mode kam, waren die Ecken der Arbeitsplatten kantig. Das gibt es heute nicht mehr. Abgerundete Vorderkanten sind in vieler Hinsicht angenehmer (Abbildung 49).

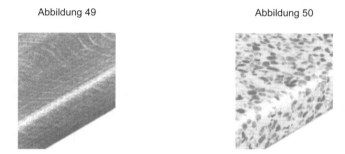

Abbildung 49   Abbildung 50

Auch echte Steinplatten, z.B. aus **Granit**, schleift man rund (Abbildung 50).

Eine weitere Verfeinerung bieten Arbeitsplatten, deren Vorderkanten oben und unten gerundet sind. Ferner befindet sich an der Unterseite eine Kerbe. Flüssigkeiten dringen dadurch nicht mehr bis zum Unterschrank vor, sondern tropfen auf den Boden ab (Abbildung 51).

Abbildung 51   Abbildung 52

Interessant ist die Arbeitsplatte mit Anleimer beziehungsweise Vorleimer (Abbildung 52). Hier ist sie mit Fliesen ausgelegt. Wenn ich sie mir roh kommen lasse, kann ich Fliesen oder andere Materialien selbst legen. So könnte ich meine Küche zum unverwechselbaren Eigenprodukt machen.

Zur Arbeitsplatte gehört das **Wandabschlussprofil**. Es macht zur Wand hin alles dicht (Abbildung 53).

Abbildung 53   Abbildung 54

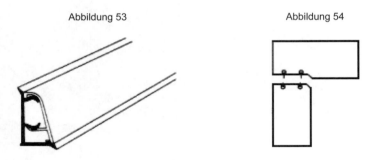

Bei über Eck gestellten Unterschränken muss die Arbeitsplatte ebenfalls alles abdecken und abdichten. Ich bevorzuge als Arbeitsplatteneckbsung die Nut- und Federverbindung (Abbildung 54).

Erwähnenswert ist, dass mit dem Arbeitsplattenmaterial auch Ansetztische (Abbildungen 55 und 56) und Bartheken (Abbildung 57) in die Küche gezaubert werden können.

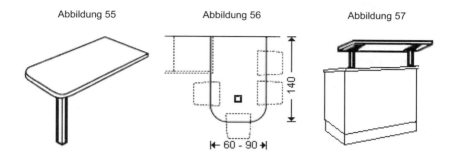

Abbildung 55   Abbildung 56   Abbildung 57

Zwangsläufig drängt sich die Frage auf, in welchen **Maßen** diese Arbeitsplattenvielfalt zu haben ist.

Wenn ich mich in Baumärkten umsehe, finde ich solche Platten in 500 cm Länge und 60 cm Breite. Das sind die Grundausführungen.

Küchenhersteller oder spezialisierte Plattenlieferanten hingegen bieten mehr. Ihre Platten können 30 cm bis 120 cm breit sein. Damit lässt sich fast jede Planungsidee verwirklichen.

Außerdem schneiden sie ihre Platten rund und eckig in allen möglichen Maßen. Auch diagonale Schnitte gehören zum Produktionsalltag. Deshalb gibt es bei Arbeitsplatten kaum ein Breiten- oder Längenmaß, dass nicht geliefert werden könnte.

Die gängige **Plattenstärke (Dicke)** beträgt 4 und 5 cm. Aber auch andere Stärken sind lieferbar, je nach Material. Platten für Bartheken z.B. sind meistens 6 cm dick.

4.5.2. Nischenausstattung

Als eine Spezialität bei den Grundtypen für die Nische sehe ich die **Aufsatzschränke** und **-vitrinen** an. Ich hätte darüber schon bei den Oberschränken sprechen können, weil man sich nach deren Maßen richten muss. Da Aufsatzschränke nicht an die Wand gehängt, sondern auf die Arbeitsplatten gestellt werden, zähle ich sie zur Nischenausstattung.

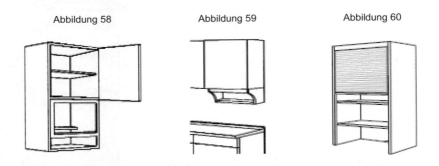

Abbildung 58   Abbildung 59   Abbildung 60

Abbildung 58 zeigt einen Aufsatzschrank, in den ein Mikrowellengerät integriert werden kann.

Dann gibt es die Nischenregale (Abbildung 59) einschließlich Ecklösungen und Nischenschränke. Die Abbildung 60 zeigt einen, den man mit einer Jalousie verschließen kann.

Die **Breitenmaße** der Regale entsprechen denen der Oberschränke. Klar, denn sie werden ja genau darunter montiert. Nicht so bei Aufsatzschränken und Nischenschränken. Hier findet man häufig nur die Breiten 50 cm und 60 cm.

In der **Höhe** müssen Aufsatzschränke mit der Oberkante von nebenstehenden Hochschränken gleichziehen. Mein Hersteller bietet demnach für die Schrankhöhe 200 cm Aufsatzschränke in der Höhe 114 cm an.

Nischenschränke müssen so hoch wie die Nische sein. Im Fall hier sind es 57 cm. Will ich die Oberschränke höher hängen – beispielsweise weil ich mich nicht an einem Hochschrank zu orientieren brauche – und erhöhe dadurch die Nische, dann passt ein solcher Nischenschrank nicht mehr.

All diese Nischenelemente haben die gleiche **Korpustiefe** wie die Oberschränke, also 350 mm.

4.5.3. Kranzleisten und Lichtblenden bei Landhausküchen

Es kommt hin und wieder vor, dass ich gebeten werde, eine Küche kritisch zu begutachten. Im Fall einer Küche im Landhausstil schaue ich zuerst auf die Kranzleisten (Abbildung 61) und die an den Unterkanten der Oberschränke montierten Lichtblenden (Abbildung 62).

Sie zeigen mir, ob ein versierter Planer und anschließend ein fähiger Monteur am Werk waren. Denn was man da manchmal so alles sieht, o weh! Zu viele Fugen, angesetzte Stücke, Lücken etc.

Abbildung 61   Abbildung 62

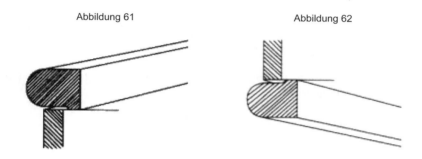

Kränze und Blenden richtig auszumessen, ist eine Kunst. Man sollte es nicht glauben, da die Oberschrankmaße doch vorgegeben sind. Aber die vielen Ecken und Rundungen und dazu die richtigen Gehrungsschnitte – das will gekonnt sein (Abbildung 63).

Abbildung 63

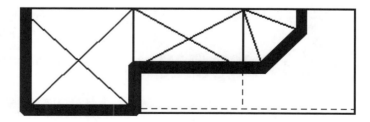

Kranzleisten und Lichtblenden sind dennoch hervorragende Gestaltungselemente für eine perfekte Landhausküche – gewissermaßen das Tüpfelchen auf dem i.

4.5.4. Ergänzungsteile

Ergänzungsteile, auch Zubehör genannt, können ebenfalls eine Küche ganz schön pfiffig machen. Vieles ist aber nur Schnickschnack.

Unverzichtbar für jede Küche sind **Einbauspüle** und **Mischbatterie**.

Ich nehme den Katalog eines Herstellers zur Hand und zähle nach. Nahezu 60 Einbauspülen in verschiedenen Formen, Materialien und Farben bietet er an.

Und damit deckt er keinesfalls die gesamte Produktpalette ab, die auf dem Markt zu finden ist. Viele Hersteller der Zuliefererindustrie für Küchen tummeln sich hier. „Na, dann wähle mal schön", kann ich da nur sagen.

Ich werde mich auf die Hauptfrage beschränken: Wie viel Platz braucht man für ein Spülbecken?

Es ist schön zu wissen, dass es Spülen für Unterschränke bereits ab 45 cm Breite gibt.

Das Spülbecken in Abbildung 64 ist recht klein. Ich würde doch lieber ein größeres wählen. Ferner sollte ein sogenanntes Restebecken dabei sein, das z.B. beim Gemüseputzen sehr nützlich ist. Dann muss auch der Spülenunterschrank breiter sein. Schon ab 50 cm Unterschrankbreite bieten sich solche Möglichkeiten (Abbildung 65).

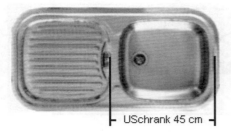

Abbildung 64

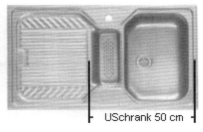

Abbildung 65

Das reicht für meine Küche. Vielleicht kann ich sogar einen 60 cm breiten Unterschrank stellen. Dann kann das Becken noch größer sein.

Ob sich das Becken rechts oder links von der Abtropffläche befindet, braucht mich nicht zu kümmern. Spülen sind so konstruiert, dass ich sie um 180° drehen kann. Die Einsatzöffnungen für Mischbatterien sind entsprechend vorgebohrt.

Unter die Abtropffläche kann ich außer Unterschränken auch Unterbaugeräte schieben. Da dieser Teil der Spüle nicht höher als die Arbeitsplatte ist, ragt hier kein Hindernis unten an der Arbeitsplatte hervor.

Wenn ich viel Platz in meiner Küche hätte, würde ich mich eventuell für eine Einbauspüle mit integriertem Mülltrennungssystem entscheiden (Abbildung 66).

Abbildung 66

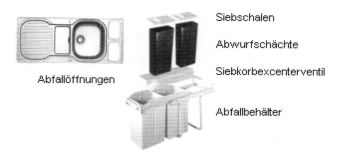

In die Abfüllöffnungen rechts werden die Siebschalen hineingelegt. Darunter befinden sich die Abwurfschächte, die in die Abfallbehälter münden. Dieses System verschlingt allerdings 120 cm Stellfläche. Das ist sicher zu viel für meine relativ kleine Küche.

Die Spüle in eine Ecke zu integrieren, damit könnte ich mich durchaus anfreunden. Die Küchenindustrie hält solche Ecklösungen bereit (Abbildung 67, Maße in mm).

Abbildung 67

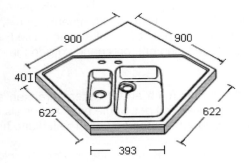

Dies ist die kleinste Eckspüle. Sie benötigt ein Stellmaß von nur 90x90 cm. Das Handling in solch einer Miniecke erscheint mir jedoch zu sehr eingeschränkt.

Besser wäre die größere Ecklösung. Sie benötigt ein Stellmaß von 105x105 cm.

Die gesamte Palette von Einbauspülen kann noch mit allerlei Zubehör ausgestattet werden, z.B.

- Schneidbrett, Rüstbrett,
- Abtropftablett,
- Geschirrkorb, Beckeneinsatz, Rüstkorb,
- Siebschale oder
- Tellerständer.

Alles passt in die jeweiligen Öffnungen, nur der Tellerständer steht frei auf der Abtropffläche.

Das Wasser möchte ich aus einer eleganten **Mischbatterie** fließen lassen. Diese z.B. würde mir gefallen:

Abbildung 68

Sie sieht nicht nur chic aus, sondern bietet außerdem die nötige Technik: Auslauf zu 100° schwenkbar, ausziehbare Geschirrbrause, Umschalter, Rückflussverhinderer, integriertes Geräteanschlussventil (z.B. für den Geschirrspüler).

Doch ich möchte niemandem meinen Geschmack aufdrängen. Die Zuliefererindustrie der Küchenbranche lässt keine Wünsche offen. Es ist mir unmöglich, hier alle Formen, Farben, Größen und technischen Finessen aufzuführen.

Natürlich bieten die Zulieferer auch die Anlagen für den **Wasserablauf**. Man nennt ihn landläufig Siphon oder – weniger landläufig – Spülengeruchsverschluss.

Wenn ich hin und wieder einmal in einen Spülenunterschrank hineingeschaut habe, erschreckte mich oft das raumgreifende Röhrengewirr der Ablaufanlage. Das muss nicht sein. Heutzutage kann der Anschluss durch flexible (knickbare) Rohre übersichtlich und Platz sparend installiert werden.

Was sonst noch an **Zubehör** geboten wird, möchte ich nur aufzählen. Allerdings erhebe ich damit keinen Anspruch auf Vollständigkeit. Es sind der Gegenstände zu viele. Auch kommen ständig Neuheiten auf den Markt, die das Hantieren in der Küche erleichtern sollen.

Das Zubehörteil Mülltrennungssystem erwähnte ich schon (Abbildung 66). Es erscheinen immer wieder neue Kreationen. Wollte man ständig auf dem modernsten Stand sein, würden immer öfter Abfalleimer auf dem Abfall landen.

61

Aber jetzt zur Aufzählung:

- Handtuchhalter,
- Gewürzgestelle einschließlich gefüllter Gewürzdosen,
- Schütteneinsätze,
- Flaschentragekörbe,
- Putzmittelgestelle,
- Winkel-Ablageroste,
- Innenauszüge in Unterschränken,
- Sockelschubläden,
- Vorratskörbe,
- Kehrblech- und Handfegerhalter,
- Hakenleisten,
- Schlauch- und Gerätehalter,
- zusammenklappbare Trittleitern,
- Papierrollenhalter,
- Messerhalter, Messerblöcke,
- Besteckeinsätze,
- Schneidbretthalter,
- Kochbuchablagen,
- Relingleisten.

Ich verzichte darauf, diese oft sehr nützlichen Accessoires hier abzubilden. Ich möchte aus diesem Ratgeber keinen Katalog für Küchenzubehör machen.

Stattdessen sehe ich mir ein anderes wichtiges Ergänzungsteil an: Das **Abluftsystem für Dunstabzugshauben**.

Eher selten kann eine Dunstabzugshaube direkt an eine Abluftöffnung angeschlossen werden. Meistens befindet sich der Mauerdurchlass irgendwo fernab. Kein Problem, denn es gibt das **Flachkanalsystem** (Abbildungen 69 bis 73, Maße in mm). Es besteht im Wesentlichen aus

- Vierkantrohren,
- Vierkantflexoschläuchen,
- Übergangsstücken

und mündet im flexiblen Mauerkasten.

Planen mit Küchenelementen und Einbaugeräten

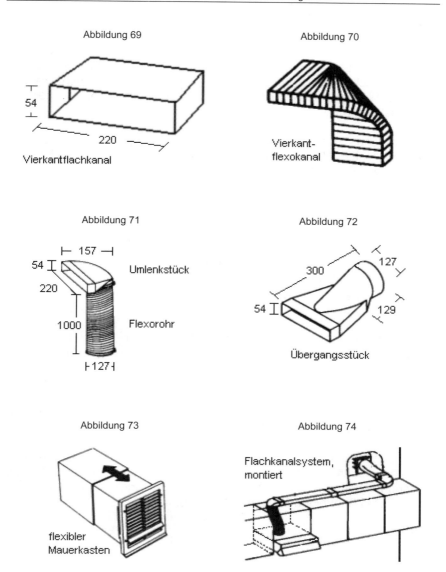

Wie das Ganze nach der Montage aussieht, zeigt Abbildung 74. Der Abluftkanal, der von der Dunsthaube zur ca. 150 cm entfernten Maueröffnung führt, liegt flach auf den Oberschränken auf. Er ist unsichtbar. Umso mehr, wenn noch eine Kranzleiste (Landhausküche) die Sicht verdeckt.

Ein weiterer wichtiger Zubehörbereich ist das **Elektrozubehör**. Hauptsächlich geht es dabei um die **Beleuchtung**.

Mit moderner LED- und Halogen-Lichttechnik lassen sich nicht nur die Arbeitsbereiche der Küche perfekt ausleuchten, sondern auch reizvolle optische Akzente setzen. Gerade im letzten Punkt sind viele Küchenhersteller sehr kreativ.

Es würde den Rahmen dieses Buches sprengen, sämtliche Beleuchtungsmöglichkeiten und -varianten abzubilden. Deswegen auch hier nur eine Aufzählung ohne Anspruch auf Vollständigkeit:

- Oberschränke mit beleuchteten Glasböden / Lichtleisten,
- Innenbeleuchtung für Schubkästen und Auszüge,
- Beleuchtung der Griffmuldenprofile (bei grifflosen Küchen),
- beleuchtete Sockelblenden,
- Lichtleisten mit Halogen-Strahlern,
- LED- und Halogen-Unterbauleuchten,
- beleuchtete Wandabschlussprofile.

Bei der **Ausleuchtung der Arbeitsplätze** sollte in jedem Fall darauf geachtet werden, dass sie **schattenfrei und gleichmäßig** erfolgt.

Am Ende der Ergänzungsteile-Schau möchte ich ein Gerät herausgreifen, das eigentlich nicht hierher gehört. Weil es aber meist in ein Küchenelement integriert ist, muss ich dazu kurz etwas sagen. Ich meine den elektrischen **Allesschneider**.

Wenn er früher dauernd auf der Arbeitsfläche herumstand und manchmal störte, kann ich ihn heute gut in einer Schublade verstecken. Die Einschubtechnik ist ausgereift. Das Gerät liegt nach dem Ausklappen fest auf. Das Schneiden funktioniert einwandfrei.

Abbildung 75

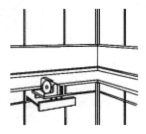

4.6. Einbaugeräte

Ich will es nicht verheimlichen: Ich habe sehr lange überlegt, wie ich den Gerätekomplex angehen soll. Der Küchenhändler, der mir eine E-Mail schickte, hatte schon Recht:

> *„(...) Versuchen Sie doch mal, Tipps über Küchenelektrogeräte zu schreiben. Sie werden Probleme bekommen, weil sich die Geräteausstattung alle sechs Monate ändert.*
>
> *Die Herde, die Stiftung Warentest im Mai getestet hatte, waren in meinem neuen Geräteverkaufskatalog Juli nur noch unter der Rubrik Auslaufmodelle zu finden. Die Nachfolgemodelle hatten eine andere Artikelnummer bekommen. Sie waren weiter verbessert worden, jedoch nur geringfügig teurer. (...)"*

Der schnelle Modellwechsel hält unvermindert an. Ich habe nichts dagegen. Denn die Innovationen von heute dürften uns höhere Lebensqualität für morgen bringen.

> Natürlich drängt sich an dieser Stelle die Frage auf: **Welche Geräte von welchen Herstellern soll ich nehmen:** BSH-Gruppe (Bosch/Siemens) mit den weiteren Marken Constructa, Gaggenau, Neff? Miele? AEG? Bauknecht? Liebherr? Whirlpool? Andere?

Aber halt. Wir sind doch erst in der Planungsphase. Zum Planen genügen die **Grundmodelle.**

So unüberschaubar die Anzahl der Modelle von Einbaugeräten sein mag, dem Grunde nach haben sie alle etwas gemeinsam. Das sind die **standardisierten Außenmaße**, welche garantieren, dass Gerät und Umbau (Kasten) zusammenpassen. Diese Geräte in Standardmaßen bezeichne ich als Grundmodelle. Und nur damit plane ich.

Also brauche ich jetzt noch nicht bestimmte Geräte herauszusuchen. Die Auswahl folgt später (siehe Ziffer 7.5.).

Sollte ich allerdings im Einzelfall hier und jetzt schon wissen wollen, was ein bestimmtes Gerät alles kann, finde ich die Antworten unter anderem im Internet.

Ich recherchiere dort nach Testberichten von Prüfinstituten. Ich klicke die Gerätehersteller an. Sie präsentieren ihre Produkte und Innovationen meist sehr anschaulich.

Wer mit dem Internet nichts am Hut hat, geht halt persönlich zum E-Gerätehändler oder wird bei ihm auf konventionellem Wege (Telefon, Telefax, Brief) anfragen. Das kann manchmal mühsam sein, führt aber letztlich ebenso zum Erfolg.

4.6.1. Geräte zum Kochen und Backen

Wie sollte es anders sein, ich beginne mit dem klassischen Einbaubackofen. Für ihn werden samt Umbau durchweg 60 cm Stellfläche benötigt.

Die Nöte der Küchenkäufer sind bis zur Geräteindustrie durchgedrungen: Für Miniküchen gibt es inzwischen Einbaubacköfen, die in einen 45 cm breiten Herdumbau passen. Aber ich will bei den Standardmaßen bleiben (Abbildungen 76 bis 90, Maße in mm):

Abbildung 76

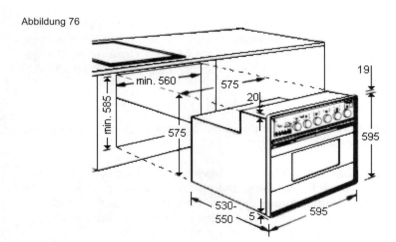

In die Arbeitsplatte über dem Backofen wird entweder die herkömmliche Kochmulde (Abbildung 77) oder das Kochfeld (Abbildung 78) eingelassen.

Abbildung 77   Abbildung 78

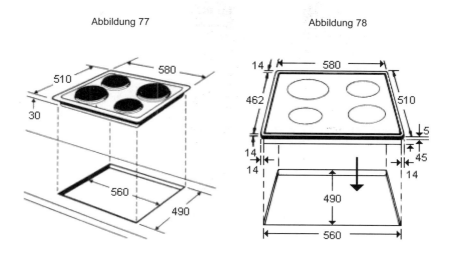

Kochfelder (Ceran, Induktion) gibt es hauptsächlich in den Standardbreiten 60, 70, 80 und 90 cm.

Wenn es später mächtig dampfend und duftend von Pfannen und Töpfen aufsteigt, soll der Dunst nicht in der Küche hängenbleiben oder sich gar in der ganzen Wohnung verbreiten. Das habe ich nicht so gerne. Auf einen wirksamen Dunstabzug lege ich deshalb großen Wert.

Abbildung 79

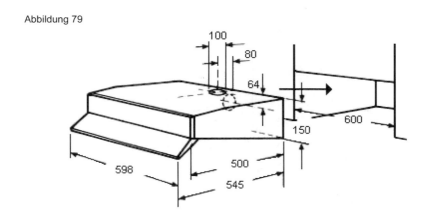

67

Die klassische Dunsthaube (Abbildung 79), die unter einen kurzen Oberschrank montiert wird, hat schon die Anfänge der Einbauküchengestaltung miterlebt. Sie ist inzwischen aus der Mode gekommen. Andere Gestaltungen herrschen vor.

Abbildung 80

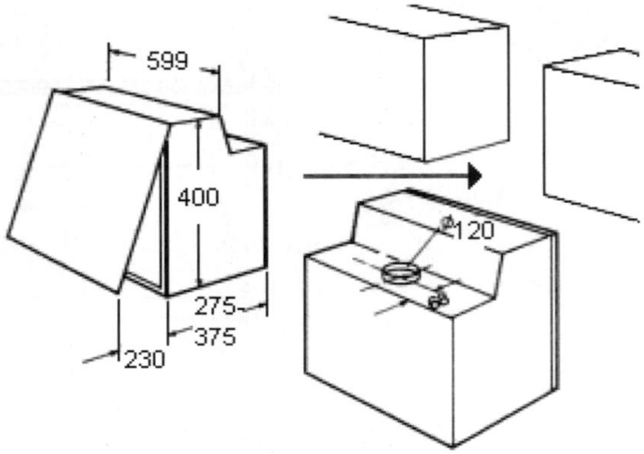

Die Dunsthaube in Abbildung 80 folgt dem Trend, die Einbaugeräte in Schränke (Elemente) zu integrieren. Eine weitere Ausführung soll den Stauraum, der durch die Geräteintegration verloren geht, wenigstens teilweise zurückgewinnen (Abbildung 81).

Abbildung 81

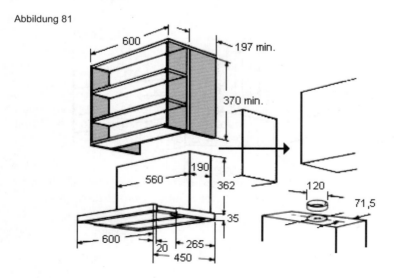

Selbstverständlich spricht nichts dagegen, in einer modernen Designküche die Dunstabzugshaube zum Blickfang werden zu lassen. Denn die Hersteller entwickeln immer wieder neue Modelle mit extravaganten Merkmalen und in futuristischen Designs. Beispiele sind die

- Wandhaube (kaminförmig, an der Wand über der Kochstelle montiert, Abbildung 82),
- Inselhaube bzw. Deckenhaube (bei Küchen mit Kochinsel und offenen Wohnküchen, Abbildung 83),
- Haube mit Randabsaugung (Die Abluft wird nur durch einen schmalen Spalt eingezogen: Mehr Effizienz durch höhere Strömungsgeschwindigkeit.),
- Tischhaube bzw. Downdraft-Lüftung (bei Bedarf ausfahrbar direkt an der Kochstelle).

Abbildung 82　　　　　　　　　Abbildung 83

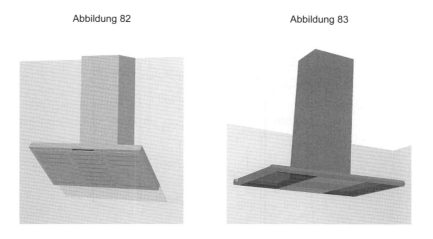

Stark im Kommen ist das Kochfeld mit integriertem Dunstabzug, auch Muldenlüfter oder besser Kochfeldabzug genannt. Hier wird der Dunst nicht nach oben, sondern durch einen Spalt im Kochfeld nach unten abgesaugt.

Manche Branchenauguren prophezeien, dass der Kochfeldabzug sich weiter durchsetzen wird und die Tage der Hauben bereits gezählt sind.

69

4.6.2. Geräte zum Kühlen, Gefrieren, Auftauen, Garen

Auch hier bemerke ich wieder das Bedürfnis, die Geräte hinter Möbelfronten zu verstecken. Aber wessen Bedürfnis? Das der Hersteller oder das der Verbraucher?

Ich glaube schon, dass ein/e Hausmann/frau eine durchgehende Möbelfront schon deshalb bevorzugt, weil sie leichter zu putzen ist. Aber wie sieht es dahinter aus? Ich habe schon manch eine/n fluchen hören, wenn sie/er dem Schmutz hinter der Front zu Leibe rücken wollte.

Ein anderes Bedürfnis erscheint mir wichtiger. Ich möchte sowohl gekühlte, als auch gefrorene Lebensmittel schnell und ohne Umstände zur Hand haben. Deshalb greife ich als Grundmodell die Kühl-Gefrier-Kombination heraus. Und so passt sie mit dem Gerätehochschrank zusammen (Abbildung 84).

Abbildung 84

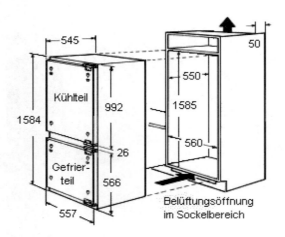

Auf ein wichtiges Detail werde ich besonders achten: Auf die Belüftung. Die schönste Abtauautomatik versagt, wenn die Belüftung nicht ausreicht. Vereiste Kühl- oder Gefriergeräte sind mir ein Gräuel.

Unter Umständen genügt ein einzelner Kühlschrank. Kein Problem, denn für jedes Gerät gibt es den passenden Geräteschrank.

Keineswegs aus der Mode sind Kühlschränke oder Gefrierschränke als Unterbaugeräte.

Mancher Küchenraum lässt es einfach nicht zu, einen Hochschrank zu stellen. Das Gerät muss deshalb unter die Arbeitsplatte geschoben werden und benötigt meistens 60 cm Platz (Abbildung 85).

Abbildung 85

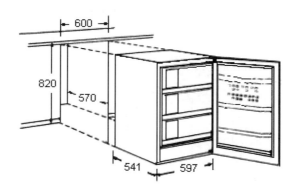

Eingefrorene Lebensmittel sollen schnell wieder aufgetaut und anschließend gegart werden. Dafür ist das Mikrowellengerät da.

Abbildung 86

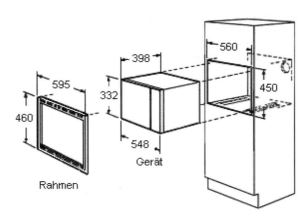

Die Mikrowelle passt zwar in einen Aufsatzschrank (siehe weiter oben Abbildung 58) oder Oberschrank, wird jedoch für gewöhnlich in einen Hochschrank eingebaut (Abbildung 86). Wichtig dabei ist in jedem Fall der Rahmen, weil er das Gerät im richtigen Abstand zu den umliegenden Holzteilen arretiert.

4.6.3. Geräte zum Geschirrspülen und Waschen

Kaum jemand will heute noch das Geschirr per Hand spülen. Manchmal ist es in der Küche allerdings so eng, dass ein Geschirrspüler keinen Platz hat. Da kann ein nur 45 cm breites Gerät, wie es heute fast jeder Gerätehersteller produziert, durchaus die Lösung sein (Abbildung 87).

Abbildung 87

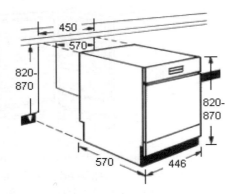

Der übliche Geschirrspüler ist 60 cm breit. Das ist die Standardbreite. So auch bei der Waschmaschine (Abbildung 88). Ich persönlich möchte nicht so gerne Wäsche in der Küche waschen. Aber die Wohnsituation lässt manchmal keine andere Wahl zu. Da ist man froh, wenn man überhaupt Platz für einen Waschautomaten hat.

Abbildung 88

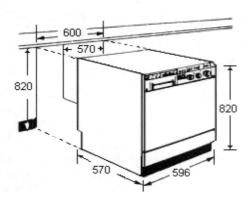

Planen mit Küchenelementen und Einbaugeräten

4.6.4. Sondergeräte

Es gibt nichts, was es nicht gibt. Das gilt auch für Einbaugeräte. Ich denke dabei an die Sondergeräte. Ich zähle sie willkürlich auf ohne Anspruch auf Vollständigkeit. Gasbacköfen mit Gaskochfeld zählen zu solchen Spezialitäten, ferner

- Kochtableaus mit tiefer gelegter Kochebene,
- kompakte Einbau-Kocheinheiten (Gas/Cerankochfeld/Grill),
- Dampfgarer,
- Dampfbackofen,
- Friteusen.

Bei den Sondergeräten halten sich die Hersteller manchmal nicht an die Standardmaße. In diesem Falle muss ich also bereits bei der Planung das Gerät explizit auswählen, um es genau einzupassen.

Ein Sondergerät, eigentlich ist es eine Gerätekomposition, möchte ich hier im Bild zeigen: Die Miniküche oder Pantry (Abbildungen 89 und 90). Mich beeindruckt, was alles auf einem Meter Breite untergebracht ist!

Abbildung 89

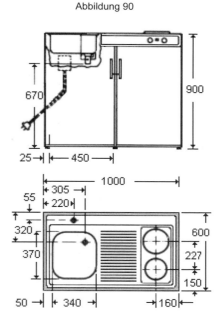

Abbildung 90

73

Spätestens an dieser Stelle muss ich eine Frage aufwerfen, an die man gemeinhin nicht denkt:

Ist der elektrische Stromanschluss meiner Wohnung so ausgelegt, dass ich eine Vielzahl von E-Geräten gleichzeitig betreiben kann?

Da muss ich wohl vorsorglich einen Fachmann heranziehen, um zu vermeiden, dass später ständig die Sicherungen durchknallen oder gar Schlimmeres passiert.

Jetzt bin ich fertig. Nein, nicht mit den Nerven. Fertig bin ich mit meiner Expedition in den Dschungel der Küchenelemente und Einbaugeräte.

Zwar würde ich nun gerne endlich mit meiner Eigenplanung anfangen: Meinen PC hochfahren, das Planungsprogramm aufrufen und die ausgewählten Küchenelemente virtuell in meinem Küchenraum aufstellen (siehe Ziffer 2.2.).

Aber es fehlen noch die wichtigen Erkenntnisse, die ein spezielles Fachgebiet aufzeigt: Die Küchenergonomie.

5. Planen mit Ergonomie

Der Fachbegriff Ergonomie ist heute in aller Munde. Ob alle wohl das Gleiche meinen, wenn sie das Wort gebrauchen?

Ich will sichergehen und schlage nach. Der Duden erklärt es prägnant mit „Erforschung der Leistungsmöglichkeiten und optimalen Arbeitsbedingungen des Menschen".

Alles klar? Für mein eigenes Verständnis will ich das einmal so formulieren:

Drehte sich bisher alles um die Küche, soll sich nun die Küche um den Menschen drehen. Was auch immer ich in meiner Küche tue, es muss mit Leichtigkeit ablaufen. Im Vordergrund steht das optimale Handling in einer optimal gestalteten Küchenumgebung.

In diesem Sinne mögen die Ergonomen hier zu Wort kommen. Das wird meiner Küchenplanung den richtigen Drall geben.

5.1. Was die Ergonomen fragen

Da ich als Küchennutzer nunmehr im Mittelpunkt stehe, müssen die Ergonomen bestimmte Fragen an mich richten.

Und das wären die typischen, ergonomischen Fragen:

1. Wie ist Ihr Körperbau?

    a)   Körpergröße?

    b)   Links- oder Rechtshänder?

    c)   Körperliche Behinderungen?

    d)   Sonstige Charakteristika?

2. Welche Bewegungen und Körperhaltungen belasten Sie?

    a)   Hin und her laufen, langes Stehen?

    b)   Bücken oder Hinknien?

    c)   Strecken oder auf Trittschemel steigen?

    d)   Lasten heben, tragen?

3. Was wollen Sie in Ihrer Küche tun?

a) Außer Nahrungszubereitung (einschließlich Rüstarbeiten, z.B. Gemüseputzen, Geschirrspülen) auch Mahlzeiten einnehmen? Welche?

b) Länger aufhalten und gemütlich sitzen?

c) Was sonst noch?

4. Mit welchen Utensilien hantieren Sie?

a) Viel oder wenig Geschirr, Töpfe, Pfannen und in welcher Größe?

b) Zahlreiche Haushaltsgeräte oder nur wenige?

c) Vorräte an Nahrungsmitteln welcher Art und in welchem Umfang?

d) Kühl- und Gefriergut in welchem Umfang?

e) Was sonst noch?

Ich werde die Fragen gerne beantworten. Gleichzeitig möchte ich aber auch ein Feedback. Auf Deutsch: Ich möchte wissen, was die Ergonomen, besser die Küchenhersteller, daraus gemacht haben.

5.2. Die Antworten und was daraus gemacht wird

Ich gehe Frage für Frage beispielhaft für meine Person durch und antworte. **Andere Leute werden anders antworten.** Wichtig ist, dass deutlich sichtbar wird, ob und wie in meiner Küche die ergonomischen Forderungen erfüllt werden können, oder ob ich mich auf Kompromisse einlassen muss.

1. Wie ist unser Körperbau?

Nanu, warum plötzlich „unser"? Das kam so:

Gerade als ich dieses Kapitel schrieb, kam meine Frau ins Büro und schaute mir über die Schulter. „Wie weit bist du mit deinem Küchenbuch?", wollte sie wissen. Als ich es ihr erklärt hatte, schaute sie mich vorwurfsvoll an. „Willst du mich aus der Küche verbannen? Nun gut. Dann koche mal schön, kaufe die Lebensmittel und Vorräte ein, verstaue alles, halte alles sauber. Viel Vergnügen. Ich setze mich gerne an den gedeckten Tisch."

Damit traf sie mich beim Nerv. Ich bin kein sonderlich guter Koch. In den langen Jahren unserer Ehe beschränkten sich deshalb meine Küchenarbeiten oft nur darauf, Dosen, Gläser oder Flaschen zu öffnen, den Kaffeeautomaten zu füllen, den Frühstücks- oder Mittagstisch zu decken und nach dem Essen das Geschirr in die Spülmaschine einzuräumen.

„Nein, nein", lenkte ich kleinlaut ein, „Es soll alles bleiben wie bisher. Chef in der Küche bist du!" – „Dann berücksichtige das bitte bei deinem Ergonomieexkurs."

Deshalb also das „Wir".

a) Die Frage nach der Körpergröße zielt auf eine der wichtigsten Festlegungen in der Küche ab, nämlich die der **Arbeitshöhe**.

Faustregel zur Bestimmung der richtigen Arbeitshöhe:

Wenn ich vor den Unterschränken stehe und einen Unterarm in rechtem Winkel zum Körper vorstrecke, sollte er sich ca. 15 cm über der Arbeitsplatte befinden (Abbildung 91).

Die Arbeitshöhe ergibt sich aus der Summe der Unterschrankkorpushöhe, der Dicke der Arbeitsplatte und der Sockelhöhe (Abbildung 92).

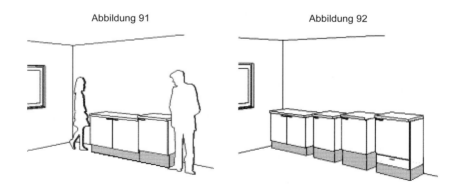

Abbildung 91　　　　　　　　　　Abbildung 92

Meine Frau ist 158 cm groß. Nach dieser Faustregel wäre für sie eine Arbeitshöhe von ca. 87 cm richtig. Dann kann sie in aufrechter, lockerer Körperhandlung an Spüle und Herd hantieren. Ich kann es bei meiner Körpergröße von 179 cm noch bei 94 cm Arbeitshöhe.

Es ist nicht zu übersehen: Die gewünschte Arbeitshöhe erreiche ich primär durch die Wahl des passenden Sockels. Bei meinem beispielhaft ausgewählten Küchenhersteller gibt es ihn 105, 130, 155 und 180 mm hoch.

Den Sockel zu verändern, ist die technisch einfachste Lösung. Das heißt aber auch, dass ein höherer Sockel keinesfalls mit einem Mehr an Stauraum verbunden ist. Mehr Stauraum hätte ich nur dann, wenn ich die Unterschrankkorpushöhe 815 mm wählen würde. In diesem Korpus ist Platz für eine zusätzliche Schublade. Aufgrund der Körpergröße meiner Frau kommt das allerdings nicht infrage.

Wir bleiben also bei der Standardkorpushöhe 715 mm und der Standardsockelhöhe von 105 mm. Mit einer 40 mm starken Arbeitsplatte kommen wir auf eine Arbeitshöhe von 86 cm – für meine Frau optimal.

Bei der Bestimmung der Arbeithöhe sollte man durchaus an die Töpfe und Pfannen auf dem Kochfeld denken. Die Höhe der Gefäße beeinflusst das Hantieren im Kochbereich. Eine Antwort darauf kann die abgesenkte Kochfläche sein (Abbildung 93).

Abbildung 93

Der Backofen behält seine Maße. Die passende Einschuböffnung wird durch niedrigere Auflageleisten und Frontblenden erreicht.

b) Meine Frau und ich sind Rechtshänder. Unsere Bewegungen bei den Küchenarbeiten laufen deshalb beispielsweise wie folgt ab:

- Um in einem Topf zu rühren, nehmen wir den Kochlöffel in die rechte Hand und wollen ihn danach automatisch rechts ablegen.
- Um einen Teller zu spülen, nehmen wir ihn in die linke Hand und bearbeiten ihn mit der rechten. Danach wollen wir den Teller automatisch links ablegen.

Es muss also sowohl links als auch rechts genügend Ablagefläche geben: Bei der Spüle die Abtropffläche links, bei der Kochfläche ein freier Platz rechts.

Abbildung 94

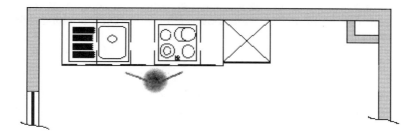

Es wäre nicht ergonomisch, die Unterschränke rechts von der Spüle und rechts vom Herd wegzulassen. Es gäbe keine Ablageflächen. Außerdem könnte man beim Hantieren rechts an die Seitenwand des Hochschranks anstoßen (Abbildung 95).

Abbildung 95

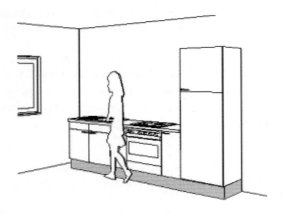

Die Arbeitsfläche links vom Kühlschrank hat ein weitere Funktion: Wenn ich das Kühlgut in den Kühlschrank stellen oder aus ihm entnehmen will, habe ich es viel leichter, wenn ich es erst einmal auf dieser Fläche abstellen kann, bevor ich die Kühlschranktür schließe oder öffne.

c) und d)

Körperlich behindert sind wir zum Glück nicht. Aber für solche Küchenkäufer gibt es ebenfalls Lösungen. Ich komme am Schluss dieses Kapitels kurz darauf zu sprechen.

2. Bewegungen und Körperhaltungen, die uns belasten

a) Lange Wege in unserer Küche verabscheuen wir. Die wünschenswerte körperliche Bewegung verschaffen wir uns lieber durch Wanderungen an der frischen Luft.

Zwar ist die Grundfläche unserer Küche recht klein und es braucht jeweils nur ein paar Schritte, um an diese oder jene Position zu gelangen. Im Laufe eines Küchenarbeitstages kommt dennoch eine beträchtliche Wegstrecke zusammen. Es gibt Berechnungen, wonach pro Jahr in einer willkürlich geplanten Küche 189 km, in einer ergonomisch geplanten 75 km zurückgelegt werden.

Somit wäre alles klar: Spüle und Kochstelle müssen beieinander liegen. Um an Töpfe, Pfannen, Besteck usw. zu gelangen, darf es nur einen kleinen Schritt zur Seite geben. Das gilt ebenso für die Vorräte und das Kühl- und Gefriergut.

Wenn ich mir die Abbildungen 94 und 95 erneut ansehe, wäre eine solche Zusammenstellung der Küchenelemente auch in dieser Hinsicht optimal.

b) Bei den Küchenarbeiten sich zu bücken, in die Hocke zu gehen oder gar hinzuknien ist eine körperliche Belastung, die wir gerne vermeiden möchten.

Ich habe schon beobachtet, dass jemand in einen Unterschrank förmlich hineinkriechen musste, um einen Topf aus dem hintersten Eck hervorzuholen.

Die Ergonomen raten deshalb zu **möglichst zahlreichen Auszügen in möglichst breiten Unterschränken**. Man muss sich auch da schon genug bücken. Aber die Küchenutensilien kommen wenigstens mit dem Auszug entgegen und man kann sie bequemer erreichen.

Auszüge kann es zudem hinter Türen geben. Die heißen dann Innenauszüge und bestehen aus Drahtkörben oder Kasten. Der Stauraum bleibt nahezu der gleiche. Bei Ecklösungen sind Drehgestelle und Karussells ein Muss.

Die Küchenhersteller haben diese Bedürfnisse inzwischen akzeptiert und bauen Schränke mit Auszügen noch und nöcher. Das hat das Design ihrer Küchenneuheiten stark geprägt. Für meinen Geschmack vielleicht etwas zu stark. Manche moderne Küche erscheint mir in der Linienführung „stur puristisch horizontal".

Die Technik der Beschläge jedoch ist top. Die Topfauszüge beispielsweise sind leichtgängig, gut zu beschicken und halten hohe Lasten aus. Die meisten Innenauszüge und Drehgestelle laufen leicht, selbst wenn sie schwer beladen sind.

c) Sich nach den höheren Regionen der Hoch- und Oberschränke zu strecken, um dann fast blind nach irgendwelchen Gegenständen zu tasten, ist nichts für uns.

Wenn es sich machen lässt, soll deshalb bei uns die Elementhöhe +/- 200 cm nicht überschritten werden. Leicht zugänglich ist jedenfalls der Apotheker-Hochschrank, in den man von beiden Seiten ohne Mühe hineingreifen kann.

Auf Schemel zu steigen, ist bei der von uns geplanten Küchenzusammenstellung nicht erforderlich.

Aber ich sehe ein, dass in anderen Fällen der ganze Küchenkram so umfangreich ist, dass mehr Stauraum her muss durch höhere Hochschränke, Oberschränke oder Aufsatzschränke. Das geht dann bis ca. 240 cm, also fast bis unter die Decke.

Wenn es also sein muss, würde ich einen Schemel (Abbildung 96) nehmen, der so zusammengeklappt werden kann, dass er im Unterschranksockel Platz findet. Natürlich muss er standfest sein.

Abbildung 96

Abbildung 97

d) Lasten zu heben und zu tragen, müssen wir wegen unserer Rückenprobleme tunlichst unterlassen.

Im ersten Augenblick kommt man gar nicht darauf, dass in einer Küche manchmal durchaus größere Lasten zu bewegen sind. Ein Gänsebraten in der Kasserolle z.B. hat ein ganz schönes Gewicht. Ein hochgestellter Backofen ist deshalb ein Segen.

Nicht nur der Lasten wegen ist es vorteilhaft, Backöfen, Mikrowellengerät oder auch den Kühlschrank in Brusthöhe anzuordnen. Man kann die Geräte bequemer bedienen.

In der Abbildung 97 ist zu sehen, dass der Raum unter der Kochfläche jetzt ganz anders genutzt wird. Es gibt weitere pfiffige Lösungen. Ich zeige es, wenn ich zur Detailplanung meiner Küche komme.

3. Was wir in unserer Küche tun wollen

Diese Frage ist schnell beantwortet. Wir brauchen keine sogenannte Wohnküche, in der sich das Familienleben hauptsächlich abspielt. Selbst wenn eine solche Gestaltung zurzeit im Trend liegt – es gehören entsprechende Räumlichkeiten dazu. Das bauseitige Umfeld muss passen.

In unserer Mietwohnung geht so etwas nicht, weil die Küche ein relativ kleiner, separater Raum ist. Der ist mit knapp über 15 m² sogar weitaus größer, als der durchschnittliche deutsche Küchenraum (ca. 10 m²).

Wir sind zu zweit und wollen in unserer Küche nur die Nahrung zubereiten. Allerdings würde es uns gefallen, wenn wir zusätzlich einen kleinen Frühstücksplatz unterbringen könnten. Inwieweit das möglich ist, wird die Detailplanung zeigen. Auf keinen Fall darf der Stauraum dadurch geschmälert werden.

4. Mit welchen Utensilien wir hantieren

(1) Und schon sind wir beim Stauraum. Bei einem Haushalt, der fast 40 Jahre lang besteht, haben sich eine Menge Geschirr, Besteck, Gläser, Krüge, Töpfe, Pfannen und dergleichen angesammelt. Die guten Stücke (Rosenthal-Service, Silberbesteck, exklusive Gläser usw.) lagern in den Vitrinen im Esszimmer, teilweise sogar zur Schau gestellt. Die Gegenstände des täglichen Gebrauchs sind dennoch zahlreich.

Ich erwähnte schon, dass wir in unserer Küche auf zusätzlichen Stauraum durch Hochbauen der Schränke verzichten wollen. Also muss der notwendige Platz durch eine clevere Anordnung der richtigen Elemente geschaffen werden.

(2) Die Haushaltsgeräte wurden mit der Zeit immer zahlreicher. Zuerst gab es nur den Kaffeeautomaten, dann kamen Eierkocher, Allzweckküchenmaschine, Toaster, Küchenwaage, elektrischer Dosen-/Flaschenöffner, und was weiß ich noch alles hinzu. Meine Frau würde wahrscheinlich den Kopf schütteln, weil ich bei der Aufzählung viele Geräte vergessen habe.

Auf jeden Fall bedeutet das wieder Bedarf an Stauraum und an Abstellfläche.

Einige Geräte behalten ihren Platz auf der Arbeitsfläche, die anderen werden bei Gebrauch hervorgeholt. Aber auch sie muss man irgendwo hinstellen und bedienen können. Und schon haben wir die nächste Herausforderung für den Küchenplaner.

(3) Wir haben es uns abgewöhnt, große Vorräte an Nahrungsmitteln bereitzuhalten. Ich kann bereits jetzt abschätzen, dass für Gewürze und unverderbliche Lebensmittel (Mehl, Zucker, Teigwaren usw.) ein 100 cm breiter Oberschrank ausreicht.

Für tiefgekühlte Lebensmittel genügt ein 160-Liter-Gefrierschrank mit Schüben. Den möchte ich gerne im Keller unterbringen. Mal sehen, ob ich meine Frau dazu überreden kann.

Der Kühlschrank jedenfalls muss groß sein. 220 Liter Volumen ohne Gefrierfach wären genau richtig. Dann braucht man nicht allzu sehr in gestapeltem Kühlgut herumzukramen und kühle Getränke sind jederzeit schnell griffbereit.

So, das wär's, was unsere Ergonomie angeht. Ich will nur noch kurz darauf zu sprechen kommen, wie eine Küche gestaltet sein sollte, wenn man sich darin im Rollstuhl bewegen muss.

Da gibt es im Wesentlichen folgende Forderungen, die durch Sonderausführungen bei den Küchenelementen zu verwirklichen sind:

✓ Keine Hindernisse in der Raumfläche,

✓ unterfahrbare Arbeitsflächen,

✓ Halbhochschränke mit Auszügen,

✓ niedrig gehängte, absenkbare Oberschränke, möglichst mit Falttüren,

✓ abgesenkte Kochstelle,

✓ hochgestellte/r/s Backofen/Mikrowellengerät mit Drehtür und ausziehbarer Arbeitsfläche.

Je nach dem Grad seiner Behinderung werden der eine oder andere weitere Forderungen erheben. Ich will einmal schnell aufzeichnen, wie so eine Küche aussehen könnte:

Abbildung 98

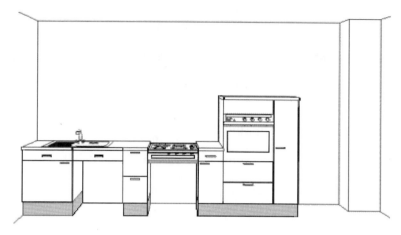

Wenn ich mir jetzt diese Zeichnung ansehe, schäme ich mich der Planungsfehler, die mir unterlaufen sind. Ich zeige sie mal auf:

1) Der Ausschnitt in der Arbeitsplatte ist zu weit nach links gerutscht. Das Becken gehört in die Mitte der befahrbaren Nische.

2) Es fehlt der Kühlschrank. Platz dafür wäre rechts. Hier kann ein Halbhochschrank mit integriertem Gerät an die Zeile angefügt werden.

3) Es wäre ein leichtes gewesen, über der abgesenkten Kochstelle eine Dunsthaube zu zeichnen.

4) Rechts und links dieser (nicht vorhandenen) Dunsthaube müssten spezielle Oberschränke zu sehen ein.

Ja, es muss verinnerlicht werden, dass bei der Küchenplanung sich allzu schnell Fehler einschleichen.

Wenn Sie sich bereits jetzt dazu entschließen sollten, Pläne zu zeichnen, dann schlagen Sie bitte den **„Anhang C: Checkliste planen"** auf. Das hilft, Planungsfehler zu vermeiden. Besser aber erscheint mir, Sie lesen zunächst weiter.

6. Wie ich meine Küche Schritt für Schritt plane

Endlich wird es ernst. Ich setze mich vor den PC und hole den Grundriss (Abbildung 14) auf den Bildschirm. Den Grundriss befreie ich von den Maßangaben, um die entstehende Zeichnung übersichtlich zu halten. Schritt für Schritt werde ich die gespeicherten Basiselemente aufrufen und an ihren Platz stellen. Dabei weiß ich, dass diese Planungsarbeit von zwei Prinzipien getragen sein muss.

6.1. Mehrdimensional denken

Wenn ich Planungsfehler vermeiden will, muss ich mehrdimensional denken – nach unten, oben, hinten, vorne, links und rechts. Denn ein Küchengebilde ist umfassend vernetzt und verzweigt (Abbildung 99).

Abbildung 99

Jedes Element, das ich irgendwo hinstelle, wirkt sich nach allen Richtungen aus. Andere Elemente, die ich aussuche, passen vielleicht nicht mehr. Sei es in der Horizontalen oder Vertikalen. Oder Türen und Auszüge stoßen irgendwo an. Oder es bleiben Lücken. Oder, oder ... und bei allem muss ich ständig die Maße überprüfen: Was bleibt an Stellfläche, wenn ich dieses oder jenes Element wähle?

Das Computer-Planungsprogramm nimmt mir zwar vieles ab, das mehrdimensionale Denken jedoch nicht.

Natürlich drängt es sich auf, zugleich an den Preis zu denken. Denn dieser ändert sich mit jeder Variation in der Planung. Wenn ich zum Beispiel an die Stelle eines 100 cm breiten Unterschranks zwei 50 cm breite stelle, wird das teurer. Auch die Frontgestaltung, also alles, womit ein Küchenhersteller das äußere Bild seiner Modelle prägt, wirkt auf den Preis. Ich wiederhole (siehe Ziffer 2.2.):

Die Preisfrage schiebe ich zunächst beiseite. Ohne ans Geld zu denken, will ich erst einmal meine Küche so zusammenstellen, wie ich sie möchte.

Da ich dies anhand von Basiselementen und Gerätegrundmodellen tue, kann ich später die Küchen fast aller Hersteller im Plan unterbringen, egal was sie kosten.

6.2. Von links nach rechts

Ferner muss ich das sogenannte **Links-Rechts-Prinzip** beachten. Grundsätzlich ist „Links" die Wand beziehungsweise Ecke links von der Eingangstür aus gesehen (Abbildung 100).

Abbildung 100

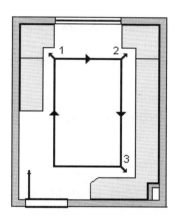

Das ist nicht etwa deshalb so, weil wir von links nach rechts schreiben, oder weil der Uhrzeiger sich von links nach rechts dreht, sondern weil der Monteur später die Küche von links nach rechts aufbauen wird.

Planungsregel:

Ich plane von links nach rechts. Bei Ecklösungen beginne ich mit der Ecke. Gibt es mehrere Ecken, beginne ich mit der linken (1).

Wie fast immer, gibt es Ausnahmen. Ich selbst werde eine solche in Anspruch nehmen. Warum, lesen Sie im nächsten Abschnitt.

Da ich mehrdimensional denken muss, werde ich beim Beginn links bereits das Ende rechts und was dazwischen stehen soll im Auge behalten.

Sollte bei diesen ersten Stellversuchen eine Lücke übrig bleiben, die durch ein komplettes Element nicht geschlossen werden kann, muss eine Blende her. Diese wiederum wird ebenfalls grundsätzlich links an eine Zeile angesetzt. Ausnahmen sind ebenfalls erlaubt.

6.3. Die Kernküche

Ich überlege, was in meiner Küche so alles ablaufen wird. Hauptsächlich wird

- das Essen vorbereitet – schälen, putzen, schnippeln, hacken, auftauen usw.,
- das Essen zubereitet – würzen, kochen, braten, brutzeln, dünsten, backen usw.,
- das Geschirr gespült,
- der kurzfristig benötigte Nahrungsvorrat gelagert, gekühlt usw.

Das wäre also der Kernbereich der Küchennutzung, die **Kernküche**.

Genau damit muss ich anfangen. Grundsätzlich steht die Kernküche an der Wand mit den technischen Anschlüssen. In erster Linie geht es dabei um Wasser und Abwasser, eventuell um einen Gasanschluss für einen Gasherd.

Nicht so wichtig, entgegen der landläufigen Meinung, ist die Lage des besonders gesicherten Elektroanschlusses für Kochstelle und Backofen. Denn Elektrokabel kann man meterweit verlegen und verstecken, ohne dass sie die Aufstellung der Elemente behindern.

Dennoch müssen die Elemente der Kernküche dicht beieinander stehen. Das ist eine Forderung der Ergonomie.

Ich beginne demnach in der Ecke rechts vom Fenster (Nr. 2 in Abbildung 100). Das also ist meine Ausnahme vom Planungsprinzip „Links – Rechts", die ich oben angekündigt habe.

6.3.1. Unterschränke und Hochschränke in der Kernküche

Die ergonomischen Forderungen gebieten es, für uns die Arbeitshöhe 86 cm zu wählen. Also wird der Sockel der Unterschränke 105 mm hoch sein.

Ich starte meine Planung in der Ecke links mit dem Spülbereich. Damit steht auch schon fest, was folgen muss (Abbildung 101):

- Geschirrspüler,
- Kochstelle (Cerankochfeld oder Induktionskochfeld),
- hochgestellter Backofen und Mikrowellengerät und
- hochgestellter Kühlschrank.

Abbildung 101

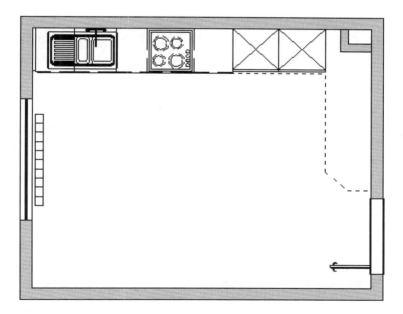

Die Perspektive (Abbildung 102) lässt es besser erkennen:

Abbildung 102

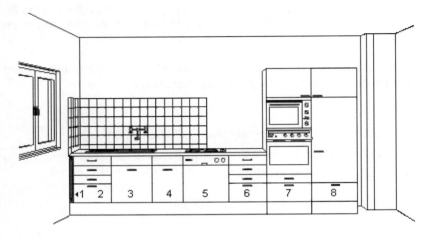

Ich habe die ausgewählten Elemente mit Ziffern gekennzeichnet, weil einiges dazu zu sagen ist.

Nr. 1

ist ein Frontpassstück von 5 cm Breite. Passstücke sind wertvolle Hilfen, um Lücken zu füllen oder Wandunebenheiten ausgleichen. Nur Lücken, die nicht breiter als 2 cm sind, kann man so belassen. Sie wirken optisch wie Schattenfugen, fallen also nicht auf.

Planungsregel:

Bei der Planung von Wand zu Wand immer mit einem Passstück von mindestens 5 cm Breite beginnen.

Falls eine Lücke von 2 cm oder weniger entsteht, braucht man sie nicht auszufüllen. Als Schattenfuge stört sie optisch nicht.

Nr. 2 und 3

bilden den 110 cm breiten Spülbereich. Er setzt sich aus einem 50er Unterschrank (links) und einem 60er Spülenunterschrank mit integriertem Mülltrennungssystem (rechts, siehe Abbildung 24) zusammen. In der Arbeitsplatte darüber ist eine Spüle mit Restebecken eingelassen.

In diesem Moment denke ich doch wieder ans Geld. Sicher wäre ein einziger, großer Unterschrank günstiger als zwei kleine.

Aber einen 110 cm breiten Spülenunterschrank gibt es nicht und einen 120er einzuplanen ist wegen der Wandarmatur problematisch. Der Auslauf wäre zu weit links. Denkbar ist, einen Spülenunterschrank von 100 cm Breite zu verwenden. Damit die Armatur dann noch einigermaßen mittig über den Spülbecken sitzt, müsste zur Wand hin ein 10 cm breites Passstück angesetzt werden. Dadurch ginge Stauraum verloren.

Nein, ich bleibe bei dieser Lösung und habe den Vorteil, bei der 50er Stellfläche einen Unterschrank mit drei Schubläden und einem Auszug verwenden zu können. Denn: Auszüge statt Türen sind ein ergonomisches Muss (siehe Ziffer 5.2.2.).

Außerdem muss ich beachten, dass die Wasseranschlüsse nicht zugebaut werden. Ich schaue mir deshalb die Wandansicht an, auf der diese eingezeichnet sind (Abbildung 103). Prima, es passt auch in dieser Hinsicht.

Abbildung 103

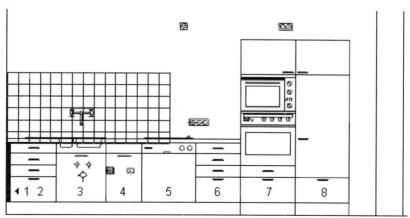

Nr. 4

ist ein Unterschrank mit 30 cm Breite. Er schafft Arbeitsfläche zwischen Spüle und Kochstelle. Ein breiterer Schrank wäre zwar besser, doch dadurch würde die erforderliche Fläche rechts neben dem Kochfeld entsprechend schrumpfen (Nr. 6).

Ich nehme daher einen 30er Stollenschrank mit Auszug (Abbildung 22) und werde wohl später im oberen Fach oft benötigte Gewürze, Salz und Pfeffer unterbringen. Das ist sehr praktisch, denn ich kann schnell und bequem darauf zugreifen, egal ob ich vor der Spüle oder vor dem Kochfeld stehe.

Nr. 5

ist in der Tat eine nicht alltägliche Lösung: Das Kochfeld über dem Geschirrspüler. Ich bediene es über oben liegende Sensortasten. Zwischen Geschirrspüler und Kochfeldunterseite muss eine hitzebeständige Dämmplatte gelegt werden, die keinerlei Abwärme durchlässt.

Ich hatte zunächst überlegt, den Geschirrspüler an den Beginn der Zeile links an der Wand zu platzieren. Die geöffnete Klappe würde dann aber hart am Heizkörper entlang streifen und ich könnte das Gerät nur von einer Seite her beschicken.

Nr. 6

ist mit Nr. 2 identisch, also ein 50 cm breiter Unterschrank mit Schüben und Auszug. Er schafft den nötigen Abstand zum folgenden Hochschrank.

In die oberste Schublade kommt ein elektrischer Allesschneider. Wenn ich ihn ausklappe, liegt er auf der Arbeitsplatte ziemlich eng an der Hochschrankseite an. Wenn es ein mechanisch zu bedienendes Gerät wäre, hätte ich keinen Platz zum Kurbeln. Bei einem elektrischen Gerät mit Schneidseite links jedoch gibt es diese Behinderung nicht.

Nr. 7

ist ein 60 cm breiter Gerätehochschrank (Abbildung 32) mit hochgestelltem Backofen. Darüber kann ein Mikrowellengerät eingebaut werden.

Nr. 8

mit hochgestelltem 220-Liter-Kühlschrank mag mancher als weniger optimal platziert ansehen, weil die dicht angrenzende Hitzequelle Backofen einen größeren Verbrauch an Kühlenergie nach sich zieht.

Das kann man verhindern, indem man die linke Nischenwand des Hochschranks mit einer dünnen Dämmschicht (z.B. mit einer speziellen Alufolie) auslegt. Wichtiger erscheint mir, dass sich der Kühlschrank unmittelbar da befindet, wo die hauptsächlichen Küchenarbeiten ablaufen.

Wenn ich mir die Anordnung der Elemente Nr. 6 bis Nr. 8 noch einmal anschaue, muss ich feststellen, dass die Ergonomie nicht stimmt: Neben dem Kühlschrank mit rechts angeschlagener Tür (Nr. 8) fehlt eine direkt anschließende Ablagefläche, weil hier der Gerätehochschrank (Nr. 7) steht.

Eine solche Abstellfläche ist eine ergonomische Forderung, weil sie das Ein- und Ausräumen des Kühlgutes erleichtert. Ich selbst habe dies unter Ziffer 5.2, Abbildung 95, gefordert und hier nicht beachtet. So eine Schande!

Eine Lösung wäre, Kühlschrank und Geräteschrank einfach zu vertauschen. Leider geht das nicht, weil ich die Zeile über Eck mit Hochschränken weiterführen möchte. Dann befände sich der Backofen unmittelbar und rechtwinklig neben einer Schrankfront. Sie würde die ausströmende Backofenhitze nicht lange aushalten. Zudem würde das Hantieren am Backofen beeinträchtigt.

Nein, ich muss es bei dieser Anordnung belassen und hinnehmen, dass ich quasi vor dem Gerätehochschrank stehe, links davon das Kühlgut abstelle, rechts davon die Kühlschranktür öffne und die Ware um den Backofen herum bewege.

Unfreiwillig habe ich hiermit ein Beispiel dafür geliefert, dass man bei der Ergonomie fast immer Kompromisse schließen muss.

An dieser Stelle erscheint es mir angebracht, auf den Türanschlag hinzuweisen. Laienhaft gefragt: In welche Richtung müssen sich die Türen drehen?

Einfache Antwort: Wenn ich eine Schranktür öffne, darf ich nicht erst um sie herumgehen müssen, um in das Schrankinnere hineingreifen zu können.

Planungsregel:

Der Türanschlag richtet sich danach, wo der Küchennutzer am häufigsten steht. Meistens ist dies der Platz vor der Kochstelle und der Spüle. Alle Türen links davon sind links, alle Türen rechts davon sind rechts anzuschlagen.

6.3.2. Oberschränke in der Kernküche

Meine Kernküche ist erst vollständig, wenn sie Oberschränke hat. Diese will ich jetzt einsetzen.

Bevor ich das tue, schaue ich mir erneut die Abbildung 102 an. Sie zeigt mir sehr auffällig, dass die Wand, so wie ich die Elemente stelle, unzureichend gekachelt ist. Es bleiben hässliche, ungekachelte Flächen, die durch die Oberschränke nicht völlig verdeckt werden. Die Kacheln müssten von der Wand links 280 cm nach rechts reichen. Muss ich deshalb alles abschlagen und neu kacheln?

Wenn ich Eigentümer der Wohnung wäre, würde ich das sicher machen. Aber so?

Es gibt eine viel einfachere und günstigere Lösung: Ich könnte eine **Nischenverkleidung** setzen. Praktisch alle Küchenhersteller bieten Verkleidungen mit hübschen Dekoren bzw. passend zur Front(farbe) an.

Gestaltungstipp:

Wenn man eine neue Küche in einem alten Küchenraum plant, stellt sich oft heraus, dass die Gestaltung der Wände, insbesondere im Bereich der Nischen zwischen Unter- und Oberschränken, der neuen Planung angepasst werden muss. Das ist ein Kostenfaktor, der nicht übersehen werden sollte. Eine kostengünstige Lösung ist, die Nischenrückwand zu verkleiden, anstatt sie neu zu kacheln.

Anschließend wähle ich die passenden Oberschränke aus. Auch hier muss ich auf mehrere Dinge achten.

> **Planungsregel:**
>
> Oberschränke sollen grundsätzlich genauso breit sein wie die Unterschränke darunter (vertikale Linienführung).
>
> Die Türanschläge der Oberschränke sollen denjenigen der Unterschränke entsprechen.
>
> Dort, wo ich mich beim Hantieren über die Arbeitsfläche beuge (Spülbecken, Kochstelle), muss Kopffreiheit herrschen.

Abbildung 104

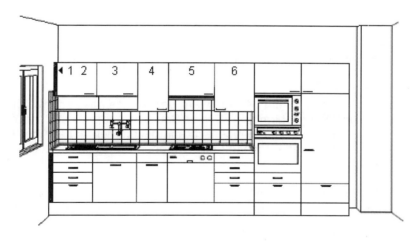

Bei der gewählten Arbeitshöhe von 86 cm sind die Hochschränke 200 cm hoch. Da kann ich 65 cm hohe Oberschränke nehmen. Die Nische – fehlende Kacheln habe ich hinzugefügt – hat dann 49 cm. Darin kann man bequem hantieren.

Die Abbildung 104 zeigt zudem, wie die oben genannten Planungsregeln realisiert wurden:

Nr. 1

Wieder habe ich mit einem Passstück begonnen, was mir Beweglichkeit bei der Montage bringt.

Nr. 2 und 3

Unter 45 cm hohe Oberschränke werden Wandborde geringerer Tiefe angebracht. Wenn ich mich über die Spüle beuge, stoße ich mir nicht den Kopf an.

Nr. 4 und 6

Links und rechts von der Kochstelle kann ich die erwähnte Oberschrankhöhe von 65 cm vorsehen. Innen sind die Hängeschränke mit Einlegeböden ausgestattet.

Nr. 5

Ich habe eine Dunsthaube mit Flachschirm gewählt. Der Flachschirm lässt sich herausziehen, um die Kochschwaden besser auffangen zu können.

Da die Nischenhöhe 49 cm beträgt, wäre der Mindestabstand zwischen Kochfläche und Saugschirm von 47 cm (Saugabstand) selbst dann gewahrt, wenn ich einen 65er Haubenschrank genommen hätte. Aber ich könnte dann nicht in den Kochtopf blicken, ohne mir vielleicht den Kopf anzustoßen.

Also wähle ich einen 45 cm hohen Haubenschrank. Der Saugabstand von 69 cm ist zwar etwas groß. Die Kochschwaden könnten sich trotz laufendem Lüftermotor im Raum verbreiten. Dieses Manko kann ich durch einen Motor mit stärkerer Saugleistung ausgleichen.

Die Kernküche ist jetzt komplett. Aber ich bin unzufrieden. Warum?

Der Stauraum der Kernküche reicht niemals aus, um die üblichen Küchenutensilien unterzubringen. Mein Küchenplan ist also noch lange nicht fertig.

6.4. Die erweiterte Küche

Ich hatte bereits bei der Planung der Kernküche im Kopf behalten, dass ich mindestens 60 cm bis zur nächsten Wand freihalten muss, um die Küche über Eck fortzuführen. Das sieht dann so aus (Abbildung 105):

Abbildung 105

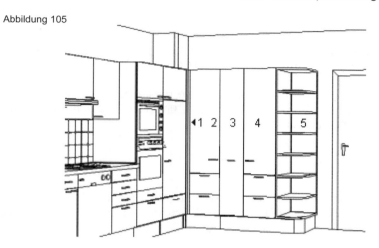

Diese Ecklösung mit Hochschränken statt mit Unter- und Oberschränken bietet Vorteile:

- Der vorspringende Hauskamin wird geschickt ummantelt und es entsteht kein unschönes Eckloch im Nischenbereich.
- Der unvermeidbare Leerraum wird durch Stauraum in der Höhe weitgehend wieder ausgeglichen.

Zu den einzelnen Elementen ist zu sagen:

Nr. 1

Die Eckpassleiste ist unverzichtbar. Sie schließt nicht nur die Ecke dicht ab, sondern schafft auch den Abstand, um die Auszüge ungehindert öffnen zu können.

Nr. 2

In diesem Hochschrank verstaue ich Reinigungsgeräte wie Besen und Staubsauger. Der Raum hinter der Tür ist hierfür hoch genug. Die Auszüge nehmen die Putzmittel auf.

Nr. 3

Dies ist ein Apothekerschrank mit ganzflächigem Auszug (Abbildung 34). Die dort zu lagernden Vorräte sind von beiden Seiten zugänglich.

Nr. 4

Dieser Hochschrank dient ebenfalls der Lagerung von Vorräten. Teilweise kann weiteres Geschirr darin untergebracht werden.

Wenn meine Frau es so möchte, kann sie diesen Schrank anstelle des Schranks Nr. 2 als Besenschrank nutzen, um nicht Putzmittel zwischen Nahrungsvorräten zu lagern.

Nr. 5

Am Schluss einer solchen Zeile sollte immer ein abgerundetes bzw. abgeschrägtes Regal stehen. Ein geschlossener Schrank würde zwar ebenfalls passen, dann stünde man beim Betreten der Küche allerdings gleich vor einem klobigen Turm.

Auf den Regalflächen können wohl nur dekorative Gegenstände stehen, doch das lockert den Raum ungemein auf.

Jetzt ist meine Küche endgültig fertig, oder? Ich schaue sie mir noch einmal an (Abbildung 106):

Abbildung 106

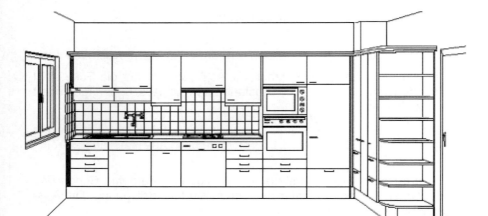

Inzwischen habe ich die Kranzleisten eingefügt.

Lichtleisten sind nur unter den Oberschränken links und rechts von der Kochstelle möglich. Genau hier ist eine ausreichende Beleuchtung nötig. Die Kochstelle wird direkt von der Flachschirmdunsthaube aus beleuchtet. Die meisten Geräte sind entsprechend ausgerüstet.

> Kranzleisten und Lichtblenden sind optionale Gestaltungselemente für eine Küche in klassischem Stil (Ziffer 4.5.3.). Bei modern designten Küchen wird in aller Regel darauf verzichtet.

Stolz zeige ich meiner Frau das Planungsergebnis. Sie sagt zwar „Prima!", runzelt jedoch gleichzeitig die Stirn. „Und wo soll ich meinen Kuchenteig auswalzen?", ist ihre Frage.

Richtig. Für ausreichenden Stauraum ist gesorgt, es fehlt aber an Arbeitsfläche. Mein erster Gedanke ist, einen Küchentisch an die gegenüberliegende Wand zu stellen. Das wäre wohl die günstigste Lösung.

Meine Frau will davon nichts wissen. Ich eigentlich auch nicht. Für unseren Geschmack würde so das Gesamtbild der Küche gestört. Also wird weiter geplant.

6.5. Die Komplettküche

Es kommt nun doch zu einer Küche rundum, wie oben im Grundriss (Abbildung 100) angedeutet. Zunächst wollte ich das gar nicht, denn wahrscheinlich kostet es zu viel. Aber da in dieser Phase des Projektes der Gedanke an das Geld sowieso erst einmal beiseite geschoben ist, lege ich los.

Ich mache nochmals eine Ausnahme vom Planungsprinzip „von links nach rechts", da im Vordergrund die Ecklösungen und die Arbeitsfläche stehen. Ich setze also Eckunterschränke.

Das bedeutet gleichzeitig, dass die Kernküche nicht so bleiben kann. Mehr dazu weiter unten. Ferner ziehe ich die Arbeitsfläche rund herum und füge einen Ansetztisch an. Das sieht dann so aus (Abbildung 107):

Abbildung 107

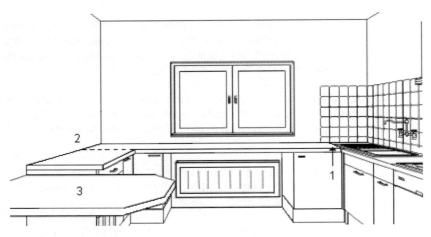

Das Fenster, sonst oft ein Problembereich, bereitet keine Schwierigkeiten. Es sitzt hoch genug. Sogar das Wandabschlussprofil hat noch Platz.

Wäre dem nicht so, müsste ich die Arbeitsplatte in die Fensterbank hineinführen. Das sähe zwar gut aus, führt aber meist dazu, dass sich das Fenster nicht mehr ungehindert öffnen lässt, wenn Gegenstände auf der Platte liegen.

Der Heizkörper bleibt frei, um die Heizwirkung nicht zu beeinträchtigen. Außerdem wird ein Lüftungsgitter in die Arbeitsplatte eingelegt. Die aufsteigende Warmluft findet somit fast ungehindert ihren Weg in den Küchenraum.

Diese offene Anordnung hat einen weiteren Vorteil: Man kann einen Stuhl hinschieben und bei der Arbeit sitzen.

Und noch etwas:

Ich kann einen schicken Küchenwagen (Abbildung 108) verwenden. Er bietet mir bewegliche Arbeitsfläche da, wo ich sie gerade benötige, und eine Ablagemöglichkeit für die Küchenutensilien (Messerblock, Schubläden, Fächer usw.). Wenn ich ihn nicht mehr brauche, schiebe ich ihn einfach unter die Arbeitsplatte und schon ist er mir aus dem Weg.

Abbildung 108

Zu den Unterschränken wäre zu sagen:

In der **rechten Ecke,**

die zur Kernküche gehört, steht statt des Unterschranks mit Schüben und Auszug nun ein Eckschrank mit Le-Mans-Auszug (Abbildung 28). Dieser Auszug dreht sich mit einem eleganten Schwung heraus und die Böden lassen sich leicht beladen. Dadurch wird das tote Eck quasi lebendig, weil der Innenraum vollständig genutzt werden kann.

In der **linken Ecke**

steht ein Karussellschrank (Nr. 2). Das ist der klassische Eckenfüller. Beim Öffnen der sich zusammenfaltenden Tür erscheinen zwei Böden, die sich rundum drehen lassen. Man braucht sich nur leicht niederzubeugen, um die Gegenstände abzustellen. Dann dreht man das Ganze wieder zu.

Der Karussellschrank benötigt hinten an den Wänden jeweils 90 cm Platz. Die meisten Küchenhersteller bieten auch Karussells in den Maßen 80 x 80 cm an.

Ich habe bei meinen Wänden jedoch keine Platznöte. Deshalb setze ich an den 90er Karussellschrank noch einen 60 cm breiten Unterschrank mit einer Schublade und zwei Auszügen an.

Nun muss ich auf die **Anordnung der Arbeitsplatten** zu sprechen zu kommen:

- Die bisherige Arbeitsplatte behält ihre Länge. Allerdings müssen die Ausschnitte für Kochfeld und Spülbecken anders gesetzt werden.

- Die zweite Arbeitsplatte verläuft unterhalb des Fensters bis zur gegenüberliegenden Wand, die dritte Arbeitsplatte schließt sich im rechten Winkel an. Alle drei Platten werden durch Nut-und-Feder-Verbindungen dicht zusammengefügt (Nr. 1 und gestrichelte Linie Nr. 2 in Abbildung 107).

- Auch der Ansetztisch (Nr. 3) ist nur eine Arbeitsplatte mit abgeschrägten Ecken in den Maßen 80 x 120 cm. Da man dort sitzt, muss sie niedriger als die Küchenarbeitsplatte angebracht werden, nämlich in 74 cm Höhe. Hinten befestigt man sie an der Wand, vorne stellt man einen Stützfuß darunter.

Zusammen mit dem Anstelltisch ist die linke Wand in einer Länge von 230 cm mit Elementen zugestellt. Selbst wenn jemand an der Längsseite des Anstelltisches sitzt, verbleibt bis zur geöffneten Küchentür ausreichend Platz.

Alles in allem kann meine Frau jetzt nicht mehr über zu wenig Arbeitsfläche meckern. Sogar ein Frühstücksplatz ist da. Nicht nur der Gewinn an Arbeitsfläche ist beträchtlich. Weiterer Stauraum kommt hinzu, wenn ich noch Oberschränke einsetze. Also vervollständige ich jetzt den Plan mit einer Ecklösung von Oberschränken und zeichne den kompletten Grundriss (Abbildung 109).

Abbildung 109

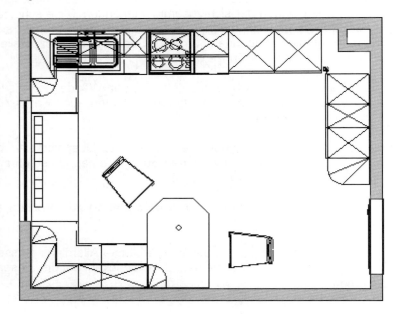

Ich muss nochmals auf die Kernküche zurückkommen, weil sie durch die Komplettplanung geändert wurde:

Der Schrank mit Le-Mans-Auszug rechts vom Fenster, der in der Ecke das Passstück und den 50er Unterschrank ersetzt, ist an der Anstellfläche nicht 60 cm, sondern 65 cm tief. Das muss so sein, denn sonst ließe sich der angestellte Spülenunterschrank nicht öffnen.

Die jetzige Konfiguration des Spülbereichs ist folglich 10 cm breiter als die in der ursprünglichen Planung, was die Kernküche auf eine Gesamtlänge von 385 cm bringt.

Länger als 375 cm (siehe Abbildungen 102 und 103) darf sie auf keinen Fall werden, weil sich am Ende wieder eine Ecklösung anschließt. Ich muss ein Element entsprechend schmälern.

Das jeweilige 60er Breitenmaß bei Spüle, Kochstelle, Backofen und Kühlschrank will ich aus ergonomischen Gründen nicht ändern. Deshalb bleibt als Manövriermasse nur das Element zwischen Kochstelle und Hochschrank übrig. Ich schmälere es von 50 cm auf 40 cm. Somit bleibt die Gesamtlänge der Kernküche unangetastet (siehe unten Abbildungen 110 und 111).

Allerdings fällt der Allesschneider der Kürzung zum Opfer – 40 cm Schrankbreite sind zu wenig, um bequem schneiden zu können. Ich bringe ihn daher im Unterschrank neben dem Anstelltisch unter. Das ist nach der Komplettplanung sowieso der bessere Platz.

Selbstverständlich habe ich nicht vergessen, für den Oberschrank Nr. 6 in Abbildung 104 ebenfalls eine Breite von 40 cm zu wählen, sonst würde die Dunstabzugshaube nicht mehr genau über dem Kochfeld sitzen. Dies ist ein sehr gutes Beispiel dafür, dass ich stets mehrdimensional denke und die Gesamtplanung im Auge behalten muss.

Einen Haken gibt es noch: Weil die Einbauspüle ebenfalls um 10 cm nach rechts gerückt ist, gerät die Wandarmatur zu weit in Richtung Restebecken. Zwar ist das Auslaufrohr schwenkbar, dennoch wird die Küchenarbeit an dieser Stelle behindert.

Infolge dessen komme ich nicht darum herum, die Wandarmatur abzumontieren und auf die übliche Wasserversorgung mit aufgesetzter Armatur zurückzugreifen. Anschlussstutzen unterhalb der Arbeitsfläche sind ja vorhanden (siehe Abbildung 103). Da ich sowieso die Wand neu verkleiden werde, kann ich diese Änderungsarbeiten gleich mit erledigen.

Einen plastischeren Eindruck vermittelt der Blick aus der Vogelperspektive (Abbildung 110):

Abbildung 110

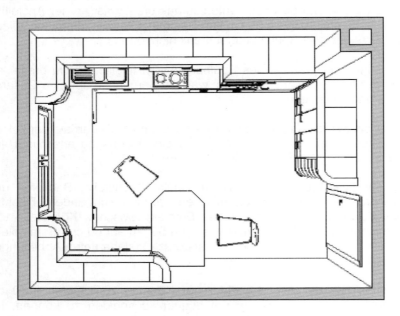

Die Abbildung zeigt mir unter anderem deutlich, wie die Kranzleiste gestaltet ist: Gerade Schnitt-Enden bei den gerundeten Leisten auf den Eckregalen, einseitige oder beidseitige Gehrungsschnitte bei den übrigen Leisten.

Die Schnitte sind mittels Dübel aus Holzplättchen verbunden und werden durch Klammerbeschläge mit Schraubverstellung zusammengezogen. Wenn sie perfekt montiert sind, bleiben die Fugen nur als Haarlinien sichtbar.

Dann richte ich den Blick auf die vertikale Linienführung. Sie stimmt mit einer Ausnahme: Der Oberschrank nahe dem Ansetztisch ist größer als der darunter stehende Unterschrank (90 cm zu 60 cm). Weil es sich um eine Ecklösung handelt, stört das weniger.

Ich kann mich gar nicht satt sehen an dieser Küche mit guter Ergonomie, viel Stauraum und ausreichender Freifläche!

Sollte meine Frau noch mehr Stauraum benötigen, kann ich bei einigen Elementen Sockelschubkästen vorsehen. Weil man sich dann aber sehr weit hinunterbeugen muss, halte ich nicht viel davon.

Vor lauter Freude an der Planung betrachte ich die Küche noch aus einem anderen Blickwinkel. Ich sehe die Kernküche in Frontansicht und den komplettierten Küchenteil teilweise von hinten (Abbildung 111):

Abbildung 111

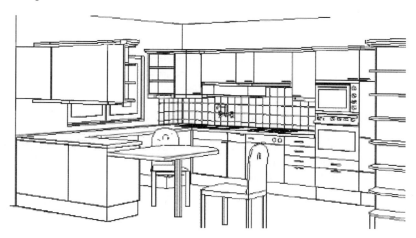

Ja, so kann ich es lassen. Wenn jetzt noch die Wandarmatur verschwindet und durch eine Standarmatur ersetzt wird, ist alles nahezu perfekt.

> Natürlich kann man sich auch andere Planungen vorstellen. Ich sehe vor mir jedoch die Mehrzahl der deutschen Wohnungen mit ihren standardisierten Küchenräumen. Die lassen kaum Extravaganzen zu.

> **Mir kommt es in der Hauptsache darauf an zu zeigen, wie jeder von uns mit einigen Grundkenntnissen eine Küchenplanung selbst machen kann und damit das Unikat einer Einbauküche erschafft.**

Ich gönne mir einen allerletzten Blick auf mein Unikat. Dazu schleiche ich mich von außen an das Fenster und spähe durch die Scheiben.

Abbildung 112

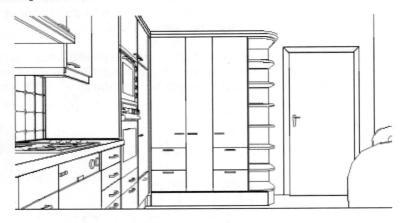

6.6. Die Wohnküche bzw. die Inselküche: Ein Sonderfall?

Die sogenannte Wohnküche, bei der Kochbereich, Essplatz und Wohnraum miteinander verschmelzen, wird bereits seit Jahren von der Küchenindustrie vehement als Mega-Trend hervorgehoben.

In den Katalogen der Küchenhersteller finden sich fast nur noch Abbildungen solcher Küchen, als wenn es gar nichts anderes mehr gäbe. Und das, obwohl eine Wohnküche, zumeist mit separater (Koch-)Insel, viel Platz benötigt und daher nur von relativ wenigen Hausbesitzern und Wohnungseigentümern sinnvoll zu verwirklichen ist (Abbildung 113).

Abbildung 113

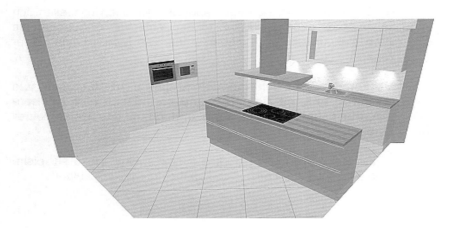

Außerdem bietet eine solche Planungslösung keine echten Vorteile und die ergonomischen Anforderungen sind dieselben wie bei allen anderen Küchenformen. Küchenplanung ist eben auch Geschmackssache.

Wollte ich, das Vorhandensein der entsprechenden Räumlichkeiten vorausgesetzt, eine Kochinsel einplanen, müsste ich nur darauf achten, dass der Abstand zwischen Insel und der/den benachbarten Zeile/n mindestens 120 cm beträgt. Das entspricht praktisch der Länge zweier sich gegenüberliegenden, voll ausgezogenen Schubläden.

Besser sind 150 cm. Dann hätte ich in jedem Fall genügend Bewegungsfreiheit, wenn sich oft benutzte Geräte gegenüber der Kochinsel befinden.

6.7. Was passiert jetzt mit dem fertigen Küchenplan?

Ich habe die Küche nur anhand von Basiselementen und Gerätegrundmodellen geplant. Ich musste dafür zwar das Planungsprogramm eines bestimmten Herstellers benutzen. Trotzdem bin ich frei, fast jedes Küchenmodell eines beliebigen Herstellers auszuwählen, ohne am Plan etwas Grundlegendes ändern zu müssen (siehe Ziffer 4.).

Damit hat das Küchenprojekt ein Stadium erreicht, in dem so mancher sich am liebsten in den Küchenhandel stürzen und ausrufen würde: „Schauen Sie sich bitte meinen Küchenplan an. Was kostet eine solche Küche bei Ihnen?"

Das wäre ein großer Fehler. Ja, sogar ein Doppelfehler.

Erstens würde der Händler sich über das Papier freuen und nicht mehr planen. Aber gerade das will ich doch. Er soll sich den Kopf über meine Küche zerbrechen und vielleicht bessere Ideen entwickeln (siehe Ziffer 2.2.).

Zweitens könnte der Händler die typischen Preisspielchen spielen, weil mein Küchenplan nichts darüber aussagt, welche Qualität die Elemente und Geräte haben sollen. Aber die Qualität bestimmt hauptsächlich den Preis.

Ich halte mich deshalb zurück und setze mich zunächst mit der Küchen- und Gerätequalität auseinander.

7. Wie ich hinter die Küchenqualität steige

7.1. Produktqualität jetzt – Montagequalität später

Er war nicht der Einzige, der mich so oder ähnlich per E-Mail fragte:

*„Guten Tag Herr Günther, wie kann man annähernd die
Qualität der Küchenmöbel beurteilen? Gruß Peter Baran"*

Damit stellte er eine knappe Frage zu einem sehr komplexen Thema. Meine Antwort kann daher leider nicht so kurz ausfallen, weil die Küchenqualität zu viele Merkmale aufweist. Zunächst muss ich zwei Hauptfragen voneinander trennen:

- Wie gut sind die Produkte (Produktqualität)?
- Wie gut werden die Produkte in meiner Küche zusammengebaut (Montagequalität)?

Ich möchte mit der zweiten Frage beginnen.

Montagequalität

Wenn ich mir eine Musterküche im Küchenstudio ansehe, fällt mir immer auf, wie perfekt sie aufgebaut ist. Meistens haben das versierte Monteure des Herstellers gemacht. Sie kennen ihr Produkt mit allen Schwächen und Stärken und wissen, wie man die Schwächen versteckt.

Würde ich diese Ausstellungsküche nun so kaufen, wie sie im Studio steht, wäre damit noch lange nicht sichergestellt, dass sie bei mir zuhause genauso perfekt montiert wird. Denn jetzt sind es die Monteure des Händlers, die sie aufbauen. Der Unterschied kann gewaltig sein.

Dennoch möchte ich, dass die Küche in meiner Wohnung so blendend dasteht wie eine Ausstellungsküche im Studio. Ansonsten werde ich reklamieren.

Ich kann aber nur reklamieren, was andere falsch gemacht haben. Ich werde deshalb meine Küche niemals selbst montieren, obwohl ich dazu in der Lage wäre, weil ich es jahrelang gemacht habe.

Der eine oder andere Küchenhändler hätte gewiss ganz gerne, wenn ich selbst montiere. Meistens bietet er mir sogar einen finanziellen Anreiz dazu. Warum?

Weil er dann weitgehend aus der Gewährleistung heraus ist. Das ist günstig für ihn. Für mich könnte es jedoch teurer werden, als es ein Preisnachlass ausmacht. Es gilt also genau aufzupassen, wie meine Küche montiert wird. Ich werde ausführlich darüber schreiben, wenn es soweit ist (Ziffer 16.).

Produktqualität

Zu Erkenntnissen über die Produktqualität gelange ich auf zwei Wegen:

- ✓ Ich teste selbst und
- ✓ ich studiere Produktbeschreibungen und Prüfberichte.

Wenn ich die Güte der Küchenelemente selbst teste, kann ich mich nur an äußere Merkmale halten (Außenqualität).

Die Küchenqualität wird aber im Wesentlichen durch die Materialien und die Produktionsverfahren (Innenqualität) bestimmt. Mein prüfendes Auge oder meine tastende Hand kann da nichts entdecken. Ein gutes Beispiel bietet der Hochschrank als Vorratsschrank (Abbildung 33). Damit Sie nicht lange blättern müssen, zeige ich ihn hier nochmals:

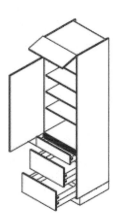

Dieses Element besteht aus so ziemlich allen Bauteilen, die für eine Qualitätsbeurteilung wichtig sind, nämlich Korpus, Klappe, Drehtür, Schublade, Auszug, Fachboden und Beschläge.

Selbst testen kann ich beispielsweise, wie die Drehtür und die Schübe funktionieren. Ich kann sie öffnen bzw. ausziehen und auf ihre Leichtgängigkeit hin prüfen.

Über die Innenqualität der Bauteile sagt das jedoch absolut nichts aus. Da kann ich nur fragen. Aber wen?

Wenn ich die Küchenfachhändler frage, muss ich leider immer wieder feststellen, dass sie die „inneren Werte" ihrer Küchen meistens gar nicht genau genug kennen – mögen sie noch so mit technischen Begriffen um sich werfen.

Aber ich will ja auch gar keine mündlichen Erklärungen, sondern ich will Schriftstücke sehen. Diese kommen nicht von den Händlern, sondern von den Herstellern oder von Prüfeinrichtungen. Die Händler sollten sie zwar verfügbar haben, aber das ist leider selten der Fall.

Ich muss mir also Produktbeschreibungen und Prüfberichte meistens direkt von den Herstellern besorgen.

Ich zeige einmal an einem Beispiel, wie eine Herstellerinformation (Auszug) aussehen kann:

Produktinformation

Unsere Küchenmöbel tragen das Gütezeichen „Goldenes M" der Deutschen Gütegemeinschaft Möbel e.V. (DGM). Außerdem werden die sicherheitstechnischen Anforderungen für das „GS-Zeichen" erfüllt. Ebenso werden die Richtlinien der Sicherheitsnorm für Küchenmöbel EN 1153 bzw. DIN 68930 und die Bedingungen der DIN 18022 und EN 1116 erfüllt bzw. übertroffen.

Die Prüfungen in unseren eigenen Labors garantieren die Verwendung einwandfreier und hochwertiger Materialien. Sie sind **hinsichtlich der Formaldehydabgabe unbedenklich**. Sie erfüllen die Bedingungen der Emissionsklasse A (weniger als 0,05 ppm).

(...)

5.3. Schubkasten und Auszüge allgemein:

Vollauszug-Führungsschienen mit Selbsteinzug und synchron gesteuertem Rollen-Laufwagensystem. Vorderstücke von Schubkasten und Auszug aushängbar und zweidimensional (Auszüge dreidimensional) verstellbar. Belastung: 400 N (40 kp) dynamisch, Rundschränke 500 N (50 kp) dynamisch. Lebensdauer mit mind. 80.000 Belastungszyklen (Öffnen und Schließen) geprüft

(...)

Derartige Papiere nützen mir nur, wenn ich Grundlegendes über Materialien und Produktionsverfahren weiß. Dieses Wissen will ich weitergeben und fasse es im **Anhang A „Vom Material zur Qualität"** zusammen.

Falls es sich nicht von selbst versteht, werde ich im Folgenden jeweils anmerken, wie ich die Qualitätsmerkmale herausfinde: Mit einem **Selbsttest** oder aufgrund einer **Produktbeschreibung** beziehungsweise eines **Prüfberichts.**

Die Forderungen an die Küchenqualität, die ich in diesem Kapitel ausführlich beschreibe, habe ich als übersichtliches Bewertungsschema im **Anhang D „Checkliste Küchenqualität"** zusammengefasst. Auf einen Blick zeigt es mir, was und wie zu prüfen ist, und ob ich auch nichts vergessen habe.

Die „Checkliste Küchenqualität" soll deshalb immer griffbereit sein, wenn ich mir die Küchen in den Ausstellungen der Küchenmöbler ansehe, um herauszufinden, welches Fabrikat für mich das Beste ist.

Dabei stellen sich zwei Fragen: Was ist mit neu entwickelten Produkten? Gelten die Qualitätskriterien auch für diese oder müssen neue Tests her?

Nein, es müssen keine neuen Tests her. Egal, ob die Produkte alt oder neu sind, die Anforderungen der Küchennutzer an Material und Gestaltung bleiben. Und da aus diesen Forderungen heraus meine Qualitätskriterien entwickelt wurden, bleiben auch sie.

Im Gegenteil: Bei neuen Produkten ist es oft leichter zu prüfen, ob meine Qualitätskriterien erfüllt sind. Denn bei der Markteinführung wird meistens eine Fülle von Informationen verbreitet.

Meine Prüfmethoden greifen genauso bei neuen Produkten.

7.2. Welche Qualitäten meine Küche haben soll

Zuerst muss ich festlegen, bei welchen Teilen der Küche ich meine Qualitätsforderungen erhebe. Das sind

- die Küchenfront,
- der Korpus,
- die Küche aus Holz,
- die Beschläge,
- die Arbeitsplatte,
- die Spüle und die Armatur.

7.2.1. Die Küchenfront

Die Küchenfront ist nicht nur das, was die Gesamtoptik der Küche entscheidend prägt, sondern auch das, wovon die sichtbare Fläche getragen wird. Meine Qualitätsforderungen richten sich also an

- die Trägerplatte und
- die Oberflächen.

Die Trägerplatte sollte besser eine MDF-Platte (MDF = mitteldichte Faser) als eine Spanplatte sein. Wenn MDF, dann wünsche ich

- ✓ eine Platte von 600 bis 850 kg/m³ Dichte,
- ✓ bei veredelter Rohplatte mindestens drei Veredelungsschichten,
- ✓ Beschichtungsmaterialien auf Wasserbasis,
- ✓ die gleiche Zahl Schichten auf beiden Plattenseiten und den Kanten.

Zudem kommt es auf die chemisch-physikalischen Eigenschaften an. Zu deren Prüfung gibt es DIN-Normen. Ich will wissen, ob diese Normwerte eingehalten wurden. Nur so kann ich sicher sein, dass die Platten

- ✓ beständig gegen kalte und heiße Flüssigkeiten sind,
- ✓ chemischer Einwirkung standhalten,
- ✓ abriebfest sind,
- ✓ trockene und feuchte Hitze aushalten.

Zuletzt frage ich noch, was bei der Gitterschnittprüfung herausgekommen ist. Bei dieser genormten Prüfung wird - vereinfacht gesagt - die Platte zersägt und bewertet, inwieweit die Schnittkanten ausfransen.

Erfüllen die Trägerplatten diese Wünsche nicht, kann sich das auf die Oberflächen negativ auswirken. Ein Leser schrieb mir:

> *„(...) Vielleicht können Sie uns helfen. Wir haben uns vor ca. zweieinhalb Jahren eine Küche gekauft. Mitte letzten Jahres fiel uns auf, dass sich an den Oberschränken über der Kochstelle das seitliche Furnier löste.*
>
> *Nach vielem hin und her erklärte sich das Möbelhaus auf dem Kulanzweg bereit, uns die schadhaften Schränke auszutauschen. Das war im Juli. Letztes Wochenende bemerkten wir den gleichen Schaden auch an den neuen Schränken. (...)"*

Ich kann hier auf diesen Reklamationsfall nicht im Einzelnen eingehen. Nur dieses: Es könnte durchaus sein, dass die Platte von minderer Qualität war. Der Haftgrund hielt auf Dauer die Hitze und den Dampf über der Kochstelle nicht aus und weichte auf. Die gesondert aufgetragene Oberfläche (hier Furnier, es hätte genauso gut ein anderes Material, z.B. Folie sein können) löste sich.

Es ist unverkennbar, dass es manchmal Probleme gibt, Träger und Oberfläche unter erschwerten Bedingungen dauerhaft zusammenzuhalten. Das beweist mir schon der Hinweis einiger Küchenhersteller und ihrer Zulieferer, sie stünden „in ständigem Dialog" miteinander – eine eher verharmlosende Umschreibung.

Damit wäre ich bereits bei der **Oberfläche.** Die Fachleute reden vom Oberflächenfinish und meinen dabei hauptsächlich das

- Beschichten,
- Lackieren und
- Furnieren.

Im Folgenden möchte ich auf die verschiedenen Frontoberflächen eingehen und ihre generellen Vor- und Nachteile beleuchten. Wie es mit den Preisen aussieht, lesen Sie dann unter Ziffer 9.

7.2.1.1. Beschichtete Fronten

Die Beschichtung der Oberfläche wird häufig als Laminat bezeichnet. Ich vergewissere mich anhand der Produktbeschreibung

- ✓ welche Materialien (Kunststofffolie, Melaminharz, Schichtstoff) verwendet wurden und
- ✓ wie viele Schichten laminiert wurden.

Gut wäre, wenn die Beschichtungen (bei Melaminharz und Schichtstoff) an den Kanten mit moderner Lasertechnik aufgebracht worden sind (Laserkante).

Außerdem möchte ich Aussagen darüber lesen, ob und inwieweit die Beschichtung unempfindlich ist gegen

- ✓ Verschmutzungen,
- ✓ Kratzer und Stöße,
- ✓ Abrieb,
- ✓ UV-Strahlen sowie
- ✓ Hitze und Dämpfe.

Abbildung 114

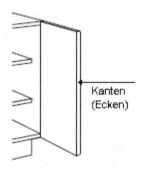

Was ich bei beschichteten Fronten selbst beurteilen kann, ist die Verarbeitungsgüte bei Kanten und Ecken.

Ich stelle fest, ob

- ✓ die Beschichtungen beiderseits der Kante (Ecke) fugenlos aufeinander treffen,
- ✓ die Kanten-(Ecken-)Farbe von der Flächenfarbe abweicht.

Daraus kann ich schließen, ob Angriffspunkte für Hitze, aggressive Dämpfe und Flüssigkeiten bestehen.

7.2.1.1.1. Folie

Eine einfache und kostengünstige Art, die Trägerplatte zu beschichten, ist das Aufbringen einer Kunststofffolie. Hierbei wird die Folie mit der vorgeformten Platte unter Erwärmung mit einem Spezialkleber verklebt.

Ausführungen: Uni matt und glänzend sowie Holzdekore.

Vorteile: Besonders geeignet bei Rahmenfronten, erscheint wie eine echte Lackoberfläche, leicht zu reinigen.

Nachteile: Eher kratzempfindlich (keine Mikrofasertücher zur Reinigung verwendbar), nur bis etwa 80°C hitzebeständig, Beschädigungen sind meist nicht zu beseitigen, beschädigte Kanten und Ecken anfällig für das Eindringen von Feuchtigkeit (führt schlimmstenfalls zur Ablösung der Folie).

7.2.1.1.2. Melaminharz

Bei dieser Beschichtung wird ein mit Melaminharz getränktes Dekorpapier unter Hochdruck und Hitze mit der Trägerplatte verpresst.

Ausführungen: Uni matt und glänzend sowie Holzdekore. Die Oberfläche kann fühlbare Strukturen enthalten, die mit dem Druckbild, z.B. der Holzmaserung, übereinstimmen (Synchronpore).

Vorteile: Sehr pflegeleicht, abriebfest, farbbeständig, lebensmittelecht, widerstandsfähig gegen Kratzer.

7.2.1.1.3. Schichtstoff

Schichtstoff besteht aus mehreren Lagen, mit Phenol- oder Melaminharzen getränkten Kraftpapieren, die unter Hitze und Hochdruck mit der Trägerplatte verbunden werden. Beispiele sind die oft verarbeiteten Schichtstoffe Resopal® und Fenix NTM®.

Ausführungen: Uni matt und glänzend sowie Holzdekore, die Oberfläche kann fühlbare Strukturen enthalten.

Vorteile: Extrem widerstandsfähig und abriebfest, nicht verformbar, kratzfest, hitzebeständig bis zu 200 °C, resistent gegen viele Chemikalien.

7.2.1.1.4. Lacklaminat

Hier wird eine lackierte PET-Folie auf die Trägerplatte aufgebracht.

Lacklaminate sind erst seit wenigen Jahren auf dem Markt, doch inzwischen ist um sie ein regelrechter Hype entbrannt: Der Anteil von Küchen mit Lacklaminatfronten am Gesamtabsatz in Deutschland beträgt inzwischen über 20% – Tendenz steigend.

Ausführungen: Matt und glänzend.

Vorteile: Preisgünstige Alternative zu klassisch lackierten Fronten, die verarbeiteten PET-Folien weisen eine hohe Kratzfestigkeit auf.

Nachteile: Noch keine Langzeiterfahrungen vorhanden. Verwendet der Küchenhersteller eine zu dünne PET-Folie, ist die Oberfläche „unruhig". Daher im Küchenstudio unbedingt die Musterküche genau begutachten!

7.2.1.2. Lackfronten

Küchen mit lackierter Frontoberfläche stehen in der Gunst der Käufer auf Platz eins. Verständlich, denn Lack wirkt hochwertig und edel. Wenn ich eine solche Küche kaufen wollte, bräuchte ich wieder die Produktbeschreibung des Herstellers. Zufrieden wäre ich, wenn dort über die Lackfront zu lesen ist:

- ✓ lösemittelfreier Lack,
- ✓ mehrschichtige Lackierung,
- ✓ 6-seitig (also auf allen Flächen) fugenlos lackiert,
- ✓ abriebfest,
- ✓ UV-strahlenbeständig,
- ✓ Gefahrstofffreiheit: Enthält weder PCB, PCP, Schwermetalle wie Blei, Cadmium, Kobalt usw., halogenierte Kohlenwasserstoffe, noch Formaldehyd.

Ausführungen: Mattlack, Hochglanzlack, Samtlack, Satinlack, Strukturlack.

Vorteile: Strapazierfähig und pflegeleicht.

Nachteile: Eher empfindlich gegen Kratzer, die jedoch meist wieder wegpoliert werden können; keine Mikrofasertücher zur Reinigung verwendbar.

7.2.1.3. Glasfronten

Fronten aus echtem Gas liegen nach wie vor im Trend. Um farbliche Akzente zu setzen, wird die Glasrückseite bedruckt, matt oder glänzend lackiert und anschließend auf die Trägerplatte geklebt.

Bei einer Glasfront achte ich darauf, dass

- ✓ es sich um Einscheibensicherheitsglas (ESG) in 3 bis 6 mm Stärke handelt,
- ✓ die Glasplatte am Rand rund geschliffen ist und/oder
- ✓ die Frontkanten mit Acrylglas oder mit Metall belegt/überdeckt sind, denn oft werden diese nur beschichtet oder lackiert.

Ausführungen: Klarglas und satiniertes Glas.

Vorteile: Hitzebeständig, sehr unempfindlich gegen Kratzer (auf satiniertem Glas Kratzer weniger sichtbar als auf Klarglas), pflegeleicht.

Nachteile: Oft Probleme mit der Umfeldplanung, weil z.B. Sichtseiten oder Passstücke nicht einfach mit Glas belegt werden können und deshalb auf Kunststoff oder Lack ausgewichen werden muss.

7.2.1.4. Acrylglasfronten

Fronten aus Acrylglas (PMMA = Polymethylmethacrylat, „Plexiglas") besitzen einen äußerst tiefen Glanz, der dem von echtem Glas und Hochglanz-Lack in nichts nachsteht. Sie bestehen in der Regel aus einer dünnen Acrylglas-Platte, die auf den Holzwerkstoff-Träger geklebt wird. Massive Acrylglasfronten sind sehr selten anzutreffen.

Vorteile: Günstiger als Glas- und Hochglanz-Lackfronten; kratz- und abriebfest, beständig gegen Säuren und Laugen mittlerer Konzentration.

Nachteile: Relativ hoher Pflegebedarf, keine scheuernde und alkoholhaltige Reinigungsmittel verwendbar (Glasreiniger!).

7.2.1.5. Furnierte Fronten

Beim Furnieren wird, vereinfacht gesagt, eine dünne Schicht Echtholz auf den Träger (Spanplatte) gebracht.

Bei furnierten Oberflächen wünsche ich

- ✓ ein Furnierblatt in mittlerer Stärke, je nach Holzart 0,5 - 1,5 mm,
- ✓ eine Verleimung auf Melaminharzbasis und
- ✓ eine Schutzschicht (Versiegelung).

Über die Furnierstärke und die Beschaffenheit von Leim und Schutzschicht kann ich selbst kaum etwas herausfinden. Ich brauche eine Produktbeschreibung. Sollte der Küchenhändler sie nicht besorgen können, ist mein Misstrauen geweckt. Nur was mit den Kanten (Ecken) los ist, sehe ich selbst.

Hier achte ich darauf, dass

- ✓ sich die Furnierblätter fugenlos dicht aneinander fügen,
- ✓ Kanten (Ecken) sauber gearbeitet sind und
- ✓ die Farbe (Beizton) der Ecke nicht von der Flächenfarbe abweicht.

Ausführungen: Gebeizt (betont Struktur und Farbe), mit Holzfarblack lackiert.

Vorteile: Pflegeleicht, Echtholz-Look, günstiger als Massivholz.

Nachteile: Mit der Zeit meist Veränderungen an der Farbe durch Lichteinfall.

7.2.1.6. Fronten aus Keramik, Beton, Stein und Metall

In letzter Zeit haben weitere Front-Beschichtungsmaterialen Einzug in die Küchenwelt gehalten. Insbesondere handelt es sich dabei um Keramik, Beton, Stein und Metall.

Als Beispiele erwähnen möchte ich an dieser Stelle die Keramik-Front *Alnocera* bzw. *Alnostar Cera* der Neuen Alno GmbH, die von Hand gespachtelte Echtbeton-Front *Concrete* der Leicht Küchen AG, die Stein-furnier-Front *AV 7030* der Häcker Küchen GmbH und die Front *Ferro* der Nolte Küchen GmbH mit einer Auflage aus Echtmetall.

Selbst prüfen und testen kann ich in diesen Fällen leider nichts. Also muss ich mich auch hier wieder auf Schriftstücke verlassen.

Wenn ich letztendlich zum Küchenkauf schreite, werde ich den Küchen-händler auf die Produktbeschreibungen festnageln. Ich komme weiter unten noch darauf, wie man das macht.

7.2.1.7. Welches Frontmaterial ist für mich optimal?

Nachdem alle gängigen Oberflächenmaterialen vorgestellt sind, taucht zwangsläufig die Frage auf, für welches ich mich denn nun entscheiden soll.

Lege ich großen Wert auf leichte Pflege und Strapazierfähigkeit – vor allem, wenn noch kleine Kinder in der Küche toben sollten – würde ich eine Melaminharz-, besser eine Schichtstofffront bevorzugen. Denn die-se Beschichtungen sind technisch ausgereift und haben sich seit Jahr-zehnten im Möbel- und Küchenbau bewährt.

Käme es mir mehr auf die Optik in strahlendem Hochglanz an, dann wäre Acrylglas oder echtes Glas eine gute Wahl. Wobei ich anmerken muss, dass Acrylglasfronten immer seltener zu finden sind.

Den besten Kompromiss hinsichtlich matter oder Hochglanz-Optik, Pfle-geleichtigkeit und Robustheit bieten lackierte Fronten.

Als Naturliebhaber würde ich zu einer furnierten oder gar massiven Holz-front greifen, während ich als Freund des exklusiven Designs mit einer Front aus Echtbeton, Metall, Keramik oder Stein wohl am besten bedient wäre.

Wegen der Problematik mit ihrer Haltbarkeit kommt für mich eine Folien-front eher nicht infrage. Auch die meisten Küchenhersteller haben des-wegen die Zahl der Folienfronten in ihren Kollektionen mittlerweile deut-lich reduziert oder sie sogar ganz aus dem Programm genommen.

Skeptisch bin ich bei Lacklaminat. Denn auch das ist Folie und es sind wie erwähnt noch keine Langzeiterfahrungen vorhanden.

7.2.1.8. Puristisch grifflos oder klassisch mit Griff?

Grifflose Fronten sind zwar gefragter denn je, Griffe und Knöpfe deshalb aber noch lange nicht out. Denn auch mit ihnen kann man der Küche eine individuelle und edle Optik verleihen.

Wie werden Türen, Schubkästen und Auszüge bei grifflosen Küchen geöffnet?

In Abbildung 115 ist das System mit dem im Korpus eingebauten Griffmuldenprofil zu sehen. Hier greift man in die Griffmulde (GM) zwischen Arbeitsplatte (APL) und Front (F) und zieht dann letztere nach vorne. Das Profil sollte aus Metall (Edelstahl) sein.

Eine andere Möglichkeit ist, eine Griffleiste (GL) an der Frontoberkante zu integrieren, beispielsweise in der in Abbildung 116 gezeigten Form.

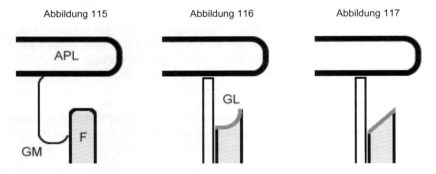

Abbildung 115   Abbildung 116   Abbildung 117

Im einfachsten Fall hat man es mit einer abgeschrägten Front zu tun (Abbildung 117). Zusätzlich sollte dann eine (Zier-)Leiste aus Metall oder Holz angebracht sein.

Darüber hinaus kann man mittels spezieller „Push-to-open" oder „Tip-on" Beschläge auf Griffmulden oder Griffleisten verzichten. Mehr dazu weiter unten.

Sollte ich mich für eine grifflose Küche begeistern, dann teste ich im Küchenstudio ausgiebig, ob das Öffnen wenig Kraftaufwand erfordert, und ob ich mir nicht die sprichwörtlichen „Finger krumm machen" muss.

Bei den klassischen Griffen oder Knöpfen ist für mich ebenfalls die Hauptsache, dass sie angenehm in der Hand liegen und von langer Haltbarkeit sind. Das hat mit dem Material und seiner Qualität zu tun. Also habe ich auch da meine Forderungen: Sind Griffe aus

- Aluminium

dann muss dieses eloxiert sein.

- anderem Metall

dann sollte es aus Edelstahl oder Messing, vernickelt, verchromt, vermessingt oder gar vergoldet sein.

- Holz

dann muss dieses massiv sein und kann in Natur, gebeizt oder lackiert sein.

- Holz und Metall

dann muss jedes dieser Materialien für sich betrachtet werden, siehe oben.

- aus Kunststoff

dann muss er gehärtet sein und kann ebenfalls an der Oberfläche vernickelt, verchromt, vermessingt oder vergoldet sein.

Nun bin ich noch eine Antwort auf die Frage in der Überschrift dieses Abschnitts schuldig. Sie lautet: Das ist reine Geschmackssache. Beide Varianten haben keine nennenswerten Vor- oder Nachteile.

Wer glattes Frontdesign mit klaren Linien bevorzugt, wird sich eher von einer grifflosen Lösung angesprochen fühlen. Liebhaber von Küchen im Landhausstil mit Rahmen- oder Kassettenfronten werden dagegen auf formschöne, dekorative Griffe nicht verzichten wollen.

Die Küchenhersteller wissen das längst. Daher ist unter ihnen kaum einer, der Rahmenfronten mit einem Grifflos-System im Programm hat.

7.2.1.8. Frontstärke bzw. Plattendicke

Zu guter Letzt schaue ich noch nach der Frontstärke bzw. Plattendicke. 18 mm sollten es schon sein. Einige Küchenhersteller gehen sogar bis auf 23 mm. Allerdings ist die Frontstärke nicht ganz so bedeutend. Denn je dicker die Front, umso schwerer ist sie und das ist nicht unbedingt ein Vorteil.

7.2.2. Der Korpus

Bisher habe ich zwei Begriffe verwendet, ohne zu erklären, was darunter zu verstehen ist: Korpus und Kasten.

Der Korpus ist die tragende Grundkonstruktion eines Möbels ohne Einsatzteile und Front (Abbildung 118).

Abbildung 118

Es ist ein Kasten, weshalb man auch von Kastenmöbeln spricht. Küchenelemente zählen dazu.

Als einen eigenständigen Korpus betrachte ich in diesem Zusammenhang ebenso Schublade und Auszug.

Nicht umsonst gebraucht man hierfür oft den Begriff Schubkasten. Seine tragende Konstruktion hat alle Merkmale eines Korpus. Meine Qualitätswünsche orientieren sich an

- der Art der Platten und ihrer Stärke sowie
- der Art und Weise des Zusammenbaus.

Platten

Der Korpus wird üblicherweise aus Spanplatten zusammengesetzt. Wegen der Stabilität der Konstruktion gilt: Je dicker die Platten, umso besser.

Die Stärke der verarbeiteten Platten beträgt je nach Hersteller zischen 16 mm und 20 mm. Vorherrschend sind 16 mm und 19 mm.

Die Platten sollten auf Melaminharzbasis beschichtet und alle Kanten belegt sein. Außerdem ist vorteilhaft, wenn die Vorderseite mit einer Kunststoffdickkante versehen ist. So können die Kanten nicht so leicht durch anstoßendes Geschirr etc. beschädigt werden.

Als Materialien für die Rückwand kommen Span-, MDF-, HDF- oder Hartfaserplatten zum Einsatz.

Ein weiteres Gütemerkmal beim Korpus ist die Farbgebung. Weiß herrscht vor, wogegen grundsätzlich nichts einzuwenden ist. Aber die sichtbaren Teile – Außenseiten, vordere Kanten, Innenseiten von Regalen und Elemente mit Glasfronten – sollten farblich auf die Front abgestimmt werden können. Ist das nicht möglich, handelt es sich um Billigware.

Zusammenbau

Ich wünsche, dass die Korpusplatten an mindestens drei Stellen je Verbindung doppelt miteinander verdübelt und verleimt sind. Erst dann ist ein Korpus richtig stabil.

Außerdem achte darauf, dass die Rückwand an den Korpusseiten eingenutet und verleimt ist. Ideal ist die zusätzliche Verschraubung mit dem Korpus.

Da die Verbindung der Platten nicht sichtbar ist, muss ich wieder auf die Werksbeschreibung zurückgreifen.

Einlegeböden - Lochreihen

Ich denke meist nicht mehr daran, weil es so selbstverständlich geworden ist: In die Innenseiten des Korpus sind senkrechte Lochreihen gebohrt, um Fachböden in verschiedenen Höhen einlegen zu können.

Die Lochabstände betragen zumeist 32 mm. Dieses sogenannte „System 32" geht auf den Beschlägehersteller Hettich zurück und findet fast überall im Möbelbau Anwendung. Der Lochdurchmesser ist 5 mm. Einige Möbel- und Küchenhersteller gehen inzwischen aus optischen Gründen dazu über, nur 3 mm starke Löcher zu bohren. Inwieweit sich das durchsetzen wird, muss abgewartet werden.

Die Stärke der Einlegeböden beträgt zwischen 16 und 19 mm. Wie bei den Korpusplatten gilt: Je dicker, umso besser. Außerdem wünsche ich, dass alle Flächen (oben, unten, alle Kanten) bei der Beschichtung mit einbezogen wurden und wie bei den Korpusplatten die Vorderseite mit einer Kunststoffdickkante versehen ist.

In den Schränken wird mitunter Schwergewichtiges verstaut. Die Unterschrankböden müssen daher eine Last von mindestens 20 kg tragen können, die Oberschrankböden mindestens 15 kg.

Einige Oberschranktypen sind mit Glasböden (normalerweise 5 bis 8 mm stark) ausgestattet. Diese sollten eine Belastung von mindestens 10 kg verkraften können.

Als Bodenträger kommen nur solche aus Metall infrage. Kunststoff akzeptiere ich nicht. Ferner achte ich darauf dass die Böden gegen unabsichtliches Kippen und Herausziehen gesichert sind.

Sockelfüße und Sockelblende

Bei den Sockelfüßen ist wichtig, dass sie höhenverstellbar sind, um Unebenheiten des Fußbodens auszugleichen. In der Regel sind sie aus Kunststoff. Bevorzugen würde ich solche aus Metall.

Die Sockelblende sollte mittels eines Klemmsystems angebracht sein. Dann ist bei Bedarf die Demontage problemlos möglich.

Unverzichtbar ist die flexible Dichtungslippe an der Unterkante der Sockelblende. Sie macht zum Boden hin alles dicht und verhindert damit, dass Feuchtigkeit und Schmutz in den Sockelraum eindringen können. Den gleichen Zweck erfüllt auch ein U-förmiges Dichtungsprofil, was aber rein optisch sicher die schlechtere Lösung ist.

7.2.3. Die Küche aus Holz

Das Naturprodukt Holz in der Küche wirkt sehr attraktiv und exklusiv. Holzstrukturverlauf (Maserung), Farbe, Glanz und der Geruch schaffen Eindrücke – die Fachleute sprechen von Optik und Haptik – die kein Kunstprodukt bieten kann.

Für die Küche sind nur Hölzer geeignet, die eine entsprechende Rohdichte, Härte, Elastizität und Festigkeit aufweisen. Das sind vor allem Eiche und Buche sowie Erle und Ahorn. Beim Weichholz Fichte, das im Küchenbau auch zu finden ist, habe ich Bedenken.

Massivholzküchen sind selten. Sie können echte Schätzchen sein. Meistens sind jedoch nur die Fronten aus Holz, alles andere besteht aus Holzwerkstoffen oder Kunststoff. In diesem Augenblick taucht die uralte Frage auf: Ist das Holz **massiv** oder **teilmassiv**?

Holzfronten sind überwiegend teilmassiv, d.h. die Rahmen oder die Anleimer sind zwar aus Vollholz, die Füllungen jedoch furniert. Den Unterschied kann man heutzutage meistens weder sehen noch fühlen.

Wenn mir ein Küchenfachberater etwa sagt, die Eichenfront seiner Noname-Küche sei massiv, dann nehme ich ihm das nicht so ohne weiteres ab. Ich will sehen, was in seinen Verkaufsunterlagen steht, die ihm der Hersteller bereitgestellt hat. Oder er besorgt mir eine Produktbeschreibung, die das dokumentiert.

Bei Fronten aus Fichte bin ich weniger misstrauisch. Die sind in der Regel tatsächlich durchgehend massiv.

Oberflächenbehandlung

Holz in der Küche bedarf besonderen Schutzes. Wenn eine Holzoberfläche beschrieben wird mit

- gebürstet und gebeizt,
- gelaugt und gebeizt oder
- gekalkt und gebeizt,

soll man mir sagen, wie das Holz die aggressiven Einflüsse in einer Küche überstehen kann. Denn eine solche Behandlung bietet keinen Schutz. Wirklich geschützt ist das Holz nur, wenn es versiegelt ist.

Ich fordere daher eine Versiegelung mit hartem PUR (Polyurethan) Lack, auch als DD Lack bezeichnet, der in mehreren Schichten aufgetragen wurde.

Ihre Bewährungsprobe für die Küche recht gut bestanden haben außerdem Holzoberflächen, die

- mit Hartwachs überzogen oder
- offenporig geölt sind.

Bei diesen Behandlungsarten bleibt anders als bei Lack die natürliche Holzstruktur vollkommen sichtbar. Beschädigungen sind leichter zu beheben.

Der Küchenhersteller muss mir in einer Produktbeschreibung offen legen, wie er die Holzoberflächen behandelt hat. Sollte er das nicht tun, werde ich seine Holzküche nicht kaufen.

Holzverbindungen

Ich schaue nach, ob Korpus, Schubkästen oder Auszüge, wenn sie aus Holz bestehen, vielleicht auf alte Schreinerart zusammengefügt sind, nämlich durch natürliche Holzverbindungen (Verzinkung).

Leider werde ich das selten finden. Wenn doch, würde mich wohl nur der Preis der Küche vom Kauf abhalten. Verbindungen mittels Beschlägen und Dübeln ist die Regel. Das werde ich wohl akzeptieren müssen.

7.2.4. Die Beschläge

Es gibt nichts, wofür es nicht einen Beschlag gibt.

> Das ist es, was die Küchenwelt
> im Innersten zusammenhält:
> Beschläge sorgen ungeniert
> dafür, dass alles funktioniert.

(frei nach Goethe)

Türen öffnen und schließen, Schubladen ausziehen, Gestelle drehen, etwas wegschließen etc. – erst Beschläge machen das möglich.

Vorher, als die Küche montiert wurde, hat man die Elemente befestigt, aufgehängt, verbunden – es geschah mit Beschlägen.

Beschläge sind wahre Zauberdinge und ihre Zahl ist riesengroß. Schon eine spontane, wahllose und beileibe unvollständige Aufzählung macht dies deutlich:

> Scharniere, Führungen, Schubkastensysteme, Falttürbeschläge, Schiebetürbeschläge, Verbindungsbeschläge, Möbelschlösser, Möbelbänder, Fachbodenträger, Schrankrohrlager, Riegel, Klappenstützen.

Und ständig tut sich etwas bei den Beschlägen. Neuheiten werden präsentiert und Bestehendes wird verbessert. Es ist ein weites Feld für Innovationen. Die Zuliefererindustrie für den Küchenbau ist da sehr fleißig.

Zunächst dachte ich daran, hier einige Beschlägeneuheiten anzuführen. Doch dann erschien mir das wenig sinnvoll. Denn wenn dieses Buch in der Hand des Lesers ist, könnte Neues inzwischen längst schon wieder überholt sein.

Besser ist, der Leser informiert sich über aktuelle Kreationen wann immer er will direkt bei den Beschlägeherstellern im Internet. Dazu nenne ich die vier wichtigsten Adressen:

Blum	www.blum.com
Grass	www.grass.at
Hettich	www.hettich.com
Kesseböhmer	www.kesseboehmer.world

Unabhängig davon ist eine Übersicht über die Beschlägevielfalt vonnöten. Die will ich hier gerne bieten. Als ich oben die Küchenelemente vorstellte, musste ich mich auf die Basiselemente beschränken, weil die pure Zahl aller Elemente mich sonst erschlagen hätte. Bei den Beschlägen ist es genauso. Ich konzentriere mich deshalb auf die Beschläge für

- Korpus,
- Drehtüren und Klappen,
- Schubkästen und Auszüge,
- Sonstige.

Ferner sind zu betrachten die Systeme

- zum Aufhängen (Oberschränke) und
- zur Standsicherung (Hochschränke).

Beschläge sind nicht immer gleich gut. Weil sie aber so bedeutsam sind, bestimmt ihre Qualität und Funktionalität weitgehend die Qualität der gesamten Küche.

Beschläge beim Korpus

Beim Korpus finde ich Beschläge nur dann, wenn er zerlegbar ist (Mitnahmemöbel, SB-Möbel). Ansonsten wird der Korpus ohne Beschläge verdübelt und verleimt. Falls Beschläge da sind, möchte ich nur Excenterverbindungen.

Beschläge für Drehtüren und Klappen

Früher meinte ich, Türen drehen sich einfach in Angeln. Da kannte ich noch nicht die Welt der Küchenbeschläge. Jetzt weiß ich, was gute Türscharniere sind: Multifunktionale Hightech-Produkte.

Ich nehme die Vielfalt gerne in Anspruch und wünsche bei Drehtüren

- ✓ große Öffnungswinkel (mindestens 100°, bei Eckoberschränken mindestens 160°),
- ✓ einfaches, 3-dimensionales Justieren,
- ✓ einstellbare Türbewegung (Federkraftverstellung),
- ✓ selbsttätiges Schließen (Schließautomatik, Zuhaltefunktion),

✓ gedämpfter Anschlag auf den letzten Zentimetern (Softstopp),

✓ hohe Belastbarkeit und Sicherheit,

✓ einfache Montage und Demontage.

Bei Klappen und Lifttüren möchte ich außerdem, dass sie in jeder beliebigen Position stehen bleiben.

Ich will natürlich das Feinste. Meine Entscheidung, welches Küchenfabrikat ich letztlich kaufe, hängt wesentlich davon ab, ob die Beschläge das alles können.

Das kann ich selbst vor Ort prüfen. Ich werde Türen und Klappen bis zum Gehtnichtmehr hin und her bewegen. Auch die bewährte Wackelprobe werde ich machen: Ich werde kräftig an den Türen rütteln. Aufhängestabilität ist mir das Wichtigste.

Beschläge bei Schubkästen und Auszügen

Die Werbeprospekte, die mir so zahlreich ins Haus flattern, zeigen, dass die Küchen fast nur mit Schüben und Auszügen ausgestattet werden. Gut so, denn das macht die Arbeit in der Küche leichter (siehe Ziffer 5.).

Großflächige Schubladen und Auszüge müssen sich nicht nur spielerisch bewegen lassen, sie müssen auch schwere Lasten tragen. Bei einem normalen Schubkasten sind es üblicherweise bis zu 40 kg, bei einem überbreiten Auszug das Doppelte.

Klar, dass ich mir ein Küchenmodell auswähle, bei der die Auszugssysteme möglichst viele der folgenden Qualitätsforderungen erfüllen:

✓ der Kasten sollte bis zur Frontebene ausziehbar sein (Vollauszug),

✓ der normale Schubkasten sollte mit mindestens 40 kg, ein überbreiter Auszug (über 60 cm) mit mindestens 80 kg zu beladen sein,

✓ die Auszüge sollten über die gesamte Länge leicht laufen,

✓ bei voller Last sollte der Auszug horizontal und vertikal stabil laufen (automatischer Ausgleich von Toleranzen),

✓ beim Schließen sollte sich der Einzug auf den letzten Zentimetern verzögern (Softeinzug),

- ✓ belastete Teile sollten aus gehärtetem Metall, die Metallkugeln besonders gehärtet sein,

- ✓ die Technik sollte über die gesamte Schublänge unsichtbar sein (verdeckter Einbau), also gegen Verschmutzung geschützt und wartungsfrei,

- ✓ der Schubkasten sollte als Ganzes leicht ein- und ausgehängt werden können, ohne dass man Werkzeuge benötigt,

- ✓ der Anschlag sollte gesichert und das Herausziehen gesperrt sein (Endarretierung),

- ✓ optional: Kleinkinder dürfen die Schubladen und Auszüge nicht öffnen können (Kindersicherheitsverschluss).

Ich kann mir vorstellen, dass ein Küchenfachberater dem Wahnsinn nahe kommt, wenn er sieht, wie ich mich an den Schüben zu schaffen mache, um das alles zu prüfen. Ich

- ✓ untersuche, ob und auf welche Weise die Front vom Schubladenkorpus abgenommen und wieder angebracht werden kann – möglichst ohne viel Mühe.

- ✓ prüfe, ob die Fronten in gleicher Linie ohne größeren Aufwand ausgerichtet (justiert) werden können.

Zum Schluss muss ich mir eingestehen: Man kann nicht immer alles haben. Doch ich werde auf die maximale Qualität und Funktionalität hinarbeiten. Je mehr Merkmale erfüllt werden, desto besser.

Öffnungsunterstützungen

Ein Plus an Bedienkomfort versprechen Beschläge zur Öffnungsunterstützung von Türen, Klappen, Schubläden und Auszügen („Push-to-open", „Tip-on"), insbesondere bei grifflos geplanten Küchen. Solche Beschlagsysteme ermöglichen das Öffnen durch bloßes Antippen. Zum Schließen reicht ein leichtes Zudrücken aus.

Selbstverständlich gibt es nicht nur mechanische, sondern auch elektromotorische Öffnungsunterstützungen. Gerade im Oberschrankbereich bei Schwenkklappen und Lifttüren sowie bei schwer beladenen Apothekerschränken macht ihr Einsatz durchaus Sinn.

Ob ich mir elektrische Helferlein gönnen werde, entscheide ich am Schluss. Denn letztlich ist das auch eine Preisfrage.

Im Küchenstudio ausprobieren werde ich die Öffnungsunterstützungen in jedem Fall. Wie sie im Detail funktionieren, verraten mir wieder die Produktbeschreibungen.

Der große Rest

Wenn Beschlägehersteller von einer Welt der Beschläge sprechen, haben sie durchaus Recht. Was ich bisher an Beschlägen genannt habe, ist ein kleiner Teil davon, der Rest ist immer noch riesengroß. Ich kann deshalb im Weiteren nur aufführen, was mir gerade so in den Sinn kommt:

> Schrauben, Schlösser, Schlüssel, Riegel, Feststeller, Bodenträger, Rollen, Gleiter, Kappen, Halterungen, Relingsysteme, Möbelfüße, Sockelverstellfüße, Ablagen, Besteckeinsätze, Gewürzborde, Hakenleisten, Rollenhalter, Kochbuchhalter, Einhängekörbe, Ausziehkörbe, Handtuchhalter, Putzmittelkörbe …

Beschlagsysteme zum Aufhängen und zur Standsicherung

Als ich oben die Beschläge nach ihrem Einsatzgebiet zu ordnen begann, erwähnte ich Systeme zum Aufhängen der Oberschränke und zum Sichern von Hochschränken. Ich muss sie kurz beleuchten.

Welche dieser Aufhängungsarten ich wähle, hängt von den Gegebenheiten meiner Küchenwände ab. Das ist aber ein Montageproblem. Darauf komme ich näher, wenn ich den Aufbau meiner Küche begleite.

Die Zugkräfte beladener Oberschränke sind enorm. Die Aufhängung muss einer Dauerbelastung von mindestens 80 kg standhalten. Keine Frage, dass ich in der Produktbeschreibung des Küchenherstellers eine Aussage darüber finden möchte, ob der Aufhängebeschlag das aushält.

Zu einem guten Aufhängebeschlag gehört, dass er dreidimensional verstellbar ist. Er muss leicht zugänglich sein. Dann ist es ein Kinderspiel, die nebeneinander hängenden Oberschränke in einer Linie auszurichten. Dies kann ich selbst prüfen.

Die Standsicherheit spielt eigentlich nur bei Hochschränken eine Rolle. Nebeneinander aufgereihte Hochschränke stehen bereits recht sicher, wenn man sie miteinander verschraubt.

Manchmal müssen Hochschränke einzeln hingestellt werden. Dann ist eine Verschraubung an der Wand Pflicht. Man kann hierzu den guten alten Stahlwinkel verwenden, der an der Wand und oben auf einer Korpusseite gleichzeitig verschraubt wird. Besser, weil justierbar, ist ein spezieller Sicherungsbeschlag. Aber auch das ist mehr eine Frage der Montage und darauf werde ich ja noch kommen.

Metall oder Kunststoff?

Meine Anforderungen an Güte und Funktionalität der Beschläge setze ich sehr hoch an. Kunststoffbeschläge können diese Wünsche nicht immer erfüllen. Außerdem halten sie meistens nicht so lange wie Beschläge aus Metall. Ich bevorzuge also durchweg Metallbeschläge.

Manchmal sind die Kunststoffe unter einer dünnen, metallähnlichen Folie versteckt. Warum kaschiert man sie auf diese Weise? Will man etwas vortäuschen?

Kommen mir Zweifel, ob wirklich Metall oder nur kaschierter Kunststoff vorliegt, verschafft mir ein kleiner Magnet Gewissheit. Diesen habe ich mir in einem Werkzeugladen besorgt und stecke ihn immer ein, wenn ich auf Küchenschau gehe. Ich halte den Magneten an den Beschlag und wenn er haften bleibt, weiß ich, dass es sich um Stahl handelt. Und Stahl soll es auch sein.

Ob gehärteter Stahl vorliegt, kann ich nicht selbst testen. Aber da hilft mir die Landesgewerbeanstalt Bayern (LGA), eines der größten Möbel- und Spielzeugprüfinstitute in Europa. Sie prüft mit modernen technischen Mitteln, ob die aktuellen, weltweit geltenden Normen und Richtlinien eingehalten werden und stellt dann ein Qualitätszertifikat aus. Dieses Zertifikat will ich sehen (Abbildung 119):

Abbildung 119

7.2.5. Die Arbeitsplatte

Die Arbeitsplatte hatten wir schon, als ich die einzelnen Küchenelemente beschrieb (siehe Ziffer 4.5.1.). Sie gibt der Küche ihren optischen Touch. Die Plattenhersteller bieten dazu eine Menge Dekore und Gestaltungen.

Aber mir geht es nicht um die Optik, sondern um die Qualität. Denn kein Teil in der Küche muss so viel aushalten wie die Arbeitsplatte. Sie muss unempfindlich sein gegen Hitze und aggressive Flüssigkeiten, ferner kratz- und stoßfest, lebensmittelecht sowie pflegeleicht.

Das muss mir der Hersteller in seiner Produktbeschreibung garantieren. Besser: Es wird durch Prüfberichte von technischen Prüfinstituten belegt. Solche gibt es zuhauf, manchmal machen sie sich sogar Konkurrenz. Das finde ich gut.

> Ein Bewertungsschema über die Gebrauchseigenschaften von Arbeitsplatten finden Sie im **Anhang D „Checkliste Küchenqualität"**.

Am häufigsten begegnen mir Arbeitsplatten aus

- Schichtstoff,
- Massivholz,
- Granit,
- Edelstahl,
- Mineralwerkstoff,
- Glas und
- Beton.

Arbeitsplatte aus Schichtstoff

Diese Arbeitsplatte besteht aus einer Trägerplatte (Spanplatte) und einer HPL-Schicht (High-Pressure-Laminat). Der Prüfbericht eines Prüfinstituts oder die Produktbeschreibung des jeweiligen Herstellers zeigen mir, welche Noten ich nach meinem Bewertungsschema verteilen kann (siehe Anhang D „Checkliste Küchenqualität").

Da kommt mir in den Sinn, was ein Leser schilderte:

„(…) war die Arbeitsplatte nach zwei Jahren im Bereich der Spüle und Kochstelle aufgequollen. Man sieht deutlich, dass die Platte ca. 10 cm von der Vorderkante entfernt über die ganze Länge zusammengesetzt ist. (…)"

„Zusammengesetzt" war die Arbeitsplatte als ganzes sicher nicht. Lediglich die Beschichtung war wohl in Bahnen aufgebracht. Genau das dürfte die Ursache für den Schaden gewesen sein. Selbst wenn die Bahnen noch so fest aneinander gepresst werden und die Nähte damit fast nicht zu sehen sind – sie bieten immer einen Angriffspunkt für Feuchtigkeit. Also achte ich darauf, dass die HPL-Schicht in einem Stück über die Platte bis hinein in die Unterseite gezogen ist.

Dieser Schadensfall bestärkt mich darin, auf Arbeitsplatten mit Anleimer (Kunststoff oder Holz) zu verzichten. Denn hier gibt es immer eine Fuge. Sei sie auch noch so dicht, Feuchtigkeit könnte dennoch eindringen.

Als Vorderkante, auch Arbeitsplattenprofil genannt, wünsche ich mir eine geschlossene Fläche. Da macht Feuchtigkeit nichts aus und pflegeleicht ist sie ebenso. Zudem haben ihr die Designer ansprechende Formen gegeben.

Als nächstes muss ich die Unterseite der Arbeitsplatte begutachten. Hier möchte ich ebenfalls eine Feuchtigkeit abweisende Beschichtung sehen.

Arbeitsplatte aus Massivholz

Da Massivholzplatten aus Holzplanken zusammengesetzt sind, kommt es darauf an, wie diese verbunden sind. Ich wünsche die „Holzverbindung durchgezinkt" in Längs- und Querrichtung (siehe Anhang A).

Ferner müssen die Planken verleimt sein. Dabei lege ich Wert darauf, dass die Klebstoffe formaldehyd- und phenolfrei sind. Die Planken der Vorderkante sollten klassisch profiliert sein und an der Unterseite eine Abtropfkerbe haben.

Die Oberfläche der Arbeitsplatte muss eine schadstofffreie Versiegelung tragen, die Unterseite eine Schutzschicht gegen Feuchtigkeit. Inwieweit die Oberflächenversiegelung vor Schnitten, Kratzern und Stößen schützt sowie Hitze und aggressiven Flüssigkeiten standhält, werde ich mit meinem Bewertungsschema und den Produktbeschreibungen der Hersteller prüfen.

Ich weiß schon im Voraus, dass ich den Holzarbeitsplatten keine guten Noten geben kann. Sie sind in meinen Augen eher Liebhaberstücke.

Ich muss zudem hinnehmen, dass sie intensiver Pflege bedürfen. Sauberwischen alleine genügt nicht. Wenn ich z.B. ein Schnitzel paniere, setzen sich winzige Keime auf einer unversiegelten Holzoberfläche fest. Ich muss mich deshalb nach natürlichen Pflegemitteln umsehen. „Ein solches ist „HABiol". Der Hersteller gibt an, dass es nicht nur desinfiziert, sondern auch pflegt, imprägniert und konserviert.

Arbeitsplatte aus Granit

Granit in der Küche gehört zum Feinsten. Glanz, Strukturen und Farben fesseln das Auge. Kein Stein gleicht dem anderen. Die Küche wird zu einem einzigartigen Juwel, zum Erlebnis.

Das Hartgestein Granit bietet bereits von Natur aus viele Vorteile. Es hält stärksten Belastungen stand. Über Schnitt-, Kratz- und Abriebfestigkeit braucht man gar nicht erst zu reden. Säuren und Basen greifen den Stein kaum an – vielleicht etwas, wenn sie hoch konzentriert sind. Aber wer hantiert schon mit ätzenden Flüssigkeiten in seiner Küche?

Ist Granit in der Küche also wie eitler Sonnenschein?

Das wäre schön. Ich muss nämlich bedenken, dass Granit wie jeder Stein mehr oder weniger offenporig ist. Wenn ich nicht aufpasse, kann ich eine Granitart erwischen, die größere Poren hat. Dann können Probleme mit Fett und Saft auftreten. Diese Flüssigkeiten hinterlassen Flecken. Zwar wird die Oberfläche stets poliert und imprägniert, aber ich kann nicht sicher sein, dass damit alles absolut und dauerhaft versiegelt ist.

Zudem muss ich wissen, ob die Oberflächenversiegelung lebensmittelecht ist. Also brauche ich wieder die Werksbeschreibung, die ich nach meinem Bewertungsschema durchgehe.

Arbeitsplatte aus Edelstahl

Als wir unseren ersten Hausstand einrichteten, wollte meine Frau – ich weiß nicht mehr, woher sie die Idee nahm – in der Küche unbedingt eine durchgehende Arbeitsplatte aus Edelstahl. Spüle, Kochfeld und Wandabschlussprofil waren fugenlos eingefügt.

Der Spülenhersteller Blanco fertigte sie uns nach Maß. Ich meine mich zu erinnern, dass sie so um die 300 cm lang war. Ich musste damals höllisch aufpassen, dass die Unterschränke genau an der richtigen Stelle standen.

Die Arbeitsfläche war natürlich total unempfindlich und hygienisch. Sie bot einen edlen Anblick. Aber nur, weil meine Frau sie täglich blank wienerte. Diese Heidenarbeit wollte sie später nicht mehr auf sich nehmen und unsere nächste Küche hatte die gewöhnliche Schichtstoffplatte.

„Küchenoptik durch Metall" liegt heute im Trend. Wer darauf steht, wird gerne auf eine Arbeitsplatte aus Edelstahl zurückgreifen. Die Hersteller gehen zunehmend darauf ein.

Arbeitsplatte aus Mineralwerkstoff

Arbeitsplatten aus Mineralwerkstoffen haben eine Oberfläche aus einem Guss – im wahrsten Sinne des Wortes. Es leuchtet mir ein, dass eine zunächst flüssige Masse zum Aushärten in jede Form gebracht werden kann. Das ist ein großer Vorteil.

Den weiteren Vorteil erkenne ich, wenn ich die Produktbeschreibung zur Hand nehme und mein Bewertungsschema anlege: Alle Anforderungen an die Gebrauchseigenschaften werden bestens erfüllt.

Arbeitsplatte aus Glas

Da Glas keine Poren besitzt, lässt es sich sehr leicht reinigen. Zudem ist es sehr hart und damit relativ robust. Gegenüber Klarglas hat satiniertes Glas den Vorteil, dass es eine unebene Oberflächenstruktur besitzt und daher kleine, im Lauf der Zeit zwangsläufig entstehende Kratzer kaum zu sehen sind.

7.2.6. Die Spüle und die Armatur

Die Spüle

Wahrscheinlich liegt es daran, dass ich früher Küchen selbst montiert habe. Bei der Spüle sehe ich immer zuerst nach, wie sie eingebaut ist. Deshalb will ich mit dieser Betrachtung beginnen.

Der herkömmliche Einbau der aufliegenden Spüle – Ausschneiden der Arbeitsplatte vor Ort, Ränder abdichten, Spüle einlegen und festziehen – ist inzwischen Routine und in seiner Qualität ausgereift.

Anders der flächenbündige Einbau. Die Arbeitsplatte muss besonders dazu vorbereitet und die Spüle besonders gestaltet sein. So bestechend ein solcher Einbau auch erscheint, weil er die Pflege erleichtert und ein elegantes Bild bietet: Vorsicht ist dennoch angebracht. Gläser, Teller und Töpfe stoßen nirgends an. Sie könnten also schnell ins Becken purzeln.

Die Designer toben sich aus, um den Spülen immer raffiniertere Formen zu geben. Mit der Qualität hat das nichts zu tun.

Die Grundausrüstung (Becken, eventuell kleines Restebecken, Ablauffläche) bleibt nach wie vor gleich. Designorientierte Ausformungen haben für mich nur ihren Sinn, wenn sie sich an der Ergonomie orientieren. Das ist leider nicht immer der Fall.

Die Materialien der Spülen sind fast so vielfältig wie die Formen. Da finden sich Mineralwerkstoffe, Granit, Keramik, emaillierter Stahl, Chromnickelstahl und andere. Ich bevorzuge Chromnickelstahl 18/10.

An dieser Stelle möchte ich auf das vielfältige Spülenzubehör hinweisen, in wahlloser Reihenfolge ohne Anspruch auf Vollständigkeit:

> Rüstbrett, Schneidebrett, Geschirrkorb, Abtropftablett, Beckeneinsatz, Siebschale, Tellerständer usw.

Für mich ist das oft nur Schnickschnack, der im Wege steht.

Die Mischbatterie

Küchenarmaturen sind ebenfalls ein beliebtes Spielfeld für Designer. Mögen Formen und Gestaltungen noch so gefällig sein, ich sehe darüber hinweg. Ich suche nach der Qualität.

Rund 90 Mal am Tag wird der Wasserhahn in der Küche auf- und zuge-
dreht, habe ich irgendwo gelesen. Klar, dass die Küchenarmatur robust
gebaut sein muss, wenn sie lange funktionieren soll.

Ich möchte die Mischbatterie bei den unterschiedlichsten Küchenarbeiten bequem handhaben können. Vor allem müssen die auslaufende
Wassermenge und die Wassertemperatur entsprechend der Hebelstel-
lung konstant bleiben. Reinigung und Pflege müssen leicht von der Hand
gehen.

Damit hätte ich schon meine wesentlichen Forderungen formuliert. Die
Hersteller erfüllen sie innovativ und verfeinern ständig die Technik. So
kann ich heute einiges erwarten:

- ✓ weit schwenkbarer Auslauf (mindestens 180°),
- ✓ ausziehbare Brause (möglichst 150 cm und mehr),
- ✓ verstellbarer Strahl (von Mousseur- auf Brausestrahl),
- ✓ eingebautes Absperrventil für Geräte (Geschirrspüler),
- ✓ Antikalksystem,
- ✓ langlebige Innentechnik aus Keramik (Dichtungen, Kartusche).

Abnehmbare Mischbatterie

Alleine die Tatsache, dass es so etwas gibt, betrachte ich durchaus als
Qualitätssteigerung.

Ein Qualitätsmerkmal, an das kaum einer denkt, ist der Geräuschpegel.
Je leiser das Wasser ausläuft, desto besser. Ich gebe zu, dass es fast
unmöglich ist, dies vor der Beschaffung zu prüfen. Ich habe bisher kein
Küchenstudio, keinen Baumarkt oder Sanitärfachhändler gefunden, der
die präsentierten Armaturen an die Wasserversorgung angeschlossen
hätte.

Material bei Armaturen

Als Material für das Innenleben der Armaturen wünsche ich mir nur noch
Keramik. Es ist langlebig und reguliert am stetigsten Temperatur und
Wassermenge.

Die sichtbaren Teile sollen aus korrosionsfreiem Edelstahl sein. Ob dieser verchromt, vergoldet oder emailliert wird, ist eine Frage des Geschmacks und des Geldbeutels. Da halte ich mich heraus. Auch gehärtetes Edelmessing lasse ich mir gefallen.

Nicht so gut finde ich die – ich nenne sie mal so – imitierte Oberfläche. Die Grundmaterialien, die oft von minderer Qualität sind, werden beispielsweise auf Edelstahloptik getrimmt. Von solchen Armaturen lasse ich lieber die Finger.

7.2.7. Sonstiges

Hierzu zähle ich die Produkte der Küchenausstattung. Diesen Bereich bezeichnen die Insider als Innenorganisation bzw. Ordnungssysteme.

Ich begrüße es sehr, dass in letzter Zeit verstärkt ergonomische Gesichtspunkte, also die optimalen Arbeitsabläufe die Entwicklung prägen. Alles, was in der Küche gebraucht und verstaut wird, soll übersichtlich lagern und ohne große Mühe wieder entnommen werden können. Dennoch sind manche Ausstattungen nur Modeerscheinungen. Einige sind es nicht, weshalb ich näher darauf eingehe.

Der rutschfeste Boden

Beim Öffnen und Schließen der großflächigen Auszüge hört man es oft klappern und scheppern. Selbst bei den Auszügen mit Softstopp, die das Schließen auf den letzten Zentimetern verzögern, ist das manchmal so. Das gleiche passiert beim Drehen der Karussells von Eckschränken.

Töpfe, Schüsseln und alle möglichen Utensilien rutschen nun mal leicht und stoßen geräuschvoll aneinander. Meine Frau hatte das bisher verhindert, indem sie Antirutschmatten einlegte. Das sind dünne Gummigebilde mit Noppen und Riefen. Ob sie auch hitzebeständig und lebensmittelecht sind, habe ich noch nicht gefragt.

Inzwischen geht man das Problem auf direkte Weise an. Die Böden erhalten bereits bei der Produktion eine Spezialbeschichtung, meistens aus Lack, der nicht nur Töpfe und Pfannen, sondern auch Gläser und Porzellan festhält. Gut ist, wenn der Lack lösemittelfrei und lebensmittelecht ist. Ferner muss er höheren Temperaturen standhalten.

Ich werde nach entsprechenden Prüfberichten fragen, wenn ich die Angebote prüfe, die ich einholen werde. Trotzdem muss ich nachrechnen, ob diese Lösung günstiger ist, als das Rutschen in herkömmlicher Weise mit Matten zu stoppen.

Einsätze, Ständer, Fächer usw.

Der althergebrachte Besteckeinsatz in der Schublade ist der Klassiker unter den Ordnungsmitteln. Nun sind allerlei weitere Einsätze, Ständer, Fächer usw. hinzugekommen: Für Flaschen, Dosen, Packungen etc. Das Grundmaterial ist meistens Kunststoff. Ist dieser von minderer Qualität, wird er bald unansehnlich. Ich frage deshalb immer danach, was die Produktbeschreibung dazu sagt.

Draht in der Küche

Draht ist aus der Küche nicht mehr wegzudenken. Viele Teile der Innenausstattung der Küchenelemente und auch die meisten Ordnungssysteme bestehen aus diesem robusten Material (Abbildung 120). Wahllos zähle ich einige auf:

    Drahtkörbe, Besenaufhängungen, Gewürzdosenregale, Tellerständer, Schwenksysteme für Eckschränke, Geschirrkörbe, Flaschenkörbe, Putzmittelkörbe, Kehrblech- und Handfegerhalter, Hakenleisten, Papierrollenhalter usw.

Abbildung 120

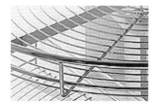

Ich wähle von diesen Drahtgebilden nur solche aus, die aus rostfreiem Edelstahl oder Chromnickelstahl gefertigt sind. Keinesfalls akzeptiere ich Konstruktionen, deren Draht mit Kunststoff ummantelt ist. Dieser verfärbt sich mit der Zeit und kann aufplatzen.

7.3. Wer produziert welche Qualität?

Nachdem nunmehr die Küchenqualität definiert und die einzelnen Qualitätsmerkmale herausgearbeitet sind, ist es logisch danach zu fragen, ob
und wie die einzelnen Küchenhersteller diesen Kriterien gerecht werden.
Wer sind die Guten, wer sind die Schlechten?

Küchenhändler geben auf diese Fragen manchmal eigenartige Antworten. So schrieb mir eine Leserin:

> *„(...) habe ich bei einigen Händlern nachgefragt, was denn die
> Unterschiede bei den einzelnen Herstellern seien. Und die Ant-
> wort war immer, bei Markenherstellern gäbe es eigentlich keine
> qualitativen Unterschiede. Ob eine Korpusplatte 16 oder 18 mm
> ist, sei nicht so entscheidend. Und in einen breiten Unter-
> schrankauszug bekäme man eh nicht mehr als 50 kg rein (Kon-
> servendosentest).*
>
> *Auch der Unterschied zwischen Spanplatten und MDF-Platten
> sei im normalen Gebrauch nicht zu merken. Der Unterschied be-
> stünde nur in der Vielzahl der Schränke und im Namen, den man
> bei dem einen oder anderen halt mitbezahlt. (...)"*

Clevere Küchenkäufer lassen sich so einfach nicht abspeisen. Ein solcher schrieb mir:

> *„(...) Ihr Buch gibt uns wertvolle Tipps bezüglich unserer Kü-
> chenplanung. Aber es wäre super, wenn Sie auch die Hersteller
> mit Ihrer Küchenqualität auf einer Skala beurteilen könnten. Zum
> Beispiel: Hersteller A = Qualität je nach Modell von ... bis ... .*
>
> *Dies wäre sicher ein guter Leitfaden für Verbraucher mit dem Ti-
> tel ‚Herstellerbeurteilung von Einbauküchen' wie beim ADAC
> zum Beispiel der ‚Auto-Test'. (...)"*

In der Tat, einen „Küchen-Test" oder etwas Ähnliches zum Vergleich der
Qualität gibt es nicht – weder von der bekannten „Stiftung Warentest",
noch von irgendeiner anderen Institution. Und weil es nicht die einzige
Leserzuschrift dieser Art war, habe ich diesen Vorschlag gerne aufgegriffen.

7.4. Das Herstellerranking: 97 Küchenproduzenten im Vergleich

In den folgenden Tabellen finden Sie meine persönliche Benotung für insgesamt 55 deutsche und 42 europäische Küchenhersteller. Außerdem ist eingetragen, wie lange und welche Hersteller Garantie auf ihre Produkte geben.

„Persönlich" soll heißen, dass ich die Bewertungen aus meiner Erfahrung und Kenntnis der Dinge heraus vereinfachend zu einer Note zusammengepresst habe. Solch ein Tun ist angreifbar – selbst wenn ich die Einstufung der Hersteller anhand objektiver Kriterien und mittels eines Punktesystems vorgenommen habe. Ich betone deshalb:

Vergleiche anhand dieser Benotungen **alleine** würde in zahlreichen Fällen zu falschen Schlüssen führen und damit für Sie als Käufer wenig hilfreich sein. Warum?

Fast alle Küchenhersteller fertigen Modelle bzw. Modellreihen von geringer und hoher Qualität, erneuern diese ständig und wechseln die verarbeiteten Materialien – genau wie beispielsweise die Automobilproduzenten. Um bei dieser Analogie zu bleiben: Mercedes und BMW beispielsweise kann man qualitativ sicher in die gleiche Schublade einordnen. Es käme aber niemand auf die Idee, deswegen einen 7er BMW und eine Mercedes A-Klasse auf eine Stufe zu stellen.

Sie sehen, dass es auf die einfache Frage nach der „besseren" Küchenmarke leider keine einfache Antwort gibt. Man muss immer ganz speziell den Einzelfall betrachten. Und so gehen Sie am besten vor:

Benutzen Sie zunächst das Ranking als **erste grobe Orientierung.** Am Schluss, wenn Sie sich auf zwei oder drei Modelle konzentrieren, **müssen** Sie in Detail gehen und speziell die in Ihrem Einzelfall in Frage kommenden Küchenhersteller und ihre Produkte bewerten. Hierzu verwenden Sie dann die **„Checkliste Küchenqualität" im Anhang D.**

Schauen Sie sich in den Ausstellungen die Küchenmodelle unter Zuhilfenahme der Checkliste genau an. Viele Qualitätskriterien können Sie sofort selbst bewerten und abhaken. Bei manchen benötigen Sie eine Produktbeschreibung des Herstellers.

Damit komme ich zu des Pudels Kern:

Macht es einem Hersteller Probleme, Ihnen eine Produktbeschreibung zur Verfügung zu stellen, sollten Sie stutzig werden und hinter dem Herstellernamen ein dickes Minuszeichen anbringen.

Note (N):

1 = grenzwertig	2 = akzeptabel	3 = mittelmäßig
4 = gut	5 = sehr gut	6 = hochwertig
7 = spitze		

Garantie (G): Freiwillige Garantie in Jahren, falls von der gesetzlichen, 2-jährigen Gewährleistung abweichend.

Deutsche Küchenhersteller (55)

Hersteller	G	N	Hersteller	G	N
Adam		5	Allmilmö	5	6
Alma	10	4	Alno		5
Annex		6	Artego		3
Ballerina		5	Bauformat		4
Bax		5	Beckermann	5	5
Beeck		5	Brigitte		3
Bulthaup		7	Burger		3
Dassbach	5	4	Decker		6
Eggersmann		7	Erndl	5	6
Express		2	Fries		4
Häcker (Classic)		4	Häcker (Systemat)		5
Hofemeier	5	5	Hano		4
Hummel		4	Impuls		2
Max Kempfle		3	KH System		5
Kuhlmann (RWK)		4	Lehle		6
Leicht		6	Martini	5	5
Müller Altenbeken		4	Nobilia		4
Nolff		3	Nolte		4
Optifit		2	Oster		7
Pino		2	Poggenpohl		7
Pronorm		4	Rational	5	6
Ratiomat		4	Rempp		6
Rotpunkt		5	Sachsenküchen		4
Schmidt	10	5	Schröder		4
Schüller (C-Kollektion)		4	Schüller (next125)		5
SieMatic		6	Sokol		5
Störmer		4	Warendorf	a	6
Wekumat		4	Wiho		3
Zeyko	5	7			

a: Warendorf gibt 30 Jahre Garantie auf den Korpus.

Europäische Küchenhersteller (42)

Hersteller	N	Hersteller	N
Arclinea (IT)	7	Arrex (IT)	6
Arrital (IT)	5	BEWA (CH)	4
Berloni (IT)	5	Binova (IT)	6
Boffi (IT)	6	Breitschopf (AT)	5
Cincocina (ES)	5	Cucine Lube (IT)	4
Dan (AT)	4	Delta Cocinas (ES)	4
Effeti (IT)	5	Elbau (CH)	5
EWE (AT)	4	FM (AT)	4
Forster (CH)	5	Gatto Cucine (IT)	6
Grattarola (IT)	6	Haka (AT)	4
IKEA (SE)	3	Infer (ES)	4
KM Möbel (AT)	6	Loosli (CH)	6
Minotti Cucine (IT)	7	Marchi (IT)	6
Mobalco (ES)	5	Mobalpa (FR)	5
Modulia (DK)	3	Pedini (IT)	6
Rauchenzauner (AT)	5	Record (IT)	4
Regina (AT)	6	Schiffini Cucine (IT)	7
Scic (IT)	6	Sønderborg (DK)	4
Stöcklin (CH)	5	Strato (IT)	7
Team 7 (AT)	6	Valcucine (IT)	6
Varenna (IT)	6	Walden (AT)	6

Sonstige (1)

Hersteller	G	N	Hersteller	G	N
Marquardt		4			

Marquardt ist kein Hersteller. Dennoch möchte ich das Unternehmen hier aufführen. Die Holzteile für die Marquardt „Granitküchen" werden u.a. von Nolte, Nobilia und Pronorm geliefert.

Hinweis: Die Angaben zur Garantiezeit sind eine Momentaufnahme zur Drucklegung dieses Ratgebers.

Sicher kennen Sie einige der aufgelisteten Hersteller bereits oder Sie haben den Namen zumindest schon einmal irgendwo gelesen. In diesem Fall wurde das erreicht, was die meisten Produzenten anstreben: Sich in den Köpfen der Verbraucher als **Markenhersteller für Einbauküchen** festzusetzen.

Es gibt aber noch weitere Namen, die Ihnen überall in der Küchenlandschaft begegnen. Dabei handelt es sich um die so genannten **Handelsmarken**. Was es damit auf sich hat, erfahren Sie unter Ziffer 11.11.

7.5. Wie ich die optimalen Elektroeinbaugeräte herausfinde

Ich wende mich zuerst den Einbaugeräten für den Kochbereich zu. Zusammen mit den Kühlgeräten gehören sie zur Grundausstattung einer Küche. Auch der Geschirrspüler zählt dazu, obwohl manche Küchenkäufer bewusst darauf verzichten.

Über diese Gerätegrundausstattung hinaus bietet der Küchengerätemarkt weitere Kreationen, die ich als Ergänzungsgeräte bezeichnen möchte. Darunter fallen zum Beispiel Mikrowellengeräte, Dampfbackofen, Friteusen und Dampfgarer.

7.5.1. Gerätegrundausstattung

Der Küchenfachhändler wird mir zusammen mit den Küchenmöbeln die Geräte anbieten. Ich habe nichts dagegen. Angebote sind immer nützliche Informationsquellen. Ich werde trotzdem prüfen, ob ich sie nicht besser woanders kaufe. Ich betrachte die Einbaugeräte nämlich als ein eigenständiges Paket meiner Küchenbeschaffung. Es ist keineswegs ein Muss, sie beim Küchenfachhändler zu kaufen. Im Gegenteil:

Die Küchengerätehersteller haben längst erkannt, dass sie ihren Vertrieb nicht nur auf den Küchenfachhandel beschränken können, wenn sie ihre Umsätze steigern wollen.

Sie bieten deshalb umfassendes Informationsmaterial direkt für den Verbraucher, sei es anhand von Broschüren oder im Internet, und erleichtern es ihm auf diese Weise, die Geräte dort zu kaufen, wo immer sie ihm angeboten werden.

Jetzt kommt vielleicht die Frage auf: Und wenn an einem Gerät etwas kaputt geht, an wen wende ich mich dann?

Die Antwort ist einfach: Egal wer das Gerät verkauft hat, sei es ein Küchenfachhändler, ein Elektrogerätehändler oder sonst wer, niemals repariert der Verkäufer selbst.

Dafür ist immer der Kundendienst des Herstellers zuständig. Und wie der Kundendienst zu erreichen ist, steht in den Papieren, die allen Neugeräten beigefügt sind.

Ich suche mir also meine Geräte heraus, ohne zunächst auf Fabrikat und Modell meiner Küche zu achten. Ich weiß, dass ich später nur die Typenbezeichnung anzugeben brauche und der Küchenhersteller liefert die passenden Umbauten.

Die Zahl der Einbaugerätehersteller ist überschaubar, die Menge ihrer Produkte allerdings ist verwirrend. Besonders bei den Geräten für den Kochbereich. Könnte dadurch die Wahl des für mich richtigen Gerätes zur Qual werden?

Nein, denn mit einer einfachen Methode bekomme ich alles in den Griff: Ich nehme mir die Unterlagen der Gerätehersteller vor (z.B. von Miele, Siemens oder Whirlpool), picke das

- ✓ komfortabelste (meistens teuerste) Gerät und das
- ✓ einfachste (meistens günstigste) Gerät

heraus und liste die Leistungsmerkmale auf. Ich möchte das einmal beispielhaft demonstrieren:

Produktgruppe: Einbauherde / Backöfen
Sortimentsklasse: BASIS

Modell y (einfachstes Gerät)

- Isofront plus Hitzeschutzverglasung mit Kühlgebläse
- Leichtreinigungstür und -ausstattung
- Panoramafenster
- 7 Beheizungsarten
- Zubehör:1 Fettpfanne, 1 emailliertes Backblech, 1,5 m Anschlusskabel
- Anschlusswert: 3.000 Watt für Anschluss 230, 3N~

Modell x (komfortabelstes Gerät)

- **Dampfaustritt über Kochfeld**
- **Digitales Multi-Display**
- Isofront plus Hitzeschutzverglasung mit Kühlgebläse
- **Selbstreinigungsfunktion (Pyrolyse)**
- **4 elektronische Automatikkochstellen mit Sicherheitsabschaltung**
- Leichtreinigungstür und -ausstattung
- **Abklappbarer Grillheizstab**
- Panoramafenster
- **Backtabelle auf der Innentür**
- **12 Beheizungsarten**
- **Aufrüstbar mit Backauszug, Backauszug plus oder Vollauszug plus 3fach**
- Zubehör: 1 Fettpfanne, 1 emailliertes Backblech, **1 Universalblech, 1 Kombirost**,1,5 m Anschlusskabel
- Anschlusswert: 10.600 Watt für Anschluss 230/400, 3N~

Hinweis zu den Beheizungsarten: Es handelt sich meistens um die Beheizungssysteme

> Soloheißluft, Multiheißluft, Ober- und Unterhitze gemeinsam oder einzeln schaltbar, Grill groß, Grill klein, Infrabraten, Auftauen, Warmhalten, Pizzastufe

Einige Hersteller bieten zusätzlich eine integrierte Schnellaufheizung an, welche das Gerät rasch auf die richtige Back-, Brat- oder Kochtemperatur bringt.

Das komfortabelste Gerät weist Leistungsmerkmale auf, die beim einfachsten nicht zu finden sind. Ich habe sie in der Tabelle fett markiert. Dazwischen rangieren weitere Geräte mit abnehmender Zahl von Merkmalen. Jetzt sortiere ich die Leistungsmerkmale heraus nach dem Motto: Brauche ich - brauche ich nicht. Letztlich bleibt genau das Gerät übrig, das meinen Wünschen entspricht.

Das hat Ähnlichkeit mit dem Gänseblümchentest („Er liebt mich – er liebt mich nicht"), deshalb möchte ich die Methode bezeichnen als

Maxi-Mini-Vergleich.

Auch über alle anderen Geräte oder Geräteteile, wie

- Kochfeld,
- Dunstabzug,
- Kühl- und Gefriergerät,
- Geschirrspüler und
- Waschautomat

entscheide ich nach dieser Methode. Nochmals ein Beispiel:

Produktgruppe: integrierte Kühlgeräte
Sortimentsklassen: TOP, KOMFORT

Modell y (einfachstes Gerät)

- Nutzinhalt 155 l
- Energieeffizienzklasse A+
- Energieverbrauch 165 kWh/a
- Klimaklasse SN/ST
- Türausstattung: transparente Abstellfächer
- 2 Obst- und Gemüseschalen
- Geteilte Glasablage
- Zubehör: Eierablagen, Butterdose

Modell x (komfortabelstes Gerät)

- **Sehr leise**
- **Nutzinhalt 134 l, davon Gefrierfach **** 17 l**
- Energieeffizienzklasse **A+++**
- Energieverbrauch 122 kWh/a
- Klimaklasse SN/ST
- **Elektronische Temperaturregelung**
- **Digitale Soll/Ist Temperaturanzeige**
- **Automatische Kühlleistungssteigerung**
- **Zeitgesteuerte Gefrierautomatik**
- **Lagerzeit bei Störung 12 h**
- **Tauwasserablauf im Gefrierfach**
- Türausstattung: transparente Abstellfächer
- **Flaschenkippschutz**
- 2 Obst- und Gemüseschalen mit Feuchteregulierung
- Geteilte Glasablage
- **Kindersicherung gegen Ausschalten**
- **Türschließautomatik**
- Zubehör: Eierablagen, Butterdose, Eiswürfelschale

Wieder sortiere ich die fett gedruckten Leistungsmerkmale des komfortabelsten Gerätes nach der Maxi-Mini-Methode aus und finde so innerhalb der Modellreihe zu einem Gerät, das meinen Wünschen am nächsten kommt.

Meine Beispiele umfassten bisher das Gerätesortiment **nur eines Herstellers.** Es kann durchaus sinnvoll sein, Geräte verschiedener Hersteller auszuwählen, z.B.

- Einbaubackofen und Cerankochfeld von Siemens,
- Einbaukühlschrank von Liebherr,
- integrierter Geschirrspüler von Miele.

Wenn der eine Hersteller die gewünschten Leistungsmerkmale bei einem bestimmten Gerät nicht bietet, finde ich sie vielleicht beim anderen. Mein Maxi-Mini-Vergleich wird dann zum

Multi-Maxi-Mini-Vergleich.

Multi steht für mehrere Hersteller. Das Prinzip ist das gleiche. Meine Auswahlmethode kann ich auch anwenden, wenn die Geräteindustrie weitere Innovationen hervorbringt. Ich muss einfach mehr „Blütenblätter zupfen".

7.5.2. Dunstabzug

Unabhängig davon, ob es sich um eine klassische Haube oder um ein moderneres System (z.B. Kochfeldabzug und Downdraft-Lüftung) handelt, unterscheidet man beim Dunstabzug zwischen zwei Betriebsarten: Abluft und Umluft.

Während bei Abluft Feuchtigkeit und Gerüche komplett nach draußen befördert werden, kommt bei Umluft ein Aktivkohlefilter zum Einsatz, der den Kochdunst filtert bzw. neutralisiert.

Wenn möglich, sollte der Abluftbetrieb stets die erste Wahl sein. Denn selbst die leistungsstärksten Umluftfilter schaffen eine Geruchsbindung von „nur" 97 bis 98%.

Andererseits ist der Umluftbetrieb sehr energieeffizient, weil keine Wärmeverluste entstehen. Er eignet sich daher besonders in Passivhäusern und Niedrigenergiehäusern.

148

Ferner sind bei einer offenen Feuerstelle im Haus keine zusätzlichen Sicherheitsmaßnahmen erforderlich (z.B. Fenster-Kontaktschalter bei Abluft).

Bleibt noch die Frage zu klären, welche **Abluftleistung** das System haben muss.

Auf mittlerer Stufe – egal ob Abluft oder Umluft – sollte die Raumluft rund acht Mal pro Stunde erneuert bzw. umgewälzt werden, auf Intensivstufe sogar zwölf Mal.

Es gilt daher folgende Formel für die mittlere Stufe:

Grundfläche der Küche (m²) x Raumhöhe (m) x 8 = Leistung (m³/h)

Und für die Intensivstufe:

Grundfläche der Küche (m²) x Raumhöhe (m) x 12 = Leistung (m³/h)

Beispiel:

16 m² Fläche x 2,5 m Raumhöhe x 8 = **320 m³/h** (mittlere Stufe)
16 m² Fläche x 2,5 m Raumhöhe x 12 = **480 m³/h** (Intensivstufe)

Übrigens: Wer möchte, braucht sich nicht generell zwischen Abluft und Umluft zu entscheiden. Der Hauben-Spezialist Berbel, 48432 Rheine (www.berbel.de) beispielsweise bietet auch Hybridhauben an („Eco-Switch-Technologie"), bei denen einfach zwischen beiden Betriebsarten umgeschaltet werden kann.

7.5.3. Mikrowellengeräte

Tiefgefrorenes auftauen, Vorgekochtes wieder aufwärmen – das lässt sich prima mit einem Mikrowellengerät machen. Manche Geräte sind zusätzlich mit Heißluftgebläse und Grillstäben ausgestattet. Dann kann man darin auch Backen, Garen und Grillen.

Ich kann es nicht lassen, sogleich Wermutstropfen in den Freudenwein Mikrowelle zu träufeln:

Es macht mich stutzig, dass die Gerätehersteller in ihren Bedienungsanleitungen so eindringlich auf die Beachtung der speziellen Garvorschriften hinweisen. Der Grund kann doch nur sein, dass sonst die Speisen zu viel an Nährwert verlieren. Andersherum betrachtet: Unterläuft mir bei den Garvorschriften ein Fehler, sollte ich die Speisen lieber wegwerfen.

Ich muss mir also näher anschauen, wie ein Mikrowellengerät funktioniert (Abbildung 121).

Abbildung 121

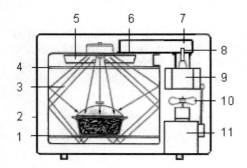

1 Bodenplatte
2 Gehäuse
3 Garraum
4 Deckplatte
5 Reflektorflügel
6 Einkopplung
7 Hohlleiter
8 Koppelstift
9 Magnetron
10 Kühlgebläse
11 Elektronik

In einem sogenannten Magnetron werden hochfrequente elektromagnetische Wellen erzeugt und über einen Hohlleiter zum Garraum des Geräts geführt.

Die Linien verdeutlichen die Wellen. Sie dringen in die Lebensmittel ein und versetzen die Wassermoleküle in Schwingungen. Es entsteht Reibungswärme, die von Innen nach Außen dringt.

Umgekehrt also, wie es bei Wärmeleitung (Elektroherd), Wärmeströmung (Umluftherd) oder Wärmestrahlung (Grill) geschieht: Da kommt die Wärme von außen und setzt sich ins Innere fort.

Wenn ich mir ein Mikrowellengerät zulegen sollte, achte ich darauf

✓ welche und wie viele Leistungsstufen (600, 750, 900 Watt usw.) einstellbar sind,

✓ wie viele Auftau- und Garprogramme es aufweist: Drei, vier oder mehr?

Ich muss auch darauf achten, dass ich in das Gerät nur Geschirr einschiebe, das für Mikrowellen taugt. Ich kann das selbst testen:

Ich stelle das leere Geschirr für 20 bis 30 Sekunden bei höchster Leistungsstufe in das Gerät. Wenn es kalt oder handwarm bleibt, ist es geeignet.

Man sollte es nicht glauben, aber ich könnte sogar Pappgeschirr in das Mikrowellengerät stellen. Nur darf es nicht mit Kunststoff beschichtet sein, denn dieser schmilzt.

7.5.4. Induktionskochgeräte

Schnell kochen mit wenig Energie – Induktionskochgeräte können das. Waren solche Geräte einst freistehende „klobige Dinger", sind sie heute als Induktionskochfelder wie konventionelle Kochfelder in die Arbeitsplatte eingelassen.

Sie sind in Induktionszonen eingeteilt, innerhalb derer die Kochhitze durch einen elektromagnetischen Wirbelstrom erzeugt wird. Und das geht so:

Ein Generator wandelt den üblichen 220 V Netzstrom von 50 Hz in gepulste Hochfrequenzstöße von 25.000 bis 30.000 Hz um. In der Kochfläche, die aus elektrisch und magnetisch nicht leitender Glaskeramik besteht, entfaltet sich ein magnetisches Wechselfeld, das in magnetisch leitendes Material „ausbrechen" möchte. Das geschieht sofort, wenn auf die Keramikfläche ein Kochgefäß mit magnetischem Boden gestellt wird. Hier wirbelt es mächtig herum und der Gefäßboden wird heiß.

Die Hitze entsteht demnach nicht an der Kochfeldoberfläche, sondern ausschließlich im Boden des Kochgefäßes. Energie wird nur auf einer Ebene (Kochgefäß) verbraucht. Anders als beim herkömmlichen Herd, wo zwei Ebenen (Kochfeld und Kochgefäß) erhitzt werden müssen. Das ist sicher ein beträchtlicher Vorteil.

Leider funktioniert das nur, wenn der Boden von Töpfen und Pfannen aus magnetisch leitendem Material besteht, wie Eisen, Stahl, emailliertem Stahl und ferritischem Edelstahl. Ferner dürfen nur die äußeren Schichten der Gefäßböden magnetisch sein, alles andere nicht. Denn sonst würden die Wirbelströme das ganze Gefäß erfassen und weiter abstrahlen. Die Pfanne würde quasi zur Antenne.

Wie kann ich feststellen, ob meine Töpfe und Pfannen induktionsgeeignet sind? Ganz einfach: Ich halte an Topf- oder Pfannenboden einen Magneten. Bleibt er haften, ist das Gefäß geeignet.

Komfortable Induktionskochfelder haben mehrere, flexible Kochzonen (ich kann mein Kochgefäß beliebig platzieren, die Kochzonen werden je nach Gefäßgröße aktiviert) und bieten nützliche Extras wie beispielsweise Sensoren, die die eingestellte Temperatur konstant halten, damit nichts anbrennen kann.

7.5.5. Gasherde

Gasherd und Gourmet – das ist wieder so eine gängige Gedankenverflechtung. Viele schwören auf das Kochen mit Gas. Dennoch werden Hunderte Mal mehr Elektroherde als Gasherde verkauft, wie Branchenauguren beobachten. Dabei weist der Gasherd eine Reihe von Vorteilen auf.

Man kann alle Kochgeschirrarten auf die Gasflamme stellen. Diese ist in Sekunden auf voller Leistung, passt sich der Geschirrgröße an, die Hitze lässt sich stufenlos und schnell regulieren und genauso schnell ist die Flamme ohne Nachwärme wieder abgeschaltet. Das alles spart auch noch Energie.

Die Hersteller von Gasherden beschränken sich meistens auf die Produktion weniger Modelle. Da ist also nicht viel auszuwählen. Die Auswahl wird aber größer, wenn ich mehrere Hersteller heranziehe.

Wenn der Anschluss eines Gasherds möglich wäre, würden wir das Gerät Hersteller übergreifend mit dem Multi-Maxi-Mini-Vergleich auswählen.

7.6. Sicherheit und Gesundheit

Wenn ich Gesundheit mit der Küche in Verbindung bringe, meine ich nicht die Ernährung. Obwohl das nahe liegt, denn Küche und gesunde Ernährung gehören irgendwie zusammen. Und diese ist die Grundlage für mein körperliches Wohlbefinden.

Nein, mir geht es um die gesunde Umgebung in meiner Küche. Und da können tatsächlich einige Gefahren lauern. Sie gehen aus

- von Elektrosmog (elektromagnetische Felder) bei Elektrogeräten und
- von flüchtigen Substanzen, insbesondere Formaldehyd aus Möbeln.

Elektrosmog

Elektrosmog in meiner Küche? Kaum zu glauben, aber es ist wahr.

Elektrosmog entsteht überall dort, wo elektrischer Strom fließt – in elektrischen Leitungen, Maschinen und Geräten, also auch in Radio, Smartphone und Fernseher. In keinem anderen Raum meiner Wohnung werden so viele Elektrogeräte in Gang gesetzt wie in der Küche.

Sie produzieren elektromagnetische Felder, die in hochfrequenter oder niederfrequenter Form auftreten. Man misst sie in Milliwatt pro Quadratzentimeter (mW/cm^2) oder in Mikrotesla (mT). Elektromagnetische Felder ab einer bestimmten Intensität können die Temperatur des menschlichen Gewebes erhöhen. Erwärmt es sich um mehr als 1 °C, wird es gefährlich.

Zwei Geräte in seiner Küche beäugt der Küchennutzer schon immer etwas misstrauisch, wenn er oft auch nicht weiß warum:

- das Mikrowellengerät und
- das Induktionskochfeld.

Er hat Recht. Die Fachleute wissen schon lange, dass mit dem bei diesen Geräten entstehenden Elektrosmog nicht zu spaßen ist. Ich will mir anschauen, wie sie das Problem lösen.

Mikrowellengeräte

Bei Mikrowellengeräten geht es hauptsächlich um die sogenannte Leckstrahlung in der Geräteumgebung. Es handelt sich um hochfrequente elektromagnetische Felder. Die Geräte müssen deshalb Abschirm- und Schutzsysteme aufweisen, deren Wirksamkeit nach VDE 0720 präzise festgelegt wurde. Die Emission darf in fünf Zentimeter Abstand vom Gerät höchstens 5 mW/cm^2 betragen (Grenzwert).

Das Bundesamt für Strahlenschutz (BfS) hatte im Jahr 1998 mehr als 100 Geräte auf Leckstrahlung untersucht. Im Durchschnitt blieb es bei 1% des Grenzwertes, selbst wenn es sich um alte, lange und intensiv genutzte Geräte handelte (BfS Infoblatt 2/1998). Zudem nimmt die Intensität mit zunehmender Entfernung vom Gerät rasch ab. Im Abstand von 30 cm sind es 90% weniger als an der Quelle.

Das ist beruhigend zu wissen. Allerdings wird dem Nutzer eine beachtliche Eigenverantwortung auferlegt. Man fordert von ihm

- die Bedienungsanleitung genau zu beachten, denn bei Fehlbedienungen sind Risiken nicht auszuschließen;

- Störungen nur von qualifizierten Fachwerkstätten beheben zu lassen;

- das Gerät nicht mehr zu benutzen, wenn sichtbare oder vermutete Schäden an Gehäuse oder Garraum auftreten;

- keine fest verschlossenen Gefäße zu erwärmen: Es baut sich Druck auf und die Gefäße könnten platzen;

- Lebensmittel nicht zu trocknen: Bei zu langer Einschaltdauer besteht Überhitzungs- und Selbstentzündungsgefahr.

Sind so alle Gefahren gebannt?

Nein, nicht alle. Der Transformator im Mikrowellenherd erzeugt ein niederfrequentes Magnetfeld, das bis zu ca. 30 cm Entfernung Herzschrittmacher stören kann. Nun ja, Träger von Herzschrittmachern werden sich wohl fernhalten.

Zum Schluss meine Forderung zur Gerätesicherheit: Der Strom muss sich zuverlässig automatisch abschalten, sobald ich versuche, die Tür zu öffnen, also bereits bei der Betätigung des Riegels.

Induktionsherde

Neulich fragte mich eine Leserin nach der Strahlung bei Induktionsherden. Ich gebe mein Antwortschreiben hier wieder, weil es alles enthält, was ich zur Elektrosmoggefahr sagen möchte.

Strahlungswerte von Induktionsherden

Hallo Frau Rieger, die von Induktionsherden abgestrahlten elektromagnetischen Felder liegen bei 3 bis 6 Mikrotesla im Aufenthaltsbereich der kochenden Personen und 1 bis 2 Mikrotesla bei einem Abstand von 50 Zentimetern vom Herd.

Genaue Angaben müssen die Produktbeschreibungen der jeweiligen Hersteller enthalten. International wird ein Grenzwert von 6,25 Mikrotesla empfohlen.

Ob elektromagnetische Felder von Induktionsherden gesundheitliche Probleme verursachen können, ist nicht bekannt, wird aber auch nicht ausgeschlossen.

Bekannt ist, dass die elektromagnetischen Wechselfelder auf kurze Distanz Herzschrittmacher beeinflussen. Träger von Herzschrittmachern sollten die Sicherheitshinweise der Hersteller genau beachten und mit ihrem Arzt die Verwendung von Induktionsherden besprechen.

Flüchtige Substanzen

Alle Materialien, aus denen Küchenmöbel vorwiegend gebaut werden, nämlich Holz, Holzwerkstoffe, Papier, Folien, Laminat, Lack, Leim, Wachs, Harz usw. setzen bestimmte Stoffe frei, die sich mit der Küchenluft vermengen.

Die Fachleute nennen sie VOC. Das ist die Abkürzung für Volatile Organic Compounds, zu Deutsch „flüchtige organische Verbindungen". Vor einiger Zeit hat das Bundesgesundheitsamt die bei Möbeln oft vorkommenden VOC in einer Tabelle zusammengefasst, die ich modifiziert wiedergeben möchte:

Tabelle 2: VOC bei Möbeln

Material	Freigesetzte organische Stoffe
Nadelholz	Terpene, Essigsäure, Formaldehyd und andere Aldehyde
Laubholz	Essigsäure und weitere Karbonsäuren
Holzwerkstoffe	Formaldehyd, Hexanal und andere Aldehyde, Essigsäure
Leime auf der Basis von Harnstoffharz und Melaminharz	Formaldehyd
Lacke	Lösemittel wie Ester, Ether, Ketone, Kohlenwasserstoffe; Hochsieder, Weichmacher, Aldehyde aus Naturharzölfarben
Wachse	Aldehyde aus trocknenden Ölen, Lösemittel, teilweise Terpene aus Lösemitteln

Den Schadstoffausstoß bemerkt man nicht, weil die Konzentrationen gering sind. Es fällt höchstens ein gewisser Geruch auf. Man sieht darüber hinweg und denkt: „Es riecht halt nach neuen Möbeln". Ich darf das jedoch nicht ignorieren, wenn es sich um **Formaldehyd** handelt.

Eigentlich ist Formaldehyd ein natürlicher Stoff, der beim Menschen sogar wichtige Stoffwechselfunktionen hat. Dazu wird er in winziger Konzentration im Blut gebunden.

Zum Schadstoff wird Formaldehyd, weil es aus den Produkten über kurz oder lang entweicht, also in den gasförmigen Zustand übergeht. Das geschieht bereits bei Raumtemperatur. Ab einer gewissen Konzentration verursacht er Schleimhautreizungen an Augen und Atemwegen. Ferner können allergene Wirkungen auftreten. Ob auch Krebs gefördert wird, ist noch nicht eindeutig erwiesen.

Das Dilemma ist nun, dass es viele Küchenprodukte ohne Formaldehyd gar nicht gäbe. Man braucht es (immer noch) in großen Mengen und stellt es deshalb industriell hauptsächlich aus Methanol her.

Der Gesetzgeber konnte da nicht untätig bleiben. Er schrieb vor, dass beispielsweise Holzwerkstoffe der Norm E 1 entsprechen müssen. Die Ausgleichskonzentration darf 0,1 ppm nicht überschreiten. Das bedeutet, es dürfen nur 0,12 Milligramm Formaldehyd pro Kubikmeter Luft vorhanden sein.

Trotzdem, etwas von dem Zeug ist immer da. Hat jemand einen Raum mit emittierenden Möbeln voll gepackt und sollte er ihn über lange Zeit nicht lüften, erhöht sich die Konzentration an Formaldehyd. Früher oder später zeigen sich dann die genannten Symptome.

Wenn ich meine Küche kaufe, ist es für mich Pflicht, den Nachweis zu verlangen, dass die Norm E 1 eingehalten wurde. Für eine häufige und intensive Lüftung der Räume, besonders der Küche, sorgt meine Frau.

Küchenmöbel mit dem Zeichen „Blauer Engel" (Abbildung 122) des Bundesgesundheitsamtes und dem Gütesiegel „Goldenes M" der Deutschen Gütegemeinschaft Möbel (Abbildung 123) sollen sogar auf den Emissionswert ≤ 0,05 ppm (Emissionsklasse A) kommen.

Abbildung 122

Abbildung 123

Nicht nur mit Küchenmöbeln, sondern auch mit Elektrogeräten kann ich mir ein Formaldehydproblem einhandeln.

In vielen Fällen steckt in der Wärmedämmung der Geräte dieser Stoff als Bindemittel. Heize ich z.B. einen neuen Backofen erstmals auf, raucht er. Dieser Rauch enthält Formaldehyd in beträchtlichen Mengen. Da heißt es: Schnell und lange lüften.

Viel lüften muss man auch, wenn in der Küche mit Gas gekocht wird. Zwangsläufig verbrennt das Erd- oder Flüssiggas nicht vollständig, sondern setzt Formaldehyd als Verbrennungsrückstand frei.

Sonderfall Gasherd

Wenn ich einen Gasherd wählen würde, müsste er unbedingt DVGW geprüft sein und die entsprechenden Zeichen tragen (Abbildungen 124 bis 126):

Abbildung 124

Abbildung 125

Abbildung 126

Die Gasgeräteprüfung des Deutschen Vereins des Gas- und Wasserwesens e.V. (DVGW) gilt als sehr streng. Die Qualitätszeichen werden nur vergeben, wenn folgende Kriterien erfüllt sind:

- hohe Lebensdauer und Zuverlässigkeit,
- hohe Korrosions- und Kondenswasserbeständigkeit,
- neutral geprüfte elektrische Sicherheit,
- Emissionen und Wirkungsgrade entsprechend den Anforderungen des „Blauen Engel" und den geltenden nationalen Vorschriften,
- moderner Regel- und Benutzerkomfort,
- besondere Installations- und Wartungsfreundlichkeit,
- angemessener Kundendienst,
- Austausch der Ersatzteile mit handelsüblichen Werkzeugen möglich,
- Ersatzteilversorgung für mindestens 10 Jahre lang sichergestellt,
- ausführliche und verständliche Aufstell-, Wartungs- und Bedienungsanleitung,
- Verpackungen und Geräte müssen leicht und umweltgerecht entsorgt werden können.

Wie ich hinter die Küchenqualität steige

Außerdem nehme ich mir weitere Sicherheitsregeln sehr zu Herzen:

- Gasherde nur durch ein Fachunternehmen anschließen lassen.

  Fachunternehmen ist nur das Installationsunternehmen, das einen Vertrag mit einem Gasversorgungsunternehmen (GVU) abgeschlossen hat. Bei Flüssiggas-Anlagen kann der Anschluss durch alle Gas- und Wasserinstallateure erfolgen, deren Betriebe in die Handwerksrolle eingetragen sind, oder durch Vertriebsstellen, die entsprechend den „Richtlinien für die Auswahl und Überwachung der Vertriebs- und Verteilerstellen der Flüssiggasversorgungsunternehmen" zur Einrichtung und Prüfung von Flüssiggasanlagen berechtigt sind.

- Wenn der Gasherd lösbar angeschlossen wird:

  Der lösbare Anschluss (Gassteckdose), der heute sehr oft verwendet wird, besteht aus der Sicherheits-Gasanschlussarmatur und dem Sicherheits- Gasschlauch. Der Sicherheits-Gasschlauch ist so anzuordnen, dass er nicht übermäßig erwärmt und nicht von Flammen oder heißen Abgasen berührt werden kann. Der Schlauch darf also nicht im dem Bereich der Abgasmündung des Backofens verlegt werden.

- Keine fabrik- und typenfremden Überkochsicherungen, Platten oder Ringe auf die Kochstellen legen.

- Backofen nur zum Backen und nicht zum Heizen des Raumes benutzen.

- Keine Experimente mit Töpfen, die nicht auf die Rippenplatte passen.

- Kinder fernhalten oder Kinderschutzgitter anbringen, für alle Fälle aber Topfhenkel zur Seite drehen.

- Wenn trotz allem Gasgeruch auftritt:

  Sofort alle Türen öffnen, die Absperreinrichtung am Gaszähler oder die Hauptabsperreinrichtung im Keller schließen, Räume nicht mit offenem Licht betreten, kein Streichholz oder Feuerzeug anzünden, keinen elektrischen Schalter betätigen, keine Stecker herausziehen, keine elektrischen Klingeln betätigen, nicht rauchen, GVU benachrichtigen.

7.7. Gütezeichen: Kann ich mich darauf verlassen?

Zwei Gütezeichen hatte ich erwähnt, als es um das Formaldehyd ging: Den „Blauen Engel" und das „Goldene M".

Nun stelle ich die provokante Frage, ob darauf Verlass ist.

Dass diese Frage berechtigt ist, zeigt mir ein E-Mail-Newsletter, der mir vom eco-Umweltinstitut, 50677 Köln, zuging und den ich mit freundlicher Genehmigung des Instituts auszugsweise abdrucken möchte:

*** eco-info - der Newsletter des eco-Umweltinstituts ***

Liebe Leserinnen und Leser von eco-info,

ein Stuhl ist ein Stuhl ist ein Stuhl (...). Doch Vorsicht! Wie vielschichtig Möbel aufgebaut sind und welche gesundheitlichen Beeinträchtigungen von den verwendeten Materialien ausgehen können, verrät die neue kostenlose Broschüre „Möbel für gesundes Wohnen" vom Umweltbundesamt.

Sie (...) wirbt für die Gütesiegel „Blauer Engel" („weil emissionsarm") und „Goldenes M" der Deutschen Gütegemeinschaft Möbel. Zeitgleich mit dieser Broschüre erscheint im Öko-Test-Ratgeber Bauen, Wohnen, Renovieren der Test „Gütesiegel für Möbel und Matratzen".

Dort schneiden der Blaue Engel und das Goldene M nur „ungenügend" ab. Der Grund: Die Prüfkriterien erlauben größere Anteile an Erdölprodukten und lassen bedingt Formaldehyd und Lösemittel zu.

(...) Als zugelassenes Prüfinstitut für die Prüfung nach RAL ZU 38 (Blauer Engel) begrüßen wir (...).

Das eco-Umweltinstitut hat die RAL-Prüfkriterien begutachtet, also gewissermaßen die Prüfung geprüft. Und siehe da, bei den berühmtesten Qualitätssiegeln gab es durchaus etwas zu kritisieren.

Da komme ich ins Grübeln.

Beim „Goldenen M" kann ich das noch irgendwie verstehen. Man braucht sich nur die Mitgliederliste der DGM anzusehen: Alles nur Möbelhersteller und Möbeleinkaufsverbände.

Sie unterwerfen sich zwar, wie sie sagen, strengen Qualitätsanforderungen. Doch sicherlich bestimmen sie mit, was und wie geprüft wird. Dabei besteht stilles Einvernehmen: Die Kosten dürfen durch solche „Späße" nicht ausufern. Für mich ist das „Goldene M" eher ein Vermarktungsinstrument als ein Qualitätszeichen.

Und dann RAL. Das ist die Abkürzung von Deutsches Institut für Gütesicherung und Kennzeichnung e.V., 53757 Sankt Augustin. Es sagt:

> Nur der RAL darf in Deutschland Gütezeichen vergeben. Alle Gütezeichen sind durch die Worte „RAL" und „Gütezeichen" vom Verbraucher leicht von anderen Kennzeichen zu unterscheiden.

Warum unterscheiden? Gibt es gute und weniger gute Gütesiegel?

Ich muss diese Fragen offen lassen. Für mich heißt das alles nur: Selbst wenn Gütezeichen, Zertifikate und Prüfsiegel an Küchenmöbeln und Geräten nur so prangen, was ich selbst prüfen kann, prüfe ich.

Zum Schluss sollen trotzdem einige Gütezeichen aus der Küchenszene hier erscheinen und ich will kurz kennzeichnen, was sie aussagen.

Von RAL sind es neben dem „Blauen Engel" und dem „Goldenen M" noch folgende (Abbildungen 127 und 128):

Abbildung 127

Abbildung 128

161

Nicht von RAL ist

Abbildung 129

Es steht für elektronische Sicherheit (Abbildung 129).

Das Landesgewerbeamt Bayern vergibt ein Zertifikat für kontrollierte Qualität – nicht nur hinsichtlich Werkstoffe und Produktion, sondern auch für Lieferfähigkeit und Service (Abbildung 130).

Ist ein Produkt aus Holz mit dem PEFC-Siegel ausgezeichnet, so bedeutet dies: Die gesamte Produktherstellung, also vom Rohstoff bis zum Endprodukt, ist zertifiziert und wird ständig durch unabhängige Gutachter überprüft (Abbildung 131).

Abbildung 130

Abbildung 131

8. Und jetzt ran an den Küchenhandel

8.1. Küchenkauf ist auch Psychologie

Bei einem Küchenkauf zuerst ans Geld zu denken, ist die übliche Praxis. Man holt den Kontoauszug hervor und stellt fest: Ich kann so und so viel Euro ausgeben. Jetzt schaue ich mal, was ich für dieses Geld bekomme.

Für den cleveren Küchenkäufer ist das der falsche Ansatz. Denn in diesem Augenblick kommt die Psychologie ins Spiel. Wenn man dem Küchenhändler verrät, was man tatsächlich ausgeben will, wird er genau auf diesen Betrag hin sein Angebot stricken.

Diese Küche aber ist oft nur eine Miniversion dessen, was man sich vorgestellt hatte – insbesondere was die Qualität angeht. Doch nicht nur das. Man hat sich so dem Küchenhändler gewissermaßen ausgeliefert. Er wird es darauf anlegen, dem Kunden die Verfügungssumme zum eigenen Besten zu entwinden, nämlich mit der höchstmöglichen Gewinnmarge. *Seine* **Küche für mein Geld?**

Nein, so nicht. Ich mache es lieber umgekehrt.

Weil Sie es bereits so oft gelesen haben, mag es Ihnen wie ein heruntergeleiertes Gebet erscheinen, wenn ich nochmals sage: Ich rede anfangs überhaupt nicht über den Preis. Mir geht es zuerst darum, die optimale Version meiner Küche zu finden.

Ich selbst habe bereits geplant. Aber das verrate ich nicht. Ich gebe mich als Unwissender. Denn der Küchenhändler soll mir sagen, welche Planung er realisieren kann und mit welcher Küche (Hersteller und Modell) er das zu tun gedenkt. Und ich reize ihn, sein ganzes Fachwissen einzubringen.

Wahrscheinlich kommt er mir recht schnell mit seinem Preis. Ich registriere ihn, gehe jedoch nicht darauf ein. Sollte er mehr oder weniger offen fragen, ob ich den Preis akzeptiere, lasse ich ihn zappeln. Erst wenn meine Wunschküche ihre endgültige Gestalt gewonnen hat, spreche ich über Geld. Ich sage: „Hier ist mein Geld, ich will *diese* Küche dafür."

Das ist eine ganz andere Ausgangslage. Also auf in den Kampf nach dem Motto:

**Nicht *eine* Küche für mein Geld, sondern
mein Geld für *diese* Küche.**

8.2. Die unverzichtbare Basis für Preisabfrage und Preisvergleich

Bevor ich das erste Küchenstudio besuche, muss ich mich noch einmal an meinen Schreibtisch setzen. Denn es fehlt etwas, das ich für den späteren Vergleich der Angebote zwingend benötige. Das ist die sogenannte **Stückliste**, die Aufzählung der Einzelteile. Man bezeichnet sie auch als Typenaufstellung oder Materialliste.

Wenn der Küchenhändler meine Küche an seinem PC plant, wird mit jedem Planungsschritt automatisch die Stückliste erstellt. Die könnte er gesondert auf den Monitor holen und für mich ausdrucken. Das wird er aber höchstwahrscheinlich nicht tun (Weiter unten erfahren Sie, warum).

Also stelle ich meine Stückliste selbst zusammen. Und das geht so:

Ich hole meine geplante Küche auf den Bildschirm. Am besten in der Vogelperspektive, weil der optische Eindruck hier sehr plastisch ist (Abbildung 110).

Jetzt kann ich die einzelnen Küchenteile (Küchenelemente) auflisten. Sollte ich dabei etwas vergessen, wäre das jetzt nicht schlimm. Letztlich maßgebend ist die Stückliste des Händlers, die später Bestandteil des Kaufvertrags wird.

Bei der Aufstellung gehe ich im Küchenplan von links nach rechts vor. Meine Stückliste sieht dann wie folgt aus (Die Zahlen bedeuten die Maße in Zentimetern und beziehen sich auf die Breite der Elemente):

Und jetzt ran an den Küchenhandel

Stückliste

Hersteller:		
Modell:	Farbe:	Kante:
Front:	Korpus:	Sockel:
Griff/Knopf:	Arb.platte:	So.höhe:

Typenbeschreibung	Preis in €
Kernküche	
Eckunterschrank Le Mans 110 re	
Spülenunterschrank 60, 1x Auszug	
Unterschrank 30, 1x Auszug	
Unterschrank 40, 3x Schübe, 1x Auszug	
Hochschrank für integr. Backofen/Mikrowelle,1x Schub, 1x Auszug, Tür li	
Hochschrank für integr. Kühlgerät, 1x Auszug, Tür re	
Lüftungsgitter im Sockel	
Oberschrank Abschlussregal 25 li	
Oberschrankecke 65	
Oberschrank 60 li	
Oberschrank 30 li	
Nischenbord 90	
Oberschrank 60 li für Flachschirmdunsthaube	
Oberschrank 40 re	
Erweiterte Küche	
Hochschrank Eckpassleiste	
Hochschrank 40 li, 2x Auszüge	
Apothekerschrank 30	
Hochschrank 40 re, 2x Auszüge	
Hochschrank Abschlussregal 35 re	
Komplettierung der Küche	
Arbeitsplatte als Ansetztisch 80x120, einseitig abgeschrägt	
Stützfuß	
Unterschrank 60, 1x Schub, 2x Auszüge	
Eckunterschrank Karussell 90 li	
Oberschrank Abschlussregal 25 li	
Oberschrank 90	
Oberschrankecke 65	
Oberschrank Abschlussregal 25 re	
Arbeitsplatte 60x90, 60x195, 60x255	
2x Arbeitsplattenverbindungen Nut und Feder	
Lüftungsgitter im Heizkörperbereich	
Wandabschlussprofil 540, 2x Ecken, 2x Abschlusskappen	

165

Kranz	
für Abschlussregal 25 li	
120 Gehrung innen re	
30 Gehrung innen li	
für Abschlussregal 25 re	
für Abschlussregal li	
30 Gehrung innen re	
250 Gehrung innen li und re	
30 Gehrung innen li, außen re	
125 Gehrung außen li, innen re	
110 Gehrung innen li	
für Hochschrank Abschlussregal re	
Lichtleiste	
für Abschlussregal 25 li	
120 Gehrung innen re	
30 Gehrung innen li	
für Abschlussregal 25 re	
für Abschlussregal li	
30 Gehrung innen re	
120 Gehrung innen li, außen re	
35 Gehrung außen li	
35 Gehrung außen re	
45 Gehrung außen li	
2x Nischenbeleuchtung	
Sonstiges	
Einbauspüle Edelstahl	
Armatur Chrom	
Mülltrennungssystem	
3 Besteckeinsätze	
3 Organisationseinsätze	
Gewürzbord mit Gewürzdosen	
elektrischer Allesschneider in Schublade	
Einbaugeräte	
Kochfeld (Induktion)	
Dunstabzugshaube	
Flachkanal-Abzugssystem	
Einbaubackofen	
Einbaumikrowelle	
Einbaukühlschrank 220 Liter	
Geschirrspüler	

Fertig. Jetzt bin ich endgültig gerüstet. Ran an die Händler!

8.3. Angebote der Küchenhändler

Ich betrete ein großes Möbelhaus und begebe mich in die Küchenfachabteilung. Ich sehe mich etwas um und nach kurzer Zeit werde ich angesprochen. „Sie interessieren sich für eine neue Küche?", fragt mich ein adrett gekleideter Mann mittleren Alters. Ich antworte mit einem einfachen Ja. „Wie viel Geld wollen Sie denn in Ihre neue Küche investieren?", lautet seine zweite Frage.

Ich schmunzle innerlich. Meine Frau und ich hatten uns ein Limit von 15.000,00 € gesetzt ...

„So um die 20.000,00 € dürfen es schon sein", entgegne ich, „Aber heute möchte ich nicht über Geld sprechen. Ich möchte nur, dass Sie mir eine tolle Küche planen."

Er stutzt und wirkt etwas verunsichert. Das legt sich, als ich ihm meinen Notizzettel mit den Maßen unseres Küchenraums übergebe und sage, dass ich gerne eine schöne Küche im Landhausstil mit Fronten in Eiche natur hätte.

Zielstrebig geht er mit mir auf eine Ausstellungsküche zu. Rein optisch gefällt sie mir auf Anhieb. Der Küchenberater hält mir jetzt einen langen Vortrag über die Vorzüge dieses Modells. Schließlich sagt er: „Soll ich Ihnen mal ein konkretes Angebot machen?" Ich bejahe und wir gehen an seinen Arbeitsplatz.

Während des Planungsgesprächs lasse ich mir zu keiner Zeit anmerken, dass ich bereits einen fertigen, selbst erarbeiteten Küchenplan besitze. Selbstverständlich habe ich auch meine Stückliste zuhause gelassen.

Ich nenne meine Wünsche nur im Groben (Kernküche, erweiterte Küche, Komplettküche). Denn ich möchte, dass der Berater einen eigenen Plan unbeeinflusst von meiner Planung erstellt. **Vielleicht kommen ihm bessere Ideen, als ich sie hatte.**

Bei der Nennung unseres Preislimits habe ich übertrieben und etwas über 30% draufgeschlagen. Dafür gibt es zwei Gründe:

Erstens kann ich meine Küche später immer noch qualitativ „abspecken", falls es tatsächlich erforderlich sein sollte. Zweitens erhöhe ich dadurch die Wahrscheinlichkeit, dass der Küchenberater engagiert an die Arbeit herangeht.

Denn die meisten Küchenberater erhalten zum Grundgehalt eine prozentuale Verkaufsprovision – und Geld ist bekanntlich ein guter Motivator.

Eine Leserin berichtete mir, was ein Verkäufer ihr entgegnete, als sie ein Preislimit von 8.000,00 € für ihre neue Küche nannte: „Gute Frau, ich habe sehr viel zu tun. Bitte um Verständnis, dass ich mich bei diesem kleinen Betrag jetzt nicht an den Rechner setzen kann."

Kaum zu glauben, aber wahr. Manche haben es offensichtlich nicht nötig.

Ich habe nichts dagegen, wenn der Händler ein Angebot mit einem Modell des von ihm bevorzugten Herstellers ausarbeitet, weil er mit ihm die besten Geschäfte macht. Denn neben der Ausarbeitung der optimalen Planung muss ich natürlich herausfinden, welche Hersteller für meine Wunschküche infrage kommen.

Aber festlegen lasse ich mich in dieser Phase nicht, sondern sehe mich in jedem Fall nach Alternativen um.

Nach einiger Zeit ist der Küchenberater so weit. Er dreht den Bildschirm zu mir hin. Siehe da, der Plan stimmt mit meinem praktisch überein. Die einzige Veränderung sind die Lifttüren, die nun an Stelle der „normalen" Türen in den Hochschränken 7 und 8 (Abbildung 103) verplant sind. Das werte ich durchaus als eine Verbesserung der Planung.

„Schauen wir mal, was das kostet", sagt der Berater mit verheißungsvoller Stimme, „Nun, laut den Listenpreisen kostet die Küche eigentlich 37.878,00 €. Momentan geben wir allerdings 40% Rabatt auf frei geplante Küchen dieses Herstellers. Das macht dann gerade mal noch 22.727,00 €. Sie sparen 15.151,00 €! Das hört sich doch gut an, oder?"

Ich antworte nicht darauf sondern stelle eine Gegenfrage: „Würden Sie mir das bitte ausdrucken?"

Leider erlebe ich, dass in diesem Moment der Küchenhändler sein wahres Gesicht zeigt. Küchenplan und Stückliste will er nicht herausgeben, ohne dass ich einen Kaufvertrag unterschreibe. Er begründet das damit, dass diese Dokumente sein Eigentum und urheberrechtlich geschützt seien.

Sicherlich ahnen Sie bereits, warum es die gängige Praxis im Küchenhandel ist, die Planungsunterlagen bzw. die Stückliste nicht herauszugeben: Genau diese Daten brauchen Sie, um einen echten Preisvergleich durchzuführen. Andernfalls laufen Sie Gefahr, Äpfel mit Birnen zu vergleichen. Dazu gleich mehr.

Ich halte dagegen und sage, dass ich seine Planung zu Hause im Küchenraum nochmals „geistig nachvollziehen" wolle. Und dazu brauche ich den Küchenplan. „Wenn Sie mir den Plan verweigern, hänge ich in der Luft und kann nichts entscheiden. Wie wollen Sie denn dann Geschäfte mit mir machen?", frage ich.

Doch er bleibt stur. Jetzt luchse ich ihm die Planungseinzelheiten ab in einer Weise, die er mir kaum verwehren kann. Und wenn, dann wären wir sofort geschiedene Leute.

Ich sage ihm, ich wolle mir Notizen von seinem Angebot machen. Ich bitte ihn sogar um Papier und Bleistift und **zeichne seinen Plan, den er mir nur auf dem Bildschirm zeigt, eigenhändig nach**.

Die Zeichnung ist grob, das macht nichts. Auf den Maßstab achte ich auch nicht. **Die einzelnen Maße allerdings schreibe ich auf und ebenso den Namen des Herstellers und die Bezeichnungen der jeweiligen Küchenteile.** Die Preise ebenfalls, obwohl sie mich im Augenblick nicht näher interessieren.

Nachdem meine Notizen vollständig sind, bedanke ich mich höflich für die Beratung und das Angebot und verabschiede mich. Als der Küchenberater den nächsten Kunden bedient, gehe ich wieder zurück zur Ausstellungsküche. Ich begutachte sie genau anhand der **„Checkliste Küchenqualität" Anhang D.**

Ich kann zwar nicht alle Punkte abhaken, weil ich den Berater nicht nach Produktbeschreibungen gefragt habe. Kein Problem. Ich kann das später nachholen, falls dieses Modell tatsächlich das unserer Wahl sein wird.

Zuhause angekommen, übertrage ich die Aufzeichnungen in meine selbst erstellte Stückliste und berücksichtige dabei die Änderungen.

Stückliste			
Hersteller: *x* Modell: *FG*	Farbe:	Kante:	
Front: *Eiche natur*	Korpus:	Sockel:	
Griff/Knopf:	Arb.platte:	So.höhe:	

Typenbeschreibung	Preis in €
Kernküche	
Eckunterschrank Le Mans 110 re	1.098,00
Spülenunterschrank 60, 1x Auszug	688,00
Unterschrank 30, 1x Auszug	478,00
Unterschrank 40, 3x Schübe, 1x Auszug	758,00
Hochschrank für integr. Backofen/Mikrowelle,1x Schub, 1x Auszug, **1x Lifttür**	1.598,00
Hochschrank für integr. Kühlgerät, 1x Auszug, **1x Lifttür**	1.398,00
Lüftungsgitter im Sockel	17,00
Oberschrank Abschlussregal 25 li	237,00
Oberschrankecke 65	660,00
Oberschrank 60 li	308,00
Oberschrank 30 li	254,00
Nischenbord 90	238,00
Oberschrank 60 li für Flachschirmdunsthaube	348,00
Oberschrank 40 re	278,00
	8.358,00
Erweiterte Küche	
Hochschrank Eckpassleiste	198,00
Hochschrank 40 li, 2x Auszüge	898,00
Apothekerschrank 30	1.298,00
Hochschrank 40 re, 2x Auszüge	898,00
Hochschrank Abschlussregal 35 re	598,00
	3.890,00
Komplettierung der Küche	
Arbeitsplatte als Ansetztisch 80x120, einseitig abgeschrägt	324,00
Stützfuß	96,00
Unterschrank 60, 1x Schub, 2x Auszüge	798,00
Eckunterschrank Karussell 90 li	1.298,00
Oberschrank Abschlussregal 25 li	237,00
Oberschrank 90	598,00
Oberschrankecke 65	660,00
Oberschrank Abschlussregal 25 re	237,00
Arbeitsplatte 60 x 90, 60 x 195, 60 x 255	648,00
2x Arbeitsplattenverbindungen Nut und Feder	106,00
Lüftungsgitter im Heizkörperbereich	17,00
Wandabschlussprofil 540, 2x Ecken, 2x Abschlusskappen	60,00
	5.079,00

Kranz	
für Abschlussregal 25 li	33,25
120 Gehrung innen re	57,00
30 Gehrung innen li	14,25
für Abschlussregal 25 re	33,25
für Abschlussregal li	33,25
30 Gehrung innen re	14,25
250 Gehrung innen li und re	118,75
30 Gehrung innen li, außen re	14,25
125 Gehrung außen li, innen re	59,75
110 Gehrung innen li	52,25
für Hochschrank Abschlussregal re	39,75
	470,00
Lichtleiste	
für Abschlussregal 25 li	33,10
120 Gehrung innen re	57,00
30 Gehrung innen li	14,25
für Abschlussregal 25 re	33,25
für Abschlussregal li	33,25
30 Gehrung innen re	14,25
120 Gehrung innen li, außen re	57,00
35 Gehrung außen li	16,75
35 Gehrung außen re	16,75
45 Gehrung außen li	21,40
2x Nischenbeleuchtung	24,00
	321,00
Sonstiges	
Einbauspüle Edelstahl	215,00
Armatur Chrom	178,00
Mülltrennungssystem	119,00
3 Besteckeinsätze	45,00
3 Organisationseinsätze	75,00
Gewürzbord mit Gewürzdosen	49,00
elektrischer Allesschneider in Schublade	148,00
	829,00
Einbaugeräte	
Kochfeld (Induktion)	1.018,00
Dunstabzugshaube mit Flachkanal-Abzugssystem	573,00
Einbaubackofen	968,00
Einbaumikrowelle	255,00
Einbaukühlschrank 220 Liter	518,00
Geschirrspüler	448,00
	3.780,00

Obwohl ich die Größenordnung bereits kenne – ich habe sie ja selbst vorgegeben – versetzt mich die Gesamtsumme von 22.727,00 € dennoch in Schrecken.

Die erste Reaktion ist der Gedanke: Ich werde meine Wunschküche wohl „abspecken" müssen. Natürlich gäbe es da Möglichkeiten, wie

- Elemente in einfacherer Ausführung verwenden, d.h. nicht so viele Auszüge und Schubladen,
- die Komplettierung der Küche weglassen, d.h. keine Ecklösungen an der Fensterwand und an der Wand links davon oder kein Ansetztisch,
- nach günstigeren Herstellern suchen, d.h. auf Qualität verzichten.

So etwas würde mir auch der Küchenhändler vorschlagen.

Nein, nicht mit mir. Bei Qualität und Funktionalität (Ergonomie) mache ich keine Abstriche, ebenso wenig wie am Umfang der Gesamtküche. Ich habe meine Küchenvision bereits richtig lieb gewonnen. Sie muss Realität werden.

Aber beim „über den Preis reden" bin ich noch lange nicht. Was ich bis jetzt habe, ist nur **ein einziges** Angebot. Das alleine ist nicht aussagekräftig genug. Folglich besuche ich in den nächsten Tagen zwei weitere Küchenstudios.

Was ich in diesem Kapitel beschrieben habe, ist der „klassische" und übliche Weg, Angebote einzuholen. Unter Zuhilfenahme des Internets können Sie das Ganze quasi von hinten her angehen:

Besuchen Sie die Internetseiten der Hersteller (geben Sie dazu einfach die Herstellernamen aus der Ranking-Tabelle unter Ziffer 7.4. bei einer Suchmaschine ein) und fragen Sie dann im Handel gezielt nach denjenigen Modellen, die Ihnen gefallen.

8.4. Wie ich die Angebote der Küchenhändler vergleiche

Nun habe ich vorliegen:

1. **Angebot Händler A (Küchenhersteller x): 22.727,00 €.**

2. **Angebot Händler B (Küchenhersteller y): 19.869,00 €.**

Dieser hat die Planungsunterlagen ebenfalls nicht herausgegeben. Er nannte nur einen aufgrund einer „Blockverrechnung" rabattierten Komplettpreis. Erst auf mein Drängen hin hat er den Preis lediglich weiter aufgeschlüsselt in Holzteile 16.381,00 € und Einbaugeräte 3.488,00 €. „Unser Programm wirft leider keine Einzelpreise aus", hieß es lapidar. In diesem Fall ist das nicht weiter tragisch, da das Planungsergebnis mit meinem identisch ist und sich somit auch die Stückliste nicht ändert.

3. **Angebot Händler C (Küchenhersteller z): 23.412,00 €.**

Von diesem Händler wurde ich positiv überrascht: Er hat mir auf meinen Wunsch hin Küchenplan und Stückliste ausgedruckt und mitgegeben. Auch hier erhielt ich – ohne überhaupt danach zu fragen – einen 25%-igen Preisnachlass. Bei Unterschrift am gleichen Tag hätte ich außerdem einen Einkaufsgutschein in Höhe von 500,00 € oben drauf bekommen. Zur Planung:

Es wurden einige Änderungen an der Komplettküche und an der erweiterten Küche vorgenommen (Ober- und Hochschränke in anderer Anordnung und mit anderen Maßen). Meine ursprüngliche Stückliste hat sich also ebenfalls geändert.

Genau an dieser Stelle begehen die meisten Küchenkäufer **den entscheidenden Fehler: Sie brechen ab.** Sie „vergleichen" bereits in diesem Stadium die Angebote miteinander und fragen sich: „Ist nun Angebot A (Küchenhersteller x), Angebot B (Küchenhersteller y) oder Angebot C (Küchenhersteller z) die bessere Wahl?"

Wenn sie dann meinen, die Antwort gefunden zu haben, beglücken solche Küchenkunden im Anschluss daran den entsprechenden Händler mit einem Auftrag.

Die obige Fragestellung führt jedoch zum klassischen und im Ergebnis sinnlosen „Apfel mit Birnen"-Vergleich. Warum?

Ein echter Vergleich ist logischerweise nur dann möglich, **wenn gleichzeitig Hersteller, Modell und Stückliste (Planung) übereinstimmen**. Das ist hier aber nicht der Fall.

Daher gehe ich weiter so vor:

Anhand der drei Angebote lege ich fest

1. **den endgültigen Plan.** Ich habe selbst geplant und drei Planungsprofis haben sich darüber den Kopf zerbrochen. Die Planungsergebnisse weichen kaum voneinander ab. So kann ich sicher sein, hinsichtlich Optik und Ergonomie das Optimum herausgeholt zu haben. Wir werden die Planung des Händlers A realisieren, der die Verbesserung durch die Lifttüren vorgeschlagen hat. Die Planung des Händlers C verwerfen wir, da sie uns optisch überhaupt nicht gefällt und zudem weniger Stauraum bietet.

2. **Küchenhersteller und Modell.** Anhand der **„Checkliste Küchenqualität" Anhang D** hat sich Hersteller x als Favorit herauskristallisiert. Der Korpus ist bei diesem aus 19 mm starken Platten gefertigt (gegenüber 16 mm bei y und z). Das Eichefurnier der Front hat bei Hersteller x eine Stärke von 1,1 mm (gegenüber 0,9 mm bzw. 0,8 mm). Außerdem hinterlassen die Beschläge bei den Auszügen den besseren Eindruck. Selbst unter hoher Last laufen sie extrem leicht und nahezu geräuschlos.

Dass Händler A den besten Plan ausgearbeitet und gleichzeitig ein Angebot mit dem Modell des von uns favorisierten Herstellers x unterbreitet hat, ist rein zufällig. Das könnte durchaus anders sein, beispielsweise Plan von Händler C und Küchenhersteller y.

Ich lege mich in dieser Kaufphase lediglich auf eine bestimmte Planung und auf ein bestimmtes Modell fest. Mehr nicht.

Nachdem ich nun genau weiß, was ich will, kommen sie endlich ins Spiel: Die Preise.

9. Wie die Küchenpreise gemacht werden

Es ist zweifellos ein gewaltiger Vorteil, wenn ein Küchenkäufer einen Überblick über das gesamte Preisspektrum und die Preisgestaltung der Branche gewonnen hat. Für den „Otto Normalverbraucher" unter den Küchenkäufern ist das aber so gut wie unmöglich, da ihm die Unterlagen „aus erster Hand" nicht zugänglich sind.

9.1. Preisspiegel und Preisspannen

In den zahlreich mir ins Haus flatternden Werbeprospekten sehe ich Preise zwischen 1.000,00 € und 10.000,00 €. Küchenstudios, die ich aufsuche, nennen mir für eine individuell geplante, höherwertige Küche Preise von 20.000,00 € und mehr – eine ungeheure Spannbreite also.

Ich hatte mir zunächst vorgenommen, von den Herstellern auszugehen und sie in einer Übersicht mit der Skala „niedrige Preise" bis „hohe Preise" einzuordnen. Das erscheint mir aber inzwischen nicht mehr sonderlich informativ. Denn so mancher Hersteller produziert nicht nur eine einzige Modellreihe, sondern mehrere. Damit will er jeweils ein bestimmtes Markt- bzw. Preissegment abdecken.

Beispiele hierfür wären der Hersteller Häcker Küchen, 32289 Rödinghausen, mit seinen Modellreihen „Classic" (Preiseinstieg bis mittleres Preissegment) und „Systemat" (gehobenes Preissegment), sowie das Schüller Möbelwerk, 91567 Herrieden, mit den Modellreihen „C-Kollektion" (Preiseinstieg bis mittleres Preissegment) und „next125" (gehobenes Preissegment).

Am besten also, ich gehe von den Fronten aus. Denn diese bestimmen zu einem großen Teil den Preis einer Küche. Das Diagramm auf der nächsten Seite zeigt Ihnen

- die relativen Preise für verschiedene Frontausführungen und

- die jeweilige Preisspanne.

Zur Erstellung des Diagramms habe ich die Händler-Einkaufspreislisten von 10 Küchenherstellern ausgewertet.

Fronten: Relative Preise und Preisspannen

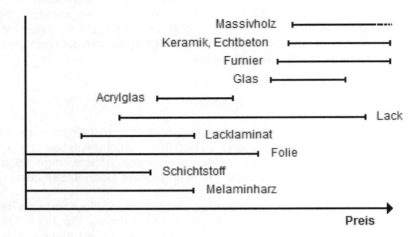

Und was ist mit absoluten Beträgen? Mit welchen Preisen müssen Sie im Handel rechnen?

Um diese Fragen zu beantworten, nehme ich die Preise des Küchenhandels und ordne sie in einen Preisspiegel ein. Dazu nenne ich einige Hersteller beispielhaft.

Eine Preisübersicht ist nur aussagekräftig, wenn sie sich auf eine bestimmte Küche in gleich bleibender Zusammenstellung einfacher Art bezieht (Standardküche).

Extraausstattungen verzerren das Preisbild. Meine Kernküche (siehe Abbildung 104) kann ich als Standardküche heranziehen, wenn ich die eine oder andere Besonderheit weglasse. Sie setzt sich dann wie folgt zusammen:

Spülbereich mit Einbauspüle und Armatur – weitere Unterschränke – Kochstellenschrank – Gerätehochschrank – passende Oberschränke einschließlich Oberschrank für Dunsthaube – Beleuchtung – Wandabschluss.

Einbaugeräte: Backofen – Kochfeld – Dunsthaube – Kühlgerät – Geschirrspüler.

Der Preisspiegel sieht so aus:

Tabelle 3: Küchenpreise (Handel)

Katego-rie	Preise in €	Frontausfüh-rung	Hersteller (Beispiele)
1	3.000 - 5.500	Melaminharz	Brigitte, Burger, Pino
2	3.000 - 5.000	Schichtstoff	Ballerina, Nolte
3	3.500 - 6.500	Folie	Häcker, Nobilia
4	4.000 - 6.000	Lacklaminat	Nolte, Schüller
5	4.500 - 9.000	Lack	Alno, Nobilia, Rational
6	5.000 - 6.500	Acrylglas	Leicht
7	7.500 - 9.500	Glas	Bauformat, Nobilia
8	7.500 - 10.500	Furnier	Häcker, Leicht, Nolte
9	9.500 u. mehr	Massivholzrahmen mit furnierter Füllung, Vollholz	Beckermann, Oster, Team7

Hinweis: Die Preisspannen decken sich nicht mit denen aus dem obigen Diagramm, weil hier nicht nur die Fronten, sondern die komplette Standardküche betrachtet wird.

Ich will nun aber wissen, wie diese Verkaufspreise zustande kommen. Solches Hintergrundwissen hilft mir, die richtige Position einzunehmen, wenn ich um den Preis meiner Küche verhandle.

9.2. Die Ebenen der Preisgestaltung

Küchenpreise entstehen auf zwei Ebenen, die in Wechselwirkung zueinander stehen:

- Auf der Modellebene des Küchenherstellers und
- auf der Wettbewerbsebene des Küchenhandels.

9.2.1. Preisgruppen der Küchenhersteller

Ich nehme einen x-beliebigen Küchenhersteller und sehe, dass er seine Fronten (oder die Fronten einer Modellreihe) beispielsweise in neun Preisgruppen eingeteilt hat.

Tabelle 4: Preisgruppen und Frontausführungen

Preisgruppe	Ausführung (Beispiele)
1	Melaminharz (glatt, unifarben)
2	Melaminharz (Holzstruktur)
3	Schichtstoff (glatt), Lacklaminat (Hochglanz)
4	UV-Lack, Schichtstoff und Folie jeweils in Hochglanz
5	Folie (Rahmenfront), Melaminharz (Rahmenfront)
6	PUR-Lack (Seidenglanz), Acrylglas (Hochglanz)
7	PUR-Lack (glatt Hochglanz, glatt matt und Rahmenfront Seidenglanz), Glas (satiniert)
8	Furnier (Eiche), Massive Rahmenfront mit furnierter Füllung (Buche)
9	Massivholz (Fichte)

Den Preisgruppen sind sogenannte Indexzahlen zugeordnet. Die Standardfront der Preisgruppe 1 erhält die Indexzahl 100. Die weiteren Indexzahlen drücken aus, um wie viel Prozent die Fronten des Herstellers teurer werden.

Wie das Diagramm zeigt, kostet beispielsweise ein Küchenelement mit einer Front in PUR-Lack Hochglanz (Preisgruppe 7) etwa 57% mehr als ein solches mit unifarbener Melaminharzfront (Preisgruppe 1).

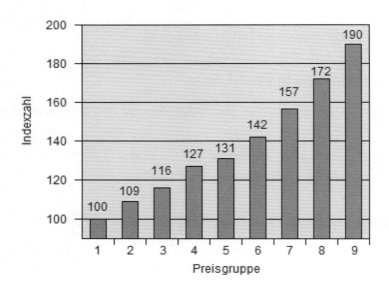

Ein konkretes Beispiel:

Unterschrank US 50 LI
50 cm breit, 1 Schublade, 1 Tür links angeschlagen

Preisgruppe 1   155,00 €
Preisgruppe 3   180,00 €
Preisgruppe 7   243,00 €

Die beispielhaft genannten Preise entstammen der Einkaufspreisliste des Herstellers und verstehen sich netto ohne Umsatzsteuer.

Es ist hier rein zufällig, dass die Anzahl der Preisgruppen des Herstellers mit der Anzahl der Preiskategorien im Preisspiegel (siehe Tabelle 3) übereinstimmt. Das kann durchaus anders sein. Die Hersteller ordnen ihre Fronten mal in mehr, mal in weniger Preisgruppen ein. Genauso könnte ich die Preiskategorien für die Fronten mehr oder weniger tief gliedern.

Wenn ich mir also eine Küche dieses Herstellers zulegen will, dann kann ich bei identischer Küchenzusammenstellung und innerhalb dieser Modellreihe je nach Front mit

- 10.000,00 € (niedrigste Preisgruppe) oder

- 19.000,00 € (höchste Preisgruppe)

zur Kasse gebeten werden.

Und jetzt kommt die zweite Ebene der Preisgestaltung hinzu: Die Wettbewerbsebene des Küchenhandels.

9.2.2. Virtuelle Preisblätter der Küchenhändler

Als wir im Jahr 1976 begannen, mit Einbauküchen zu handeln, stellten uns die Küchenhersteller ihre Verkaufsunterlagen zur Verfügung. Das waren meist ziemlich dicke Ordner.

Die gibt es schon lange nicht mehr. Heute sind alle Daten digitalisiert. Per Mausklick erscheinen sie auf dem Monitor. Aber das System ist das gleiche wie damals.

Ich möchte das für Sie durchschaubar machen. Also starte ich das Kalkulationsprogramm und übertrage manuell den Bildschirminhalt auf das Papier dieses Buches. Wohlgemerkt: Den Bildschirminhalt. Keineswegs drucke ich einfach aus, was auf dem Monitor erscheint.

Grundlage ist die **Typenübersicht.** Hier sind alle Elemente aufgeführt, die der Hersteller baut, mit schematischen Abbildungen, Beschreibungen und Maßen. Das kennen Sie bereits (siehe Ziffer 4.)

Mir geht es um die Preise, aber ich finde sie hier nicht. Ich möchte solch eine Typenübersicht einmal auszugsweise zeigen:

Tabelle 5: Typenübersicht

Unterschränke Schubkastenschränke	Breite in mm	Bestelltext	Art.-Nr.	Zeile
Unterschrank 1 Schubkasten, 1 Drehtür, 1 verstellbarer Einlegeboden, Schranktiefe 455 mm Planungstiefe 500 mm	300	US 30-50 L/R	55 01/2	1
	400	US 40-50 L/R	55 11/2	2
	450	US 45-50 L/R	55 21/2	3
	500	US 50-50 L/R	55 31/2	4
	600	US 60-50 L/R	55 41/2	5

Zeile	Preisgruppen								
	1	2	3	4	5	6	7	8	9
	Ident-Nummern								
1	468	482	488	497	501	505	524	530	560
2	475	486	493	502	505	510	527	541	571
3	478	487	495	505	508	511	529	552	584
4	479	490	**498**	508	511	515	533	563	596
5	488	500	507	515	518	524	540	575	603

Der obere Block enthält die Beschreibung der Einbauelemente (hier ein Unterschrank in verschiedenen Breiten), der untere Block nur Zahlen (Ident-Nummern). Preise sind das nicht.

Es gibt Ausnahmen. Einige Hersteller schreiben die Preise direkt in die Typenübersicht.

Ja, wo sind denn jetzt die Preise? Die stehen in einem besonderen Preisblatt, das der Küchenhändler gesondert anklickt.

Und was soll das mit den Ident-Nummern und den separaten Preisblättern? Warum so kompliziert?

Der Kunde soll auf keinen Fall dahinter kommen, wie der Händler kalkuliert und wie der Preis für die Küche zustande kommt.

Ich möchte dieses eigenartige Preisfindungsverfahren für Sie an einem Beispiel entzaubern. Ich nehme den bereits oben angeführten

Unterschrank US 50-50 L
50 cm breit, 1 Schublade, 1 Tür links angeschlagen
Front aus Preisgruppe 3

In der Typenübersicht (Tabelle 5) ist die Schrankbreite 50 cm in Zeile 4 aufgeführt. **Die dazugehörende Ident-Nummer in der Preisgruppe 3 lautet 498.** Möchte ich jetzt den Verkaufspreis wissen, rufe ich das Preisblatt auf. Es zeigt unter der Ident-Nummer 498 den Preis 343,00 €. Bis hierhin ist noch alles klar. Aber dann geht es los:

Fast alle Küchenhändler arbeiten nicht nur mit einem Preisblatt, **sondern agieren mit mehreren.** Und in jedem Preisblatt findet sich unter der gleichen Ident-Nummer ein anderer Verkaufspreis (inkl. Umsatzsteuer). Hier ein Beispiel mir drei Preisblättern:

Ident-Nummer	Preisblatt 1	Preisblatt 2	Preisblatt 3
498	343,00 €	386,00 €	450,00 €

Die Preise im Preisblatt 1 sind mit einem Handelsaufschlag von 60% kalkuliert, im Preisblatt 2 mit 80% und im Preisblatt 3 mit 110%. Für ein und dasselbe Küchenelement also mehrere Preise. Wieso das?

Das Spiel läuft so: Je nachdem, was der Verkäufer glaubt, mir abknöpfen zu können, wählt er eines dieser Preisblätter. Hält er mich für einen arglosen Küchenkäufer, dürfte klar sein, welches Preisblatt das ist: Nummer 3!

Würde ich mir beispielsweise einen Unterschrank mit einer Front der **Preisgruppe** 1 (bitte nicht verwechseln mit Preis**blatt**) aussuchen, kostete er mich gemäß

Preisblatt 1	295,00 €,
Preisblatt 2	332,00 €,
Preisblatt 3	387,00 €.

Bei einer Front aus Preisgruppe 7 würde der Unterschrank kosten im

Preisblatt 1	463,00 €,
Preisblatt 2	521,00 €,
Preisblatt 3	607,00 €.

Das sind bereits gewaltige Preisunterschiede. Aber das ist noch nicht alles: Oft sehen sich die Fronten, obwohl sie unterschiedlichen Preisgruppen zugeordnet sind, sehr ähnlich, besonders in der Farbgebung.

Schaut man nur oberflächlich hin, könnte man glatt meinen, dieselbe Front vor sich zu haben. Nur: Die eine ist von geringerer Qualität, die andere von hoher. Mit der günstigen Front kommt man auf einen Küchenpreis von beispielsweise 9.000,00 €, mit der höherwertigeren Front dagegen vielleicht auf 14.000,00 €.

Ein Beispiel aus der Praxis:

Ein vertrauensseliger Küchenkäufer interessiert sich für eine Front aus der Preisgruppe 5. Der Küchenfachberater fertigt den Küchenplan an und stellt die Stückliste zusammen. Dann bittet er den Kunden um etwas Geduld und verschwindet im Büro. Auf dem dort stationierten Computer holt er das Preisblatt 3 hervor und rechnet einen Preis von 19.000,00 € aus.

Der Kunde zuckt vor Schreck zusammen. Der Verkäufer sagt: „Schauen wir einmal, was wir noch machen können", und begibt sich wieder in sein Büro. Er weiß, dass der Küchenhersteller auch eine Front im Programm hat, die der gewünschten sehr ähnlich sieht, jedoch von minderer Qualität ist. Sie ist der Preisgruppe 1 zugeordnet.

Der Verkäufer sucht die entsprechenden Ident-Nummern heraus und ruft das Preisblatt 1 auf. Der Preis der Küche summiert sich nunmehr auf nur 12.000,00 €.

Der Kunde staunt über das neue Angebot. Er fragt: „Sind alle Teile berücksichtigt, die wir herausgesucht haben?" Der Verkäufer bestätigt es und verweist auf die Stückliste, die unverändert geblieben ist. „Das ist das Schnäppchen meines Lebens!", denkt der Kunde und unterschreibt den Kaufvertrag.

In Wirklichkeit ist das überhaupt kein Schnäppchen. Der Küchenhändler hat nicht einen Cent nachgelassen. Er hat lediglich ein anderes Modell zu einem üblich kalkulierten Preis (Preisblatt 1) verkauft.

Es ist wahrlich ein dreistes Stück, das verwirrende Spiel mit den Ident-Nummern und Preisblättern.

Leider gibt es nichts, woran sie erkennen können, welches Preisblatt der Händler gerade bei Ihnen benutzt. Letztlich spielt es auch absolut keine Rolle, mit was und wie gerechnet wird. **Das einzige, was für Sie zählt, ist der Preis, den Sie zahlen sollen.**

9.2.3. Einkaufskonditionen der Küchenhändler

In den Hinterzimmern verbirgt sich weiteres, von dem der Küchenkäufer nichts ahnt, was aber dem Küchenhändler, so er sein Geschäft versteht, viel Freude macht. Ich meine damit die Konditionen, zu welchen er die Küchen und Einbaugeräte einkauft.

Die Freude der Händler ist das Leid der Hersteller. Oder anders ausgedrückt: Was die Händler bei ihren Kunden versuchen abzuwehren, gestatten sie sich ungeniert bei ihren Lieferanten. Sie knabbern an deren Gewinn.

Am effektivsten funktioniert das, wenn man gemeinsam an einem Strang zieht. Daher haben sich nahezu alle Küchenfachhändler beziehungsweise Küchenstudios sogenannten Einkaufsverbänden angeschlossen.

Diese Verbände beschränken ihre Aktivitäten längst nicht nur darauf, mit ihrer gebündelten Einkaufsmacht die Einkaufspreise bei den Küchenherstellern herunterzudrücken.

Sie bieten ihren Mitgliedern weitere Dienste an: Von Marketingkonzepten über computergestützte Bestellsysteme bis hin zur Abwicklung der Bankgeschäfte (Zentralregulierung).

Die bedeutendsten Küchenverbände sind

Der Kreis Systemverbund Holding GmbH, 71229 Leonberg
www.derkreis.de

Der Küchenring GmbH, 53359 Rheinbach
www.kuechenring.de

MHK Group AG, 63303 Dreieich
www.einrichtungspartnerring.com
www.mhk.de
www.musterhauskuechen.de

Weitere Verbände, die nicht nur Küchen, sondern den ganzen Möbelbereich abdecken, sind

Begros GmbH, 46149 Oberhausen
www.begros.de

EMV Europa-Möbel-Verbund GmbH, 85777 Fahrenzhausen
www.emverbund.de

Union Einkaufs-GmbH, 40882 Ratingen
www.union-moebel.de

Alliance Möbel Marketing GmbH, 53359 Rheinbach
www.alliance.de

Garant Gruppe, 33378 Rheda-Wiedenbrück
www.wohnwelten.de

GfM Trend-Möbeleinkaufsverbund, 93333 Neustadt an der Donau
www.gfm-trend.de

MZE Möbel-Zentral-Einkauf GmbH, 85375 Neufahrn
www.mze.de

Die in den Einkaufspreislisten (EK-Listenpreis) festgelegten Preise können die Hersteller also nur selten erzielen. In den meisten Fällen müssen sie sich den Forderungen der Verbände beugen und Nachlässe gewähren. Beispielsweise nach der Formel:

EK-Listenpreis minus 20%, davon nochmals minus 5%, weiterhin minus 5% Skonto = Abgabepreis (Einstandspreis des Händlers).

Als Branchenkürzel heißt es lapidar: EK - 20 - 5 - 5.

Eine Beispielsrechnung zeigt die Auswirkungen in Euro und Cent:

Unterschrank US 50-50 L
50 cm breit, 1 Schublade, 1 Tür links angeschlagen.

Preisgruppe	EK-Listenpreis	Einstandspreis	Nachrichtlich: Verkaufspreis
1	155,00 €	111,91 €	387,00 €
3	180,00 €	129,96 €	450,00 €
7	243,00 €	175,45 €	607,00 €

Die EK-Listenpreise und die Einstandspreise verstehen sich netto, es kommt also noch die Umsatzsteuer hinzu. Die nachrichtlich angegebenen Verkaufspreise entstammen dem Preisblatt 3 (Handelsaufschlag 110% auf den EK-Listenpreis) und enthalten bereits die Umsatzsteuer.

Natürlich sind nicht alle Verbände beim Konditionenpoker mit den Herstellern in gleichem Umfang erfolgreich. Einige erzielen bessere, andere schlechtere Einkaufskonditionen.

Festzuhalten bleibt hier: Die Einkaufsverbände drücken mit ihrer gebündelten Nachfragemacht die Listenpreise der Hersteller oft nahezu **um ein Drittel**.

10. Wie ich den günstigsten Anbieter herausfinde

Nachdem nun sowohl die Planung, als auch Hersteller und Modell unserer Wunschküche endgültig feststehen, mache ich den nächsten Schritt.

Ein Angebot habe ich bereits, nämlich das von Händler A:

Kernküche	8.358,00 €
Erweiterte Küche	3.890,00 €
Komplettierung der Küche	5.079,00 €
Kranz und Lichtleiste	791,00 €
Sonstiges	829,00 €
Einbaugeräte	3.780,00 €
Gesamtpreis der Küche	22.727,00 €

Der Gesamtpreis liegt allerdings weit über dem, was wir uns als Limit gesetzt haben (15.000,00 €). Also werde ich weitere Angebote einholen. Dabei muss ich peinlich genau darauf achten, dass sich **weder die zugrunde liegende Stückliste, noch das Modell ändern.** Und zwar nicht im Geringsten, sonst befände ich mich in dem bereits erwähnten „Äpfel-Birnen-Dilemma".

Um nicht ziellos von Küchenstudio zu Küchenstudio zu laufen, muss ich wissen, welche Händler unseren auserkorenen Küchenhersteller führen.

Dazu gehe ich im Internet auf die Homepage des Herstellers. Dort finde ich auf Anhieb ein Suchformular, in das ich meine PLZ eingebe. Nach dem Klick auf den „Suchen"-Button werden mir drei weitere Händler im Umkreis von 30 km angezeigt. Diese Adressen notiere ich mir.

Falls mein Küchenproduzent auf seiner Internetseite diesen Service nicht anbieten würde, könnte ich die Händleradressen auch mit einem einfachen Telefonanruf erfahren.

So mancher Leser wird an dieser Stelle sicher einwenden: „Macht das überhaupt Sinn, weitere Angebote einzuholen? Schließlich kostete die Küche ursprünglich 37.878,00 €. Was soll da am Preis noch gehen?"

Eine ganze Menge, wie Sie gleich sehen werden.

11. Entzaubert: 11 Verkaufstricks und -strategien der Küchenhändler, die Sie kennen sollten

Die Möbelbranche ist in stetigem Wandel – und das geschieht in den letzten Jahren rasanter als jemals zuvor. Nur eines hat sich bis heute nicht geändert und wird sich wohl auch in Zukunft nicht ändern:

Den Möbel- und Küchenkäufern soll der Preis- und Qualitätsvergleich so schwer wie möglich, am besten unmöglich gemacht werden. Und die Methoden, die Küchenkäufer regelrecht über den Tisch zu ziehen, werden immer raffinierter.

Im Folgenden werde ich für Sie die 11 wichtigsten und am häufigsten angewandten entzaubern.

11.1. Der Lockruf der Rabatte

„40% Rabatt auf frei geplante Küchen von Nolte und Nobilia!"

*„Nur bis zum 31.10.: Wir schenken Ihnen die
19% Mehrwertsteuer beim Kauf einer neuen Küche!"*

„Kassieren Sie jetzt bis zu 3.000,00 € Küchenprämie!"

Sie kennen solche Werbeversprechen sicher zur Genüge und wahrscheinlich haben Sie sich immer schon gesagt: „Da kann doch irgendetwas nicht stimmen!"

Richtig. Sie tun gut daran, diese Aussagen zu bezweifeln. Lassen Sie mich die Verkaufsmasche mit Rabatten, Prozenten und Geldgeschenken mit einem uralten Kaufmannsspruch ins rechte Licht rücken:

**Rabatt, Rabatt, das lass' dir sagen,
wird immer vorher draufgeschlagen!**

Ich habe in den inzwischen über 40 Jahren meiner Tätigkeit in der Küchenbranche keinen einzigen Händler getroffen, der etwas zu verschenken gehabt hätte.

Entzaubert: 11 Verkaufstricks und –strategien der Küchenhändler

Und ich kenne bis zum heutigen Tag niemanden, der sich selbst freiwillig ruinieren würde, indem er seine Küchen tatsächlich 40% günstiger verkauft als vorher. Oder arbeiten Sie plötzlich nur noch für 60% Ihres Gehalts?

Aber diese Sprüche entfalten enorme Wirkung. Sie sind sogar in der Lage, den gesunden Menschenverstand der Käufer vorübergehend auszuknipsen. Warum, erklärte mir einmal ein befreundeter Psychologe: „Diese Werbeaussagen zielen auf unsere uralten Triebe ab, denen wir uns nicht entziehen können: Die Gier und die Angst, eine günstige Gelegenheit zu verpassen."

Also, selbst wenn es vielleicht schwer fällt: Vergessen Sie jegliche Rabatte und Prozente. Und ich wiederhole: **Der einzige Peis, der zählt, ist derjenige Preis, den Sie unter dem Strich bezahlen sollen** – das gilt übrigens nicht nur beim Küchenkauf.

Selbstverständlich gibt es immer wieder Angebote, die echt reduziert sind. Aber auch hier zählt nur der Endpreis und ein Vergleich mit anderen Angeboten ist zur Sicherheit trotzdem erforderlich.

11.2. Listenpreise, die keine sind

Wahrscheinlich stellen Sie nun die berechtigte Frage: „Reklame mit Rabatten auf Preise, die vorher erhöht worden sind und von denen jetzt die Prozente abgezogen werden – ist das nicht Irreführung des Verbrauchers und per Gesetz verboten?"

In der Tat, die Werbung mit sogenannten Mondpreisen ist nicht erlaubt. Das Gesetz gegen den unlauteren Wettbewerb (UWG) regelt das ausführlich. Die Küchenhändler tun aber nichts Verbotenes. Sie handeln völlig legal und können das im Streitfall schwarz auf weiß jedem Richter beweisen.

Nehmen wir dazu nochmals die Tabelle unter Ziffer 9.2.3. zu Hilfe und picken als Beispiel den Unterschrank aus der Preisgruppe 7 heraus.

Preisgruppe	EK-Listenpreis	Einstandspreis	Nachrichtlich: Verkaufspreis
7	243,00 €	175,45 €	607,00 €

188

Gibt der Händler 40% Nachlass, dann zahlt der Kunde für den Schrank 364,20 € brutto bzw. 306,05 € netto. Das entspricht auf der Grundlage des Einstandspreises einem Handelsaufschlag von rund 75%. Der Küchenmöbler hat damit vergleichsweise sogar mehr als sehr gut verdient (Eine Küche mit 110% Handelsaufschlag an den Mann oder die Frau zu bringen, ist heutzutage ein nahezu hoffnungsloses Unterfangen).

Fazit:

Weil praktisch kein Küchenhersteller eine einheitliche und bindende Verkaufspreisliste („UVP-Liste", „Listenpreise") herausgibt, sondern **mehrere mit unterschiedlichen und teilweise unrealistischen** Handelsaufschlägen an die Händler verteilt werden, kann der Kunde nie wissen, von welcher die Prozente abgezogen werden. Das bedeutet: Der Gedanke, sich beim Küchenkauf an Prozenten und Rabatten zu orientieren, ist damit endgültig ad absurdum geführt.

Es gibt nur den einen Weg, sich langsam und mit dem nötigen Hintergrundwissen an das günstigste Angebot heranzutasten. Genau diesen Weg möchte ich Ihnen in diesem Ratgeber aufzeigen.

11.3. Die berühmt-berüchtigte Blockverrechnung

Ein weiteres Rechenspiel, das aus der Rabatt-Trickkiste kommt, nennt sich Blockverrechnung.

Es geht dabei um den sogenannten Küchenblock. Das ist eine auf die Grundbedürfnisse des Küchennutzers reduzierte Küchenzeile. Ich bezeichne sie auch als minimierte Standardküche, die in jeden Küchenraum passen soll. Sie ist zwischen 250 und 320 cm breit.

Beispielsweise meine unter Ziffer 6.3. geplante Kernküche (Abbildung 104) wäre in diesem Sinne ein Küchenblock, wenn aller Komfort herausgenommen würde. Die Stückliste (Typenaufstellung, Materialliste) sähe dann wie folgt aus:

Spülenunterschrank 60 cm – Umbau Backofen 60 cm – Unterschrank 50 cm – Gerätehochschrank 60 cm – Oberschrank 60 cm - Oberschrank Dunsthaube 60 cm – Oberschrank 50 cm

Arbeitsplatte 170 x 60 cm – Einbauspüle – Mischbatterie

E-Geräte: Backofen – Kochfeld – Dunsthaube – Kühl- und Gefrierschrank.

Ein Küchenblock ist demnach de facto in jeder Einbauküche enthalten.

Der Preis eines Küchenblocks (Blockpreis) wird sowohl vom Hersteller als auch vom Händler niedriger angesetzt, als die Summe der Einzelpreise der Elemente. Ein Beispiel (abstrakter Verkaufspreis):

Küchenblock 230 cm einschließlich E-Geräte	1.500,00 €
Summe der Einzelpreise aller im Block enthaltenen Elemente und Geräte	1.900,00 €
Differenz	- 400,00 €

Der Küchenhändler bietet nun während eines Verkaufsgesprächs dem Küchenkäufer für die ausgesuchte Küche, die umfassend geplant sagen wir 5.000,00 € kostet, mit geheimnisvoller Mine einen Preisnachlass in Höhe von 400,00 € an. Dabei spricht er unter anderem von Blockverrechnung, was der ahnungslose Käufer aber nicht so recht versteht. Dennoch freut er sich riesig, weil er meint, einen Rabatt von fast 10% herausgeschlagen zu haben.

In meinen Augen ist das keineswegs eine Preisreduzierung. Denn der Küchenmöbler muss dabei nichts von seinem Handelsaufschlag abzwacken. Im Gegenteil: Unter dem Aspekt der Blockverrechnung waren die vorher angesetzten Einzelpreise per se überhöht.

11.4. Die Einbaugeräte als Manövriermasse

Die Küchenkunden sind es im Allgemeinen gewohnt, dass ihnen die gesamte Küche aus einer Hand angeboten und geliefert wird. Die Einbaugeräte gehören dazu.

Dabei können sie in aller Regel nur Geräte derjenigen Hersteller auswählen, die ständige Lieferanten des jeweiligen Händlers sind. Oder aber die Einbaugeräte werden mitsamt den Holzteilen vom Küchenhersteller geliefert. Letzteres nennt sich im Branchenjargon Komplettvermarktung.

Es kommt jedoch häufiger vor, dass die Küchenhändler die Geräte gewissermaßen als Manövriermasse benutzen, um den Käufern Preisvorteile vorzugaukeln. Sie sagen:

"Mit Geräten kostet die Küche x Euro, ohne Geräte y Euro weniger. Wollen Sie sich die Geräte nicht selbst beschaffen?"

Geht der Kunde darauf ein und kauft die Geräte im Elektrofachhandel, addieren sich die Preise für die Holzteile auf der einen Seite und für die Geräte auf der anderen Seite meistens zu einer höheren Summe.

Der Küchenhändler hat in einem solchen Fall weniger vom Gesamtpreis abgezogen, als die weggelassenen Geräte kosten. Ein Beispiel in Zahlen:

Holzteile	10.000,00 €
Einbaugeräte	3.000,00 €
Gesamtpreis der Küche	13.000,00 €
Der Küchenhändler bewegt den Kunden dazu, die Küche ohne Geräte zu kaufen	10.500,00 €
Der Kunde schafft es, die Geräte anderswo zum selben Preis zu kaufen	3.000,00 €
Gesamtpreis der Küche jetzt	13.500,00 €

Dies gelingt einem Küchenhändler natürlich nur dann, wenn er in seiner Stückliste keine Einzelpreise aufführt, sondern nur einen Gesamtpreis.

Da müssen Sie also aufpassen und darauf drängen, dass im Angebot zum einen die Holzteile, zum anderen die Einbaugeräte mit Einzelpreisen versehen sind.

Mein Tipp: Sie sollten in jedem Fall in Erwägung ziehen, die Einbaugeräte selbst zu beschaffen, denn

1. Die meisten Küchenhändler sind nicht mit allen, sondern nur mit bestimmten Geräteherstellern verbandelt, sagen wir z.B. der eine Händler mit Miele und Gorenje, ein anderer mit Siemens und Whirlpool.

    Wenn Sie nun bei Ihrer Elektromarktrecherche (siehe Ziffer 7.5.) zu der Überzeugung kommen, dass für Sie ein Hersteller-Mix das Beste ist, z.B.

Kochfeld und Dunsthaube von Siemens,
Einbaubackofen von AEG,
Kühlgerät von Liebherr und
Geschirrspüler von Miele,

wird der Küchenhändler einen solchen Mix (nicht Mist) kaum liefern können oder liefern wollen. Also wäre in einem solchen Fall der Einbaugerätefachhandel sowieso Ihr Partner.

2. Im Internethandel sind die Einbaugeräte meist **um ein Drittel günstiger** zu haben. Hier besteht also ein großes Sparpotential.

Ihr Küchenhändler wird Ihnen in aller Regel die selbst beschafften Geräte bei der Küchenmontage mit einbauen. Dafür berechnet er dann etwa 30,00 bis 80,00 € pro Einbaugerät. Natürlich muss das vorher abgeklärt und im Kaufvertrag festgeschrieben werden.

11.5. Verwirrung per Computer

Ich sage es einmal salopp: Alles, was auf Papier gedruckt ist, kann auch in den PC rein. Die Küchenbranche hat das längst realisiert. Die Verkaufsunterlagen mit Preisgruppen, Preisblättern, Blockpreisen etc. sind digitalisiert.

Deshalb kann mir der Küchenhändler heute schnell auf dem Bildschirm sichtbar machen, wofür er früher zeitraubend Berge von Papier wälzen musste:

Pläne, Grundrisse, dreidimensionale Ansichten in Fotoqualität, Stücklisten usw. Mit flinken Händen tippt der Küchenmöbler auf der Tastatur herum und spielt mit der Maus. Nach kurzer Zeit dreht er den Monitor zu mir hin: „Bitte, da sehen Sie alles."

Auch der neue Preis steht da, den ich bezahlen soll, nachdem ich den ersten nicht akzeptiert habe.

Das alles beeindruckt mich nicht. Ich weiß eben, dass das alte Verwirrspiel, das früher genüsslich langsam ablief, heute ruckzuck über die Bühne geht.

Softwarehersteller für den Küchenhandel und die Küchenindustrie machen es möglich. Ein solcher ist zum Beispiel Carat.

Er wirbt für sein Programm sinngemäß mit dem Satz:

„(…) ein unauffälliger Kalkulationsassistent zeigt ständig Rohertrag und Verhandlungsspielraum an (…)"

Was da abläuft, wenn Sie dem Berater im Küchenstudio gegenübersitzen, möchte ich Ihnen gerne an einem Beispiel illustrieren.

Ein befreundeter Unternehmensberater der Küchenbranche hat mir ein aufschlussreiches Papier zugespielt. Darin finden sich Anweisungen an die Fachberater einer großen Küchenfachmarkt-Kette im Rahmen einer Rabattaktion. Hier ein Auszug:

„(…) Bitte beachten Sie während unserer Rabattaktion vom 01.10. bis 31.10. bei Küchenplanungen der Hersteller x und y (Namen anonymisiert) folgendes:

Für einen Kunden, der die 0%-Finanzierung nutzt, ist die Kundengruppe 2 mit 53,5% Rohertrag auszuwählen, um die Rabattstaffeln und die Finanzierung abzudecken. Für einen Kunden, der die 0%-Finanzierung nicht nutzt, ist die Kundengruppe 4 mit 47,5% Rohertrag auszuwählen, um die Staffeln abzudecken.

Umsetzung der Aktion im Kundengespräch:

Der Kunde erhält einen Nachlass nur auf die Möbelteile. Die Kosten für Anschlüsse, Lieferung und Montage können Sie dem Kunden berechnen.

Planen Sie die Möbelteile wie üblich im Carat. Auf den im Carat dargestellten Verkaufspreis können Sie nun einen Nachlass laut dieser Staffel auf die Möbelteile gewähren:

- *ab einem Wert von 2.500,00 € - 1.000,00 € Sofortbonus,*
- *ab einem Wert von 5.000,00 € - 2.000,00 € Sofortbonus,*
- *ab einem Wert von 7.500,00 € - 3.000,00 € Sofortbonus,*
- *ab einem Wert von 10.000,00 € - 5.000,00 € Sofortbonus.*

Starten Sie keine Blockverrechnung. Diese führen Sie erst nachträglich bei der Bestellung durch.

Dann suchen Sie mit dem Kunden gemeinsam die Elektrogeräte, die Spüle und das Zubehör aus.

Diese schreiben Sie für den Kunden sichtbar auf einen Zettel (inklusive der Preise) und rechnen diese mit Ihrem Sonderpreis für die Möbelteile zusammen.

Setzen Sie den Gesamtbetrag der kompletten Küche als Festpreis im Carat ein. Der tatsächliche Rohertrag für Ihre Küchenplanung wird Ihnen wie gewohnt angezeigt.

Bei den von uns so berechneten Küchenplanungen liegen wir unter Berücksichtigung der oben genannten Punkte beim üblichen durchschnittlichen Rohertrag von ca. 51%. (…)"

Jetzt sind Sie platt, stimmt's?

Damit wird überflüssig, was ich noch vor einigen Jahren in den Küchenstudios schmunzelnd beobachtete: War ein Kunde mit dem Preis nicht einverstanden, verließ der Küchenberater flugs seinen Platz und verschwand irgendwo in den hinteren Räumlichkeiten (siehe Ziffer 9.2.2.). Dort stand der Kalkulationscomputer, der ihm einen neuen Preis auswarf.

11.6. Jetzt oder nie

Eine **äußerst effektive** und daher fast immer angewandte Masche des Verkaufens ist es, den Käufer unter Zeitdruck zu setzen. Das Ziel ist, ein Zögern des Käufers zu verhindern und den Kaufvertrag sofort unter Dach und Fach zu bringen. Am besten funktioniert dieser psychologische Trick in Kombination mit einem (angeblichen) Preisnachlass:

- „Diesen Superpreis kann ich Ihnen leider nur noch heute machen, weil unsere Rabattaktion ausläuft."

- „Dieses Schnäppchen sollten Sie sich keinesfalls entgehen lassen, denn so eine Gelegenheit kommt so schnell nicht wieder!"

- „Wenn Sie sich jetzt gleich entscheiden, dann sparen Sie 5,6% zusätzlich. Denn ab dem 1., also ab morgen, erhöht der Hersteller die Preise und es gelten nur noch die neuen Preislisten."

Bitte ersparen Sie es mir, dass ich weitere pfiffige Formulierungen vorlege und dadurch die Verkaufsstrategen vom Denken befreie. Sie mögen selbst variieren und Sie damit konfrontieren.

Ich möchte mich deshalb darauf beschränken, Ihnen zu der Verkaufsstrategie Zeitdruck meine Erfahrungen zu bieten:

Es gibt keine einzige, industriell hergestellte Einbauküche, die nicht irgendwo irgendwann günstiger zu haben wäre.

Wenn Sie übermorgen oder in zwei Wochen wieder in das Küchenstudio gehen, können Sie problemlos über den gleichen Preis verhandeln wie heute.

Lassen Sie sich also keinesfalls überrumpeln und zu einer voreiligen Unterschrift verleiten. Kaufreue kann sehr teuer werden, wie die nächste Verkaufsmasche deutlich zeigt.

11.7. Meterküche: Vorsicht Falle

„Meterküche? Ist das ein neues Küchenmodell?", fragt vielleicht der eine oder andere Leser.

Nein, es ist eine immer häufiger praktizierte Masche, den Küchenkunden einen überhöhten Preis aufzudrücken. Das läuft meistens auf Verbrauchermessen ab, aber zunehmend auch im stationären Küchenhandel vor Ort. Der Küchenhändler bietet die Küche wie folgt an:

Der laufende Meter der Küche kostet beispielsweise 1.500,00 €, egal welche Küchenteile man für die Küchenzeile auswählt. Unterschränke, Oberschränke, Hochschränke – völlig gleichgültig. Die Küche kann auch über Eck gezogen sein (L-Form) oder rundum verlaufen (U-Form). Es bleibt trotzdem immer bei 1.500,00 € pro laufendem Meter, ohne E-Geräte allerdings.

Dann lockt der Verkäufer: „Sie müssen jetzt nicht entscheiden, wie die Küche im Einzelnen zusammengestellt sein soll. Sogar die Frontfarbe usw. können Sie erst später bestimmen. Heute machen wir nur einen Vertrag, mit dem Sie sich diesen Superpreis in jedem Fall sichern. Die Details legen wir fest, wenn es bei Ihnen soweit ist. Das kann auch erst in zwei Jahren sein."

Solch ein Angebot ist anscheinend sehr verlockend für Leute, die einen Küchenkauf vor sich haben, die Küche aber in den Einzelheiten noch nicht planen können – aus welchen Gründen auch immer. Natürlich wird eine Anzahlung verlangt. Und die ist nicht so knapp.

Ein Meterpreis von 1.500,00 €? Hört sich doch recht günstig an, oder?

Nun, da kann ich wiederum nur an den gesunden Menschenverstand appellieren: Eine Küche in Euro pro Meter? Kauft man ein Auto neuerdings etwa in Euro pro Kilogramm? Und wo bleibt da der Vergleich mit anderen Angeboten?

Machen wir einmal einen solchen Vergleich. Nehmen wir einfach die Küche, die ich in diesem Ratgeber geplant habe (siehe Ziffer 6.5.). Sie hat 12,10 laufende Meter rundum (siehe Ziffer 3.2.).

Bei einem Meterpreis von 1.500,00 € würde sie sage und schreibe **18.150,00 €** kosten – nur die Holzteile, die Einbaugeräte sind nicht mit dabei!

14.279,00 € hingegen ist der Betrag, den ich letztlich für meine hier beispielhaft geplante Küche bezahlt habe, natürlich einschließlich den Einbaugeräten (siehe Ziffer 12.1.). Und ich würde jede Wette eingehen, dass die Qualität der angebotenen Meterküche auf einem bedeutend niedrigeren Niveau liegt.

Was können Sie tun, wenn Sie in eine solche Preisfalle getappt sind?

Zunächst einmal rate ich Ihnen, dass Sie von einem Rechtsanwalt prüfen lassen, ob der Vertrag überhaupt wirksam ist. Meist wird das der Fall sein. Die Händler haben inzwischen aus ihren Anfangsfehlern gelernt.

Anschließend sollten Sie den Küchenkauf nach unserem „7-Schritte-Küchendeal" (siehe Ziffer 14.) noch einmal neu starten. Denn fast immer stellt sich dabei heraus, dass es um einiges günstiger ist, die Stornogebühr (in der Regel 25% der Kaufsumme) für den Meterküchen-Vertrag zu bezahlen, und die Küche dann bei einem anderen Händler zu kaufen.

Tipp:

Einige Meterküchen-Verträge enthalten die Klausel, dass eine Mindestmenge (z.B. drei laufende Meter) abgenommen werden muss. Hier bietet sich die Möglichkeit, die Kaufsumme bzw. die zunächst festgeschriebene Meteranzahl auf das Minimum zu reduzieren, und dann auf dieser Basis aus dem Vertrag auszusteigen.

Entzaubert: 11 Verkaufstricks und –strategien der Küchenhändler

11.8. Erpressung gefällig?

Ich erhielt folgende E-Mail:

„Guten Tag Herr Günther, wir sind gerade am Hausbau und möchten auch eine neue Küche kaufen. Der günstigste Anbieter verlangt eine Anzahlung von einem Drittel des Kaufpreises. Ist das so üblich?

Die Lieferung wird von uns erst in einem Jahr gewünscht. Der Architekt braucht jedoch den Installationsplan bereits jetzt. Den will uns der Händler aber erst geben, wenn wir den Kaufvertrag unterschrieben haben. Ist das seriös?"

Sieh mal einer an. Da erpresst ein Händler seinen potentiellen Kunden mit dem Installationsplan, um Doppeltes zu erreichen: Den Auftrag und eine hohe Anzahlung.

Leider sind solche Erpressungsversuche eher die Regel als die Ausnahme. Sie starten immer dann, wenn der Händler erfährt, dass die Küche in ein neues Haus oder in eine Neubauwohnung eingebaut werden soll.

Und viele Käufer unterschreiben, weil ihnen der Händler genügend Angst eingejagt hat, dass ohne den Installationsplan des Küchenherstellers die Anschlüsse angeblich falsch gelegt werden.

Wenn Sie auf einen solchen Erpresser treffen und keinen Installationsplan erhalten, tun Sie ganz einfach folgendes:

Nehmen Sie Ihren eigenen Plan. Schließlich wissen Sie bereits, wo die Anschlüsse für Strom, Wasser und eventuell Gas liegen müssen und zeichnen Sie diese ein. Hierzu können Sie die Abbildungen 11 bis 13 (Ziffer 3.1.3.) zu Hilfe nehmen. Dabei kommt es auf ein paar Zentimeter nicht an.

Diesen selbst erstellten Installationsplan können Sie dann beruhigt Ihrem Architekten oder Bauträger übergeben. Er ist völlig ausreichend.

Bedenken Sie: Bei einer "Bestandswohnung" (meine unter Ziffer 6. geplante Küche!) liegen die Anschlüsse bereits und die Küche kann trotzdem in aller Regel nach Kundenwunsch eingebaut werden. Selbst wenn sich später noch Änderungen ergeben, kann man auf Verlängerungen für Elektrokabel und Wasserrohre zurückgreifen.

Wenn ich schon beim Thema Neubau bin, hierzu ein weiterer Tipp:

Planen Sie rund um die Arbeitsfläche **genügend Steckdosen** ein. Denken Sie dabei an alle Geräte, die Sie eventuell gleichzeitig benutzen.

11.9. Der Küchen-Test

Weil seit dem Fall des Rabattgesetzes im Jahr 2002 ständig und überall mit Preisnachlässen bis zu x Prozent geworben wird, sind inzwischen viele Verbraucher diesbezüglich abgestumpft. Der simple Rabatt-Köder hat an Wirksamkeit verloren.

Hellwach wird der Küchenkäufer jedoch, wenn Rabatte **glaubhaft begründet** werden, oder wenn er – wie bei der Meterküche – mit ungewöhnlichen Angeboten konfrontiert wird.

Da heißt es in einem Werbeprospekt in großer, roter Schrift:

"100 Haushalte für unseren Küchen-Test gesucht!
"Die ersten 100 angemeldeten Interessenten erhalten ihre
neue frei geplante Küche garantiert zum halben Preis!

Die Erklärung lautet:

"Für eine regionale Marktanalyse suchen wir im Auftrag unserer Hersteller 100 Küchen-Tester. Sie haben dabei die Wahl aus einem großen Sortiment von namhaften Küchenherstellern. Aufgrund des zu erwartenden Ansturms möchten wir Sie bitten, den Teilnahme-Berechtigungs-Schein an unserem Küchen-Test spätestens bis Samstag ausgefüllt und zusammen mit Ihren Raummaßen bei einem unserer Küchenberater vorzulegen."

Die einzige Bedingung, welche die Teilnehmer an diesem Küchen-Test erfüllen müssen: Sie sollen zwei Wochen nach der Lieferung der Küche einen kurzen Fragebogen ausfüllen. Für diese Mühe gibt es sogar einen Einkaufsgutschein in Höhe von 300,00 € oben drauf.

Doch ist so ein Test wirklich glaubhaft?

Ich kenne keinen Küchenhersteller, der für eine Marktanalyse subventionierte Küchen an den Fachhandel liefert. Was sollte auch ein derart angelegter Test an Erkenntnissen für den Hersteller bringen?

Will man etwa herausfinden, ob nach sage und schreibe zwei langen Wochen Gebrauch die Schübe und Türen noch einwandfrei schließen, oder ob die Suppe auf dem Kochfeld noch heiß wird?

Außerdem wäre es schon schlimm, wenn der eine oder andere Tester bereits nach zwei Wochen feststellen müsste, dass er sich eine Einbau-küche minderwertiger Qualität hat unterjubeln lassen. Selbst der halbe (Mond-)Preis könnte da sicher nicht über den Ärger und die Reklamationen hinwegtrösten.

Der einzig sichere Weg ist, beim Küchenkauf nur in bereits getestete Qualität zu investieren.

Die Masche mit dem Küchen-Test hat eine Variante, die ich nicht uner-wähnt lassen möchte: Statt Testern werden Käufer gesucht, die damit einverstanden sind, dass nach dem Einbau der Küche Fotos für irgend-welche Kataloge gemacht werden dürfen. Als ob die Hersteller nicht schon genügend Fotos ihrer Modelle hätten...

11.10. Küche geschenkt?

"Liebe Kunden, nie war die Gelegenheit zum Küchenkauf günstiger: Mit etwas Glück erhalten Sie Ihre neue Küche nicht nur zum unschlagbaren Bestpreis, sondern sogar den Kaufpreis zu 100% erstattet.

Wenn es am 1. April zwischen 12 und 13 Uhr am Flughafen Stuttgart-Echterdingen regnet oder zu sonstigem Niederschlag kommt, bekom-men alle Kunden, die ihre Küche im Zeitraum vom 5. bis 17. März ge-kauft haben, ihre Traumküche zum Nulltarif. Die Aktion ist begrenzt auf 77 Küchen.* Wir freuen uns auf Ihren Besuch und wünschen Ihnen viel Glück!"

Das klingt unglaublich. Doch es wird betont: Kein (April-)Scherz.

Der Pferdefuß findet sich im Sternchen-Text. Da heißt es:

"Wir verpflichten uns, den Käufern den Kaufpreis für den Fall zu erstat-ten, dass es am 1. April an der Wetterstation des Deutschen Wetter-dienstes am Flughafen Stuttgart-Echterdingen messbaren Niederschlag von mindestens 2 mm/qm oder mehr in der Zeit von 12.00 Uhr bis 13.00 Uhr gegeben hat. (...) Nicht mit anderen Vorteilsaktionen kombinierbar. (...) Der Rechtsweg ist ausgeschlossen. (...)"

2 mm/qm Niederschlag?

Das sind zwei Liter pro Quadratmeter. Ich habe mir die Daten des Deutschen Wetterdienstes einmal angesehen. Demnach fallen im Raum Stuttgart in den Monaten März und April (beide zählen zu den niederschlagsärmsten im ganzen Jahr) durchschnittlich etwa 40 bis 50 mm/qm Niederschlag - im ganzen Monat wohlgemerkt.

Das bedeutet im Klartext: Meine gekaufte Küche bekomme ich nur dann geschenkt, wenn etwa 5% der gesamten monatlichen Niederschlagsmenge in einer einzigen Stunde fallen! Da darf es also am 1. April zwischen 12 und 13 Uhr nicht nur nieseln, sondern es muss wie aus Eimern schütten.

Ich bin kein Mathematiker. Aber alleine schon mein Gefühl sagt mir, dass die Wahrscheinlichkeit für den Eintritt dieses Ereignisses lediglich im Promille-Bereich liegt.

Sie ahnen es schon: Im Aktionszeitraum werden die 77 Küchen (besser: die Lose) teurer als üblich verkauft. Das funktioniert bestens, weil die Käufer weniger den Preis der Küche, sondern vielmehr den möglichen Gewinn der Wette im Auge haben.

Selbstverständlich schließt der Händler eine Versicherung für den Fall ab, dass es tatsächlich regnet. Gibt es aber, wie zu erwarten ist, nicht genügend Niederschlag, freut er sich über mindestens 500.000 bis eine Million Euro Umsatz und hat die Versicherungsprämie gerne bezahlt.

Die Masche mit der Regenwette – die übrigens nicht nur im Schwabenland des Öfteren abgezogen wird – ist ohne Zweifel ein prima Werbegag. Auf so etwas muss man erst einmal kommen.

Der clevere Küchenkäufer allerdings kauft kein Küchen-Los für viele Tausend Euro im Rahmen eines Gewinnspiels. Er bedient sich der Kaufstrategie aus diesem Ratgeber.

11.11. Das perfide Versteckspiel mit den Handelsmarken

Waren bis vor wenigen Jahren in den Ausstellungen der Möbelhäuser und Küchenstudios kaum Herstellernamen zu lesen, so wird heute mit diesen sogar mächtig die Werbetrommel gerührt.

Die Branche reagiert damit auf das gestiegene Markenbewusstsein des Verbrauchers. Denn der will keine Noname-, sondern Markenprodukte kaufen – auch bei Küchen.

Speziell für den Küchenhandel sind die Folgen fatal: Durch das Preisgeben des Herstellers sind Vergleiche für den Küchenkäufer einfacher geworden. Denn der muss jetzt nämlich nicht mehr nach dem Hersteller fragen oder mühsam selbst recherchieren (weil er keine Antwort erhielt oder weil er bewusst in die Irre geführt wurde).

Hinzu kommt, dass heute deutlich mehr Kunden als früher von Anbieter zu Anbieter laufen und vergleichen. Die Konsequenz dieser Entwicklung ist ein fast schon als ruinös zu bezeichnender Preiskampf unter den Händlern.

Eine Wunderwaffe gegen diese „Missstände" heißt **Handelsmarke**. Durch ihr Abfeuern gelingt es den Händlern, die eigenen Taschen wieder besser zu füllen, und das „Vergleichen wollen" der Küchenkäufer bereits im Keim zu ersticken.

Was und wer stecken dahinter? Wie funktioniert das?

Unter Ziffer 9.2.3. habe ich erwähnt, dass sich die meisten Küchenhändler einem Verband angeschlossen haben, um damit gemeinsam bessere Einkaufskonditionen bei den Herstellern herauszuschlagen.

Ein weiteres Betätigungsfeld der Verbände ist es, den Mitgliedern exklusiv Einbauküchen zur Verfügung zu stellen, die der Verbraucher bei der Konkurrenz nicht findet.

Es handelt sich dabei um eigens für den Verband entworfene Küchen-Modelle bzw. -Modellreihen, die dann im Verkauf jedoch nicht das Label des Herstellers tragen, sondern einfach mit einem klangvollen Fantasienamen bezeichnet werden. Anschließend wird mit diesem Fantasienamen mächtig und nachhaltig Werbung gemacht – und schon ist eine Handelsmarke geboren. Ein Beispiel:

Die Begros GmbH, einer der größten und mächtigsten Einkaufsverbände, hat bereits vor vielen Jahren die Handelsmarke Mondo® ins Leben gerufen.

Zur Begros-Gemeinde zählen beispielsweise die Möbelriesen

- Biller, Eching
- Inhofer, Senden
- Martin, Saarbrücken
- Ostermann, Witten
- Pilipp, Ansbach
- Porta, Porta Westfalica
- Rogg, Balingen
- Schaffrath, Mönchengladbach
- Sommerlad, Gießen.

Mondo®-Küchen können Sie ausschließlich in den Filialen dieser Möbelhändler kaufen. Sie werden nirgendwo anders angeboten.

Hersteller dieser Küchen ist meines Wissens momentan Nobilia, 33415 Verl. Das wird Ihnen aber kein einziger Verkäufer verraten. Wenn Sie möchten, können Sie ja mal den einen oder anderen fragen. Die Antworten werden Sie in Erstaunen versetzen...

Mit einer Handelsmarke werden ergo zwei Fliegen mit einer Klappe geschlagen:

1. Die Vergleichbarkeit für den Küchenkäufer ist nahezu ausgeschlossen, weil der wahre Hersteller verschleiert wird und nur mit großem Aufwand oder überhaupt nicht zu recherchieren ist.

2. Der Verkauf findet nur verbandsintern und nicht auf dem freien Markt statt. So können die Abgabepreise auf einem stabilen, hohen Niveau gehalten werden, denn Preiskämpfe mit den Handelsmarken sind unter den Verbandsmitgliedern verpönt.

Die Verbände werben für neue Mitglieder sogar ganz offen mit dem Argument Handelsmarke. Hier zwei Beispiele:

„Unsere Handelsmarken sind ein wichtiges Alleinstellungsmerkmal, da sie nicht vergleichbar sind und sich dadurch wesentlich höhere Renditen erzielen lassen."

„Unsere Handelsmarken sorgen für die drastische Reduzierung der Vergleichbarkeit mit Ihren Wettbewerbern, schaffen Freiräume in der Vermarktung und machen Sie unabhängiger im Preiskampf."

Da ist es kein Wunder, dass der Küchenmarkt mit immer mehr Handelsmarken überschwemmt wird.

Zu dieser Schwemme tragen übrigens nicht nur die Einkaufsverbände bei. Auch große Händler wie z.B. die Krieger-Gruppe (Höffner, Möbel Kraft) und die Lutz Unternehmensgruppe sind längst dazu übergegangen, den Küchenkäufern Eigenmarken (private labels) zu präsentieren.

Es bleibt schließlich die Frage, worin die Qualitätsunterschiede zwischen einer Küche des Herstellers und einer „umgelabelten" Küche des Herstellers, also der Handelsmarke, liegen.

Um beim Beispiel zu bleiben: Eine Nobilia Küche ist eine Nobilia Küche. Egal, ob Sie unter dem Herstellernamen auf dem freien Markt, oder ob sie exklusiv unter einem Fantasienamen angeboten wird. Die Unterschiede beschränken sich - wenn überhaupt - nur auf andere Frontfarben, anders gestaltete und/oder zusätzliche Elemente, andere Griffe etc.

Wenn Sie sich dennoch für den Kauf einer Handelsmarke entscheiden, dann rate ich Ihnen dringend, dass Sie sich den wahren Hersteller der Küche im Vertrag festschreiben lassen. Denn nur so werden alle Unklarheiten beseitigt.

Und falls Ihnen der Händler nicht spätestens an diesem Punkt reinen Wein einschenkt, würde ich persönlich vom Kauf einer solchen Küche Abstand nehmen.

Nachfolgend habe ich für Sie die wichtigsten Handelsmarken und die Hersteller, die dahinter stecken, aufgelistet.

Verband	Handelsmarke ®	Hersteller
Der Kreis	ai	Häcker
	Cabeo	Beckermann
	Kreis Design	Schüller
	Collection No.1	Ballerina
	Logic	Nolte
	Vivari	Nobilia
Der Küchenring	Linea	Nobilia
	Inpura	Häcker
	Systhema	Schüller
Küchen Partner	Edition	Häcker
Einrichtungspartnerring VME	Atrium	Schüller, Nobilia, Nolte
	Culineo	Brigitte
	Interliving	Nolte
	Wert-Küche	Schüller
MHK	Designo	Nolte
	Elementa	Häcker
	Reddy	Nolte, Alno
	Selectiv fresh	Ballerina
	Unic	Schüller
	Xeno	Nobilia
Begros	Fakta	Impuls
	Impressa	Häcker
	Interline	Schüller
	Mondo	Nobilia
	Vito	Nobilia
Union	Bredenauer	Häcker
	Unitec	Nobilia
EMV	Contur	Schüller
	Global	Schüller
	Jensen Urban	KH System
	Regenta	Nobilia
Garant	Liva	Ballerina, Brigitte

Verband	Handelsmarke ®	Hersteller
Alliance	Ambienta	Häcker
	Prisma	Nolte, Schüller, Burger / Bauformat, Nobilia
MZE	Keno Kent	Pronorm
	Sternküchen	Brigitte, Burger / Bauformat
GfM Trend	Apero	Häcker, Bauformat, Ballerina
	Casa	Burger
	Topline	Häcker
Musterring	Musterring	Störmer, Nolte

Händler	Handelsmarke ®	Hersteller
Lutz Unternehmensgruppe	Celina	Nobilia
	Dieter Knoll	Nolte
	Novel	Schüller
	Welnova	Express
Möbel Hofmeister	Artis	Schüller
	Formatec	Nobilia
Höffner / Möbel Kraft	Cubo 15	Express
	Smart	Impuls
	Wohnwert	Häcker
Plana Küchenland (Franchisesystem)	Plana	k. A.
MEDA Küchenfachmarkt	Medano	Nolte

Bitte beachten Sie: Diese Listen beruhen auf meiner persönlichen Kenntnis der Dinge. Sie sind eine Momentaufnahme zur Drucklegung dieses Ratgebers und ohne Gewähr, zumal die Lieferanten von Zeit zu Zeit durchaus einmal ausgewechselt werden.

Wenden Sie daher trotzdem die **„Checkliste Küchenqualität" im Anhang D** an. Dann sind Sie in jedem Fall auf der sicheren Seite.

12. Wie ich zum Zielpreis für mein Wunschmodell komme

Nachdem ich noch einmal alle Preistricks der Händler vor meinem geistigen Auge rekapituliert habe, stürze ich mich wieder in den Küchenhandel. Ich besuche die drei Händler, die im Umkreis mein Wunschmodell führen, und deren Adressen ich mir direkt beim Küchenhersteller besorgt habe.

In der Regel möchte der Händler zumindest Ihren Namen und eine Telefonnummer wissen, wenn er ein Angebot erstellt.

Im Fall einiger Küchenhersteller aus dem oberen und Premium-Segment ist es inzwischen tatsächlich so, dass die Händler anhand dieser Daten feststellen können, dass Sie bereits ein Angebot haben. Das heißt nicht, dass Sie keine weiteren Angebote erhalten. Diese werden dann aber kaum voneinander abweichen. Mein Tipp daher:

Geben Sie zur Sicherheit stets eine andere Telefonnummer (Festnetz, Handy, Handy Ehefrau/Partner/Sohn/Tochter etc.) an, damit Sie nicht als „Preisvergleicher" entlarvt werden.

Ich packe den Plan und die Stückliste (natürlich nicht diejenige mit den Preisen des Händlers A!) unserer Wunschküche in die Tasche und fahre zum nächstgelegenen der drei Küchenstudios. Dort angekommen, spreche ich den ersten freien Küchenberater direkt an:

„Einen schönen guten Tag! Hier sind die Planungsunterlagen für die Küche, die wir gerne kaufen möchten. Können Sie mir bitte ein Angebot machen?"

„Hm", entgegnet mir der Berater mit etwas verkniffener Mine, „dann haben Sie wohl schon einen Preis. Auf welchen Betrag müssen wir denn kommen?"

„Bitte um Verständnis, das verrate ich Ihnen nicht. Seien Sie doch einfach so nett und rechnen Sie aus, was die Küche bei Ihnen kostet."

Nach einigen Minuten hat der Berater alle Daten in den PC eingegeben. Er druckt das Angebot aus und nennt mir die Summe: „Macht genau 18.440,00 €. Kommen wir ins Geschäft?"

„Das kann ich im Augenblick nicht sagen. Es kann sehr gut sein, dass ich in Kürze wieder bei Ihnen vorbeischaue. Für heute soll es das erst einmal gewesen sein. Recht schönen Dank und auf Wiedersehen."

Nachdem ich in den nächsten Tagen die restlichen beiden Küchenhändler besucht und um Ihr Angebot gebeten habe, ergibt sich ein überraschendes Bild:

Der günstigste Gesamtpreis für die Küche beläuft sich nunmehr auf 17.978,00 €!

Angebot Händler A:

Holzteile	18.947,00 €
Einbaugeräte	3.780,00 €
Gesamtpreis der Küche	22.727,00 €

Angebot Händler D:

Holzteile	14.828,00 €
Einbaugeräte	3.612,00 €
Gesamtpreis der Küche	18.440,00 €

Angebot Händler E:

Holzteile	14.138,00 €
Einbaugeräte	3.840,00 €
Gesamtpreis der Küche	17.978,00 €

Angebot Händler F:

Holzteile	16.455,00 €
Einbaugeräte	3.929,00 €
Gesamtpreis der Küche	20.384,00 €

Da die Händler unterschiedlich kalkulieren und voneinander abweichende Einkaufskonditionen haben, ist es die Regel, dass die Angebote, je nach Küchen- und Einbaugerätehersteller, etwa 15% bis 35% auseinander liegen.

Der Übersichtlichkeit halber habe ich die Angebote nur in die Preise für die Holzteile und für die Einbaugeräte aufgeschlüsselt. Außerdem habe ich mich entschlossen, die Geräte selbst zu besorgen. Daher ist natürlich dieser Posten von besonderem Interesse.

Um die Sache abzurunden, wende ich mich außerdem an einen Versandhändler und an einen Internetanbieter, denen ich meinen Küchenplan samt Stückliste per E-Mail zusende. Diese beiden Angebote liegen allerdings knapp über dem des Händlers D.

Also werde ich nunmehr in individuelle Preisverhandlungen mit den klassischen Küchenfachhändlern einsteigen. Hierbei beschränke ich mich auf die beiden Händler mit den günstigsten Angeboten D und E. Ich werde allerdings nicht fragen: „Ist da am Preis noch etwas zu machen?", sondern werde einen **konkreten Zielpreis** nennen.

Und welcher Preis ist nun mein Zielpreis (Wunschpreis) in den Verhandlungen?

Ganz einfach: Ich ziehe vom günstigsten Angebot **etwa 20% ab.** Mein Zielpreis beträgt demnach gerundet 14.500,00 €. Dabei ist mir natürlich bewusst, dass der Zielpreis wahrscheinlich nicht ganz erreichbar sein wird.

12.1. Wie ich über den Zielpreis verhandle

Jetzt kommen die entscheidenden Momente. Meine Gedanken haben schon längst den psychologisch richtigen Drall. Trotzdem sage ich es mir wieder vor:

Nicht *eine* Küche für mein Geld,
sondern mein Geld für *diese* Küche.

Der Küchenhändler will mein Geld. Eine bestimmte Küche soll er mir dafür geben. Wenn er mehr Geld haben möchte, als ich zu zahlen bereit bin, wird er auf das Geschäft verzichten müssen. Ich kenne die Preise. Ich erahne den Gewinn, den der Händler mit mir machen möchte. Das geht auch völlig in Ordnung. Ich will aber einiges davon abhaben.

Ich setze mich ins Auto und fahre zum Küchenstudio des Händlers E. Den Verkäufer bitte ich, seinen Chef zu holen. Ich lege dem Chef seine eigenen Unterlagen wieder auf den Schreibtisch und deute mit dem Finger auf den Endpreis.

„Ich bezahle für diese Küche 14.500,00 €", sage ich knallhart.

„Guter Mann", lächelt er, „das ist unmöglich!" Mit seinen nächsten Sätzen versucht er mir mit allerlei Erklärungen zu verklaren, dass er dann drauflegen würde. Ich höre geduldig zu und frage schließlich: „Welchen Preis können Sie mir denn machen?"

„Höchstens 17.000,00 €. Aber dann müssen wir die Planung etwas modifizieren. Es gibt ein günstigeres Modell, das sich kaum von diesem unterscheidet. Es ist eine tolle Küche. Sehen Sie hier..."

„Nein, Danke. Die Planung bleibt und das Modell ebenfalls", unterbreche ich, „Ich bezahle Ihnen 14.500,00 € dafür. Mehr nicht."

„Nein, das ist unrealistisch. Für diesen Preis können Sie die Küche nirgendwo kaufen."

„Na gut. Dann auf Wiedersehen und ein schönen Tag. Vielleicht denken Sie noch einmal darüber nach. Ich bin nächste Woche wieder in der Gegend und schaue bei Ihnen vorbei." Höflich lächelnd verlasse ich den Laden.

Auf dem Rückweg suche ich Händler D auf, der mir die Küche für 18.440,00 € angeboten hatte. Auch hier platze ich mit meinem Preis von 14.500,00 € heraus.

Nach langem Rechnen und internen Beratungen im Büro geht man auf glatte 16.000,00 € runter. „Das ist nicht mein Preis", sage ich und verabschiede mich wieder.

Zuhause angekommen, recherchiere ich im Internet nach den Preisen für meine Einbaugeräte. Ein Fachhändler bietet mir alle Geräte zusammen für 2.794,00 € inklusive Versand an. Die Lieferung könnte durch eine Spedition in etwa 14 Tagen erfolgen. Mit der Bestellung möchte ich jedoch warten, bis der Küchenvertrag unter Dach und Fach ist.

Als ich wieder im Küchenstudio des Händlers E auftauche, bittet mich der Küchenberater, etwas zu warten. Er wolle den Chef holen. „Ganz in meinem Sinne", denke ich.

Der Chef meint dann: „Also, wie ich Ihnen schon sagte, 14.500,00 € sind nicht machbar. Ich habe allerdings mit dem Hersteller telefoniert. Wir könnten eine spezielle Blockverrechnung machen. Dann könnte ich für 16.200,00 € liefern."

Spezielle Blockverrechnung? Was es mit der Blockverrechnung auf sich hat, weiß ich (siehe Ziffer 11.3.). Aber eine spezielle? Nun, egal welche Preisspielchen auch immer ein Küchenhändler aus seinem Ärmel schütteln mag, kümmert mich wenig. Was zählt, ist der Endpreis.

Ich übergehe das also und fange stattdessen an zu pokern: „Das hört sich schon besser an. Allerdings habe ich ein Angebot in Höhe von 15.500,00 € vorliegen." (Anmerkung: Das wohl beste Verhandlungsargument ist immer der Preis des Mitbewerbers!)

„15.500,00 €? Von wem?", fragt mich der Chef verdutzt.

„Tut mir Leid, den Namen Ihres Konkurrenten werde ich Ihnen nicht nennen. Das wäre unfair."

„Aber Sie können mir doch bestimmt das Angebot zeigen. Wenn ich das schwarz auf weiß sehe, bekommen Sie von mir den gleichen Preis – sogar inklusive Lieferung und Montage."

„Ja, ich könnte Ihnen das zeigen. Soll ich jetzt nach Hause fahren, um es zu holen? Ihr Mitbewerber liegt auf dem Rückweg. Dann kann ich ja gleich dort für 15.500,00 € unterschreiben."

„Nun gut", meint der Chef nach kurzem Schweigen, „dann einigen wir uns auf 15.500,00 €."

„Was ist mit den Einbaugeräten?", bohre ich weiter und mache gleich Nägel mit Köpfen: „Die können wir herausrechnen, da ich sie selbst besorge. Also wäre der Preis nur für die Holzteile dann 11.660,00 €."

„Das hätten Sie gleich sagen können", grummelt der Chef mit hochgezogenen Augenbrauen. Er blättert in seinen Unterlagen und sagt schließlich: „In Ordnung. Für den Geräteeinbau und -anschluss muss ich Ihnen je Gerät 30,00 € berechnen – macht 180,00 €. Alles zusammen also 11.840,00 €. Sie müssten allerdings die Hälfte anzahlen."

„Also", zögere ich, „das sind 5.920,00 € im Voraus ohne entsprechende Gegenleistung. Ok, dann geben Sie mir aber darauf 3% Skonto und machen einen Preis von 11.485,00 €."

„Einverstanden", nickt mein Gegenüber, „11.485,00 €."

„Und noch etwas: Die Anzahlung können Sie gewiss durch eine **Bankbürgschaft** absichern." – „Bankbürgschaft? Das haben wir noch nie gemacht."

Ich versuche, die aufkommende Verlegenheit durch einen Scherz zu überbrücken: „Das ist einer von den drei Beamten-Sprüchen: Das haben wir noch nie gemacht – Das war schon immer so – Wenn da jeder kommen wollte. Sie sind doch aber kein Beamter!"

Er lächelt etwas gequält und meint: „Ich muss das erst mit unserer Bank abklären."

„Gut", sage ich und erhebe mich, um zu gehen. „Ich komme am Montag gegen 18:00 Uhr wieder. Dann können wir alles perfekt machen. Übrigens noch etwas zur Bankbürgschaft: Sie muss bis zur Beendigung der Montage, genauer, bis zum Abschluss der Restarbeiten gültig sein. Also, schönen Tag noch!" – „Ja. Auf Wiedersehen."

„Wenn du das mit der Bankbürgschaft für die Anzahlung hinkriegst", denke ich während ich in mein Auto steige, „dann besitzt du Bonität bei deiner Bank und dann bist du auch für mich gut. **Und meine Küche kostet mich insgesamt 14.279,00 €. Hurra!"**

Aber zunächst muss der Küchenkauf vertraglich festgeschrieben werden.

13. Die 10 Gebote für den Küchenvertrag

Als ich am Montagabend das Küchenstudio betrete, eilt der Verkäufer sofort herbei und sagt, er habe bereits alles vorbereitet. Er geleitet mich an einen Tisch hinten in der Ausstellung. Dann breitet er vor mir aus:

- Einen Vordruck, der aussieht wie ein Kaufvertrag – auf der Vorderseite handschriftliche Eintragungen, auf der Rückseite viel Kleingedrucktes;

- Zeichnungen: Grundriss, Ansichten aller Stellwände, perspektivische Ansichten aus drei Blickwinkeln;

- ein Schriftstück seiner Hausbank.

Letzteres nehme ich zuerst zur Hand. Da steht tatsächlich, dass die Bank die Bürgschaft für die Anzahlung in Höhe von 5.920,00 € übernimmt. Gültig bis zur Beendigung der Montagearbeiten, längstens bis zum 31. Dezember. Das wäre in Ordnung.

Keineswegs in Ordnung ist für mich der vorgelegte Vertrag. Ich werde alles genauestens prüfen bevor ich unterschreibe. Denn für den Kauf habe ich entgegen dem immer noch weit verbreiteten Irrglauben **kein Widerrufsrecht.** Das existiert nur in ganz wenigen Ausnahmefällen, z.B. im Fernabsatz (Online-Handel) oder beim Ratenkauf.

Würde ich unterschreiben und mir es dann doch noch anders überlegen, komme ich ohne erheblichen finanziellen Schaden nicht mehr aus dem Vertrag heraus. Dies gilt ab demjenigen Zeitpunkt, zu dem ich meine Unterschrift leiste und den Kugelschreiber beiseitelege.

Ich habe ganz genaue Vorstellungen davon, was in einem Vertrag über den Kauf, die Lieferung und die Montage einer Einbauküche stehen **muss** – und was **nicht** darin stehen darf.

Das alles habe ich in 10 Gebote gefasst.

1. Gebot: Werkvertrag statt Kaufvertrag

Wenn der Händler die Küche individuell geplant hat, sie liefern und montieren soll, dann ist der jetzt zu schließende Vertrag rechtlich gesehen ein **Werkvertrag** und kein **Kaufvertrag**. Das hat für meinen Vertragspartner und für mich erhebliche Folgen.

Ich kann in diesem Buch unmöglich im Detail auf beide Vertragsarten und die entsprechenden gesetzlichen Vorschriften eingehen. Die wichtigsten Unterschiede sind:

1. Für ein Werk dauert die gesetzliche Gewährleistung fünf Jahre, beim Kauf von Waren sind es nur zwei Jahre.

2. Der Auftraggeber muss das Werk abnehmen, d.h. dem Auftragnehmer bestätigen, dass es frei von Mängeln und vertragsgemäß hergestellt wurde. Eine solche Abnahme gibt es im Kaufrecht nicht.

3. Beim Werkvertrag wird der Anspruch des Auftragnehmers auf die vereinbarte Vergütung grundsätzlich erst mit der Abnahme des Werkes bzw. mit dessen Vollendung fällig. Bei einem Kaufvertrag ist der Kaufpreis sofort fällig.

4. Der Auftraggeber kann den Werkvertrag jederzeit kündigen. Allerdings muss er dann den Teil der bereits erbrachten Leistung bezahlen. Für den noch nicht erbrachten Teil der Leistung hat der Auftraggeber Schadensersatz zu zahlen. Dieser kann pauschal mit 5% der vereinbarten Vergütung angesetzt werden. Dem Auftragnehmer bleibt aber unbenommen, einen höheren Schaden nachzuweisen. Ein Kaufvertrag kann nicht gekündigt werden.

Punkt 4. hat für mich keine Bedeutung, denn schließlich will ich die Küche und habe mir ganz genau überlegt, was und bei wem ich kaufe. Die Punkte 2. und 3. sind ebenfalls nicht entscheidend, weil ich jeden Vertrag und damit auch die Zahlungsmodalitäten individuell gestalten kann bzw. bei einem Kaufvertrag ebenso das Recht auf eine mangelfrei gelieferte und montierte Küche habe.

Fünf statt zwei Jahre Gewährleistung (Punkt 1.) ist jedoch ein gewaltiger Unterschied.

Ich werde also darauf bestehen, die Bestellung der Küche von Vornherein als Werkvertrag abzuschließen. Damit gehe ich eventuellen späteren Diskussionen jetzt schon aus dem Weg.

Das Werkvertragsrecht umfasst allerdings **nur die Möbelteile**. Für die Einbaugeräte, sofern ich sie ebenfalls bei meinem Händler bestellen würde, gilt das Kaufrecht mit den üblichen zwei Jahren Gewährleistung.

Der Kauf einer Einbauküche ist ein Werkvertrag, wenn nicht der Erwerb der Küchenteile, sondern die schöpferische Planungsleistung des Händlers und die Schaffung eines funktionalen Küchenraums durch die Montageleistung den Schwerpunkt des Vertrags bilden. So hat sinngemäß der BGH mit Urteil vom 07.03.2013 (Aktenzeichen VII ZR 162/12) entschieden.

Es kommt außerdem nicht darauf an, ob das Wort Werkvertrag oder Kaufvertrag in der Überschrift steht. Maßgebend sind immer die tatsächlichen Verhältnisse.

Wie mir Leser berichten, lehnen es trotz der längst geklärten Rechtslage immer noch viele Küchenhändler ab, den Küchenkauf als Werkvertrag abzuwickeln.

Das liegt wohl kaum daran, dass die Händler die aktuelle Rechtsprechung nicht kennen würden. Vielmehr steckt der meist erfolgreiche Versuch dahinter, die 5-jährige Gewährleistungspflicht zunächst einmal zu umgehen, indem man dem Kunden mit allerlei Begründungen weismacht, es würde das Kaufvertragsrecht gelten. Motto: Was der Kunde nicht weiß...

Manchmal wird ein sogenannter „Werklieferungsvertrag" angeboten. Dieser ist ein Hybrid zwischen Werk- und Kaufvertrag – mit 2-jähriger Gewährleistung natürlich. Den Begriff „Werklieferungsvertrag" kennt das Gesetz (BGB) allerdings nicht.

Ich bin also gespannt, wie mein Händler reagiert, wenn ich ihm mit dem Werkvertrag komme.

Falls er sich partout weigert, den Kauf per Werkvertrag abzuwickeln, werde ich deswegen nicht alles platzen lassen. Ich achte dann aber umso peinlicher auf die Umsetzung der restlichen neun Gebote, insbesondere des 10. Gebots.

Sollte sich nach Ablauf von zwei Jahren tatsächlich ein Mangel zeigen, werde ich den Händler mit diesem konfrontieren und in letzter Konsequenz eine Auseinandersetzung vor Gericht nicht scheuen. Genau so würde ich ihm das sagen. Vielleicht würde er ja doch noch einlenken.

Versuchen Sie in jedem Fall, einen Werkvertrag durchzusetzen. Dann ist alles in trockenen Tüchern. Klappt das bei keinem Händler, unterzeichnen Sie eben den Kauf- oder Werklieferungsvertrag – wohl wissend, dass ein Gericht den Vertrag höchstwahrscheinlich als Werkvertrag ansehen würde.

2. Gebot: Kauf in der Schwebe?

In vielen Verträgen der Küchenhändler findet sich an einer meist unauffälligen Stelle (im Kleingedruckten) eine Formulierung, die etwa so lautet:

> *„Der Käufer ist zwei Wochen an den Auftrag gebunden. Der Kaufvertrag gilt als abgeschlossen, wenn der Verkäufer nicht innerhalb dieser Frist widerspricht."*

Solch ein Händler will den Kauf in der Schwebe halten, um das Ganze ohne Nachteile abblasen zu können, wenn er irgendeinen Grund dafür sieht.

In diesem Fall sollten Sie die Streichung dieser Klausel verlangen oder sich ebenfalls ein 2-wöchiges Storno-Recht einräumen lassen.

3. Gebot: Das Kleingedruckte

Was soll eigentlich das oft umfangreiche Kleingedruckte auf der Rückseite der Kaufverträge?

Für den Händler ist die Antwort einfach, wenn er das so auch nicht formulieren wird: Falls Ärgernisse auftreten, besonders bei Reklamationen, sollen die Rechte des Käufers möglichst „ausgedünnt" werden. Für mich gibt es aber ebenfalls eine einfache Antwort: Das Kleingedruckte muss gestrichen werden. Die Gesetze regeln genug, und zwar für beide Seiten.

Dann will ich einmal schnell rekapitulieren, was die Gesetze regeln. Der Einfachheit halber spreche ich im Folgenden nur von Reklamationen. Und da gibt es auf drei Hauptfragen drei Hauptantworten:

Was kann ich reklamieren?

Grundsätzlich alle Fehler und Mängel an Küche und Gerät. Ein Mangel ist es auch, wenn das Möbelstück nicht hält, was versprochen wurde (Werbeversprechen, Produkt- und Materialbeschreibungen). Besonders interessant: Auch eine Montageanleitung für den Selbstaufbau darf nicht fehlerhaft sein (Das ist die sogenannte IKEA-Klausel).

Wie kann ich reklamieren?

Ich muss nichts nachweisen. Allerdings gilt das nur innerhalb der ersten sechs Monate nach der Lieferung. Ich muss dem Händler zwei Mal Gelegenheit zur Reparatur geben.

Ich reklamiere immer schriftlich und unter Fristsetzung. Klappt die Reparatur nicht, steht mir ein Preisnachlass zu (Minderung). Sind die Mängel schwerwiegend und können letztlich nicht behoben werden, kann der Rücktritt vom Vertrag erklärt werden.

Bitte fragen Sie mich nicht, wie hoch ein Preisnachlass sein könnte oder unter welchen Voraussetzungen der Rücktritt vom Vertrag geboten ist. Das würde den Rahmen dieses Ratgebers sprengen.

Außerdem kommt es immer auf den Einzelfall an. Ich kann Ihnen daher nur raten, einen Anwalt einzuschalten, wenn Sie in eine solche Situation geraten bzw. eine gütliche Einigung mit dem Händler scheitert.

Wie lange kann ich reklamieren?

Weil die Küchenlieferung ein Werk ist, fünf Jahre lang. Sollte am Ende die Rückgabe der Küche angesagt sein, darf der Küchenhändler bei der Kaufpreisrückerstattung etwas für die bisherige Nutzung abziehen.

Von diesen gesetzlichen Regelungen darf in keinem Falle abgewichen werden. Da ist die Frage umso berechtigter: Was soll das, wenn Küchenhändler ihre Verträge immer noch mit Kleingedrucktem vollstopfen?

Wenn Sie eine komplette Streichung des Kleingedruckten (AGB) nicht erreichen können, sollten Sie zumindest darauf drängen, dass diejenigen Klauseln, die Ihnen „spanisch" vorkommen, gestrichen werden.

4. Gebot: Küchenplan

Der Küchenplan muss ausdrücklich als Bestandteil des Vertrags bezeichnet sein.

Er legt in der Hauptsache die Maße fest. Ich habe sie selbst aufgenommen und denke, dies mit aller Sorgfalt getan zu haben. Dennoch muss auch der Küchenlieferant Verantwortung dafür übernehmen und vor Ort nachmessen. Das wird er in aller Regel von sich aus tun. Trotzdem sollte zur Sicherheit im Vertrag der Satz stehen:

„Der Vertrag wird erst wirksam, wenn der Auftragnehmer die Maße vor Ort nachgeprüft und bestätigt hat."

5. Gebot: Die Stückliste (Typenaufstellung)

Die Typenaufstellung sollte unbedingt Stück für Stück die Einzelpreise ausweisen. Selbst dann, wenn die Summe nicht dem vereinbarten Kaufpreis entspricht. Beispiel in meinem Fall:

Preis der Einzelstücke insgesamt	14.838,00 €
Vereinbarter Kaufpreis	11.485,00 €.

Es kann nämlich vorkommen, dass später einmal einzelne Küchenelemente verändert oder ausgetauscht werden müssen. Falls das auf meinen Wunsch geschieht und ich es bezahlen muss, kann ich nachprüfen, ob der Küchenhändler den richtigen Preis berechnet.

6. Gebot: Lieferungsgegenstand

Die zu liefernde Küche muss unmissverständlich gekennzeichnet sein. Dazu gehören mindestens

✓ Hersteller (besonders wichtig bei Handelsmarken!),

✓ Modell bzw. Modelllinie,

✓ Frontausführung,

✓ Griffe und Applikationen,

✓ Beizton,

✓ Korpusausführung,

✓ Arbeitsplattenausführung,

✓ Kanten,

✓ Sockelausführung,

✓ Sockelhöhe (Arbeitshöhe).

Die einzelnen Elemente und Teile brauchen nicht aufgeführt zu sein, wenn die Typenliste Bestandteil des Vertrags ist. Das muss dann aber ausdrücklich so formuliert sein.

7. Gebot: Qualitätsmerkmale

Alles, was die Küche für mich wertvoll macht, will ich festgeschrieben haben.

Bereits bei meiner Qualitätsprüfung hatte ich großen Wert auf Produktbeschreibungen, Werksbeschreibungen und Zertifikate gelegt. Sie sollen Gegenstand des Vertrages werden, weshalb ich hineinschreiben lasse:

> *„Produktbeschreibungen und Herstellerangaben zur Qualität und Pflege sind verbindlich."*

8. Gebot: Lieferungsumfang

Hier geht es hauptsächlich um die Kosten für Lieferung und Montage. Diese werden von den Händlern mit etwa 7-10% des Materialwerts beziffert. Es ist ratsam darauf zu achten, dass diese Kosten bei den Preisverhandlungen mit inbegriffen sind.

Im Kaufvertrag allerdings sollten sie sich die **Montagekosten** extra ausweisen lassen oder besser eine separate Rechnung verlangen. Diese Kosten können Sie nämlich **bei Ihrer nächsten Einkommensteuererklärung als Handwerkerleistungen absetzen**. Sie müssen den Betrag aber überweisen, eine Barzahlung erkennt das Finanzamt nicht an.

Selbst bei nur 500,00 € Montagekosten sind das immerhin 100,00 €, die Sie weniger an Einkommensteuer zahlen. Wenn Sie das bisher nicht gewusst haben, hat sich für Sie der Kauf meines Ratgebers alleine deswegen schon mehrfach bezahlt gemacht.

Steuern hin, Steuern her: Die Liefer- und Montagekosten sollten immer in einem Festbetrag genannt sein. Niemals würde ich mich auf prozentuale Kostenangaben oder etwa eine „Berechnung nach Arbeitsaufwand" einlassen.

9. Gebot: Liefertermin

Die Lieferzeiten individuell geplanter Küchen sind lang. Zu lang, wie ich meine. Doch das ist ein Thema für sich.

Die Möbelhändler umschreiben in ihren Verträgen den Lieferzeitpunkt gerne äußerst vage, z.B. „Lieferung in ca. 8 Wochen". Darauf lasse ich mich nicht ein. Ich werde zwar nicht unbedingt darauf hinarbeiten, einen festen Liefertermin (Fixtermin) zu vereinbaren. Denn der bindet ja auch mich und wer weiß, was zu diesem Zeitpunkt alles los ist.

Aber die Lieferwoche (Kalenderwoche) sollte doch verbindlich festgelegt werden. Ferner sollte zur Pflicht gemacht werden, den Liefertag vorher telefonisch oder schriftlich anzukündigen.

10. Gebot: Zahlungsvereinbarungen

Über eine Anzahlung und ihre Absicherung mit einer Bankbürgschaft hatte ich bereits während der Kaufgespräche verhandelt. Bewusst hatte ich dabei vermieden zu erwähnen, dass ich unbedingt noch etwas anderes will: Die Zurückbehaltung einer Restzahlung in Höhe von etwa 10% des Kaufpreises. Warum?

Gerade bei der Küchenmontage können meist aus verschiedenen Gründen Restarbeiten erst später erledigt werden, beispielsweise weil Teile falsch geliefert wurden oder fehlen oder sonst irgendetwas nicht funktioniert (siehe auch Ziffer 17.)

Schließe ich einen **Kaufvertrag** ab (dabei sei dahingestellt, ob juristisch ein solcher vorliegt oder nicht), wird der Händler die volle bzw. den Rest der Kaufsumme gemäß der Natur des Vertrags bei Lieferung verlangen. Tritt ein Mangel auf, muss er diesen im Rahmen der Gewährleistung natürlich beheben. Aber: Erfahrungsgemäß wird er sich dafür Zeit lassen. Ich laufe also der Mangelbeseitigung hinterher und habe keinerlei Druckmittel, weil bereits alles bezahlt ist. Steht dagegen noch Geld aus, wird der Händler eifrig bleiben.

Wird der Kauf per **Werkvertrag** abgewickelt, ist die volle oder der Rest der Kaufsumme erst mit der Abnahme fällig. Ich muss erst dann alles bezahlen, wenn ein eventueller Mangel behoben ist.

Die Zahlungsweise sollte deshalb, egal ob Kaufvertrag oder Werkvertrag, so aussehen:

Anzahlung bei Vertragsabschluss gegen Bankbürgschaft	5.920,00 €
Zahlung bei Lieferung und Montage	4.465,00 €
Restzahlung innerhalb von 14 Tagen nach Abschluss aller Montagearbeiten (Kaufvertrag) bzw. bei Abnahme (Werkvertrag)	1.100,00 €
Gesamtzahlung	11.485,00 €

Gebot für Gebot gehe ich mit dem Verkäufer durch. Als ich ihn zwischendurch einmal ansehe, ist es mir, als stünden ihm Schweißperlen auf der Stirn. Er holt den Chef. Es entwickelt sich eine rege Diskussion.

Letztendlich erreiche ich doch, was ich will:

1. Der Kauf wird als Werkvertrag abgewickelt.

2. Eine ursprünglich enthaltene Klausel über den befristeten „Schwebezustand" des Vertrags bleibt stehen. Dafür lasse ich mir ebenfalls ein 14-tägiges Stornorecht zusichern.

3. Teile des Kleingedruckten (AGB) werden gestrichen.

4. Der Küchenplan wird zum Bestandteil des Vertrages erklärt.

5. Die Stückliste mit Einzelpreisen wird zum Bestandteil des Vertrages erklärt. Da ich die Einbaugeräte anderweitig beschaffe, sind deren Modellangaben noch nachzureichen. Es muss sichergestellt werden, dass die Küchenelemente zu den Geräten passen.

6. Das Küchenmodell ist in der Stückliste in allen Einzelheiten genau bezeichnet (Liefergegenstand). Da diese Bestandteil des Vertrages ist, brauchen die Angaben im Hauptteil nicht wiederholt zu werden.

7. Es wird die Klausel aufgenommen: „Produktbeschreibungen und Herstellerangaben zur Qualität und Pflege sind verbindlich."

Die 10 Gebote für den Küchenvertrag

8. Die Montagekosten werden getrennt ausgewiesen. Mein Händler ist in Bezug auf die Höhe des ausgewiesenen Betrags großzügig und berechnet dafür ca. 10% der Kaufsumme. Wichtig erscheint mir, dass in den Vertrag hineingeschrieben wird: „Bauseits gestellte Elektrogeräte werden eingebaut und angeschlossen."

9. Als Liefertermin wird die 40. Kalenderwoche festgelegt. Der Liefertag wird vorher telefonisch angekündigt.

10. Die Zahlung des Kaufpreises wird wie oben aufgeführt vereinbart.

Nun sind die Papiere in Ordnung. Ich unterschreibe und wir verabschieden uns voneinander mit einem kräftigen Händeschütteln. Wieder zuhause angekommen, setzte ich mich gleich an meinen PC und überweise die Anzahlung in Höhe von 5.920,00 €.

Stückliste		
Hersteller: *x*		
Modell: *Bologna*	Farbe: *Eiche natur*	Kante: *Eiche natur*
Front: *Eiche natur*	Korpus: *weiß*	Sockel: *schwarz*
Griff/Knopf: *CG 160*	Arb.platte: *GN 664*	So.höhe: *10,5 cm*

Typenbeschreibung	Preis in €
Kernküche	
Eckunterschrank Le Mans 110 re	1.098,00
Spülenunterschrank 60, Tür li	688,00
Unterschrank 30, 1x Auszug	478,00
Unterschrank 40, 3x Schübe, 1x Auszug	758,00
Hochschrank für integr. Backofen/Mikrowelle,1x Schub, 1x Auszug, 1x Lifttür	1.598,00
Hochschrank für integr. Kühlgerät, 1x Auszug, 1x Lifttür	1.398,00
(...)	(...)

Die 10 Gebote für den Küchenvertrag

Müller Küchen Kaiserstr.12 76133 Karlsruhe

WERNER UND ILSE LUTZ
TALSTR. 23
76133 KARLSRUHE

TEL.: 0721-685170

MÜLLER
KÜCHEN
Kaiserstr.12
76133 Karlsruhe
Tel. (07 21) 8 24 50 22

WERKVERTRAG
~~Kaufvertrag~~ und Rechnung Nr. **3054** Datum: 01.08.

Küchenfachberater: DOLL		Liefertermin ~~ca.~~: 40. KW	
Lieferbedingung:		Anzahlung: 5.920,00 €	
Zahlungsbedingung:			
Modell: BOLOGNA	Farbe: EICHE NATUR	Kante: EICHE NATUR	
Front: EICHE NATUR	Korpus: WEISS	Sockel: SCHWARZ	
Griff/Knopf: CG 160	Arbeitsplatte: GN 664	Sockelhöhe: 10,5 CM	
Typenbeschreibung:		Einzelpreis:	Gesamtpreis:
ZUSAMMENSTELLUNG GEMÄSS KÜCHENPLAN UND TYPENAUFSTELLUNG (STÜCKLISTE). DIESE UNTERLAGEN SIND BESTANDTEIL DES VERTRAGS.			
GESAMTPREIS			14.838,00 €
SONDERPREIS			10.335,00 €
MONTAGEKOSTEN			1.150,00 €
SUMME			11.485,00 €
ANZAHLUNG			5.920,00 €
ZAHLUNG BEI LIEFERUNG UND MONTAGE			4.465,00 €
RESTZAHLUNG BEI ABNAHME			1.100,00 €

LIEFERUNG IM PREIS INBEGRIFFEN. BAUSEITS GESTELLTE ELEKTROGERÄTE WERDEN EINGEBAUT UND ANGESCHLOSSEN. PRODUKTBESCHREIBUNGEN UND HERSTELLERANGABEN ZUR QUALITÄT UND PFLEGE SIND VERBINDLICH. DER VERTRAG WIRD ERST WIRKSAM, WENN DER AUFTRAGNEHMER DIE MASSE VOR ORT NACHGEPRÜFT UND BESTÄTIGT HAT.

Der Kaufvertrag gilt als angenommen, wenn der Verkäufer nicht innerhalb von 14 Tagen nach Kaufdatum widerspricht. ~~Durch die Unterschrift erkennt der Käufer die umseitigen Kauf-, Zahlungs-, und Lieferbedingungen ausdrücklich an. Der nebenstehende Netto-Endbetrag hat nur Gültigkeit, wenn dieser bei der Lieferung sofort an den Fahrer bezahlt wird.~~

Werner Lutz
Unterschrift des Kunden

Bankverbindung: Postbank Karlsruhe BLZ 660 100 75
Konto-Nummer: 1928250757
Sitz der Gesellschaft: Karlsruhe
Amtsgericht Karlsruhe HRB 3114
Geschäftsführer Martin Müller

ALNO LEICHT

14. Der clevere „7-Schritte-Küchendeal"

Was Sie bis hierhin über die Küchenplanung, Küchenpreise und Preisverhandlungen gelesen haben, möchte ich zu einer griffigen Kurzformel zusammenfassen. Weil der Kauf Ihrer Küche im Wesentlichen in sieben Phasen ablaufen sollte, nenne ich das den **7-Schritte-Küchendeal**:

1. Schritt: Die Küche selbst (vor)planen. So entwickeln Sie konkrete Vorstellungen und sind für die Besuche bei den Küchenhändlern bestens gerüstet.

2. Schritt: Besuche bei den Händlern zur Ausarbeitung des optimalen Küchenplans. Die Planung eines Profis sollte Ergonomie und Optik gleichermaßen berücksichtigen. In dieser Phase ist es nicht erforderlich, sich bereits auf eine bestimmte Marke festzulegen, weil das Planungsergebnis nahezu ausnahmslos mit jedem Hersteller realisiert werden kann.

3. Schritt: Die persönlichen Forderungen an die Küchenqualität abstecken und sich mittels Qualitätsvergleich letztlich auf ein Modell festlegen. Hierzu dient zunächst zur groben Orientierung das Hersteller-Ranking und dann für den detaillierten Vergleich die Checkliste Küchenqualität.

4. Schritt: Den Küchenhersteller kontaktieren und anfragen, welche Händler das Wunschmodell führen.

5. Schritt: Für das Modell Angebote einholen – je mehr, umso besser. Achtung: Von der Stückliste bzw. Planung darf nicht abgewichen werden, sonst sind die Angebote preislich nicht vergleichbar!

6. Schritt: Mit dem günstigsten Küchenhändler – eventuell auch mit dem zweit- und drittgünstigsten – über den Zielpreis verhandeln.

7. Schritt: Den perfekten Küchenvertrag unter Beachtung der 10 Gebote für den Küchenkauf abschließen.

Wenn Sie den **7-Schritte-Küchendeal** konsequent praktizieren, sparen Sie bei Ihrem Küchenkauf weitaus mehr, als es den meisten Küchenkunden möglich ist. Das haben mir Hunderte von Leserzuschriften seit der Veröffentlichung der Erstauflage im November 2002 bewiesen.

14.1. So holen Sie das Maximum heraus

Ich habe 10 große Möbelhäuser repräsentativ ausgewählt und deren monatliche Besucherfrequenz sowie deren monatliche Umsätze der letzten 10 vergangenen Jahre ausgewertet. Das Ergebnis zeigt folgendes Diagramm:

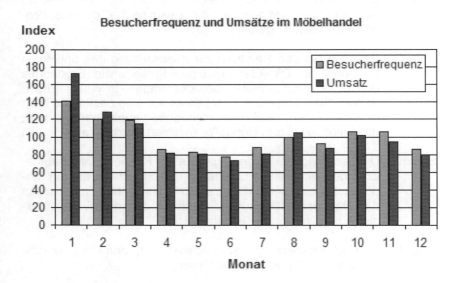

Sie erkennen deutlich, dass in den Monaten April bis Juni die wenigsten Besucher den Weg in die Ausstellungen der Möbelhäuser finden und dementsprechend die geringsten Umsätze getätigt werden.

Das ist durchaus plausibel. Nach der langen, kalten Jahreszeit ist man lieber wieder mehr draußen an der frischen Luft. Den eigenen vier Wänden und der Einrichtung wird weniger Aufmerksamkeit geschenkt.

Kurzum: Wer nicht unbedingt muss, kauft im Frühjahr keine Möbel und keine Küche.

In den letzten Novembertagen und vor allem in der Adventszeit ist ebenfalls nicht viel los. Neue Möbel oder eine neue Küche stehen selten auf dem Wunschzettel und schon gar nicht unter dem Weihnachtsbaum.

Denn wer zu dieser Zeit bestellt, erhält die Lieferung mit ziemlicher Sicherheit erst nach dem Fest. „Warum also nicht gleich bis nach Weihnachten mit dem Kauf warten?", denkt sich der Kunde.

Völlig anders sieht es ab dem ersten Werktag nach dem Weihnachtsfest aus. Der Möbelhandel explodiert regelrecht. Klar, denn Omas willkommenes Geldgeschenk soll rasch in die neue Einrichtung umgemünzt werden.

Auch in den ersten Januartagen muss man oft schon früh morgens dran sein, um überhaupt noch einen freien Parkplatz vor Deutschlands Möbelpalästen zu ergattern. Dieses „Winter-Möbelhoch" hält sich etwa bis Mitte/Ende März und wandelt sich dann abrupt wieder in das „Frühlings-Möbeltief".

Bei diesem jährlichen, wellenförmigen Auf und Ab gibt es eine Unregelmäßigkeit: Den August. Er ist in der Regel einer der umsatzstärksten Monate. Das liegt wohl daran, dass fast überall Schulferien sind, die Leute Urlaub und Zeit haben und der eine oder andere sein Geld statt in eine Reise lieber in eine neue Polstergarnitur oder in eine neue Küche investiert.

Mein Tipp lautet daher: **Kaufen Sie entgegen dem allgemeinen Trend.**

Bevorzugen Sie die Frühlingsmonate und die Wochen vor dem Weihnachtsfest. Weil zu diesen Zeiten die Möbelhäuser oft gähnend leer sind, ist der Chef für jeden Auftrag dankbar und Sie können höhere Preiszugeständnisse erwarten als sonst.

Meiden Sie die Tage zwischen Weihnachten und Neujahr und den Januar. Hier kann es vorkommen, dass Sie bei den Verkäufern bzw. beim Chef mit Ihrem Zielpreis (siehe Ziffer 12.) auf taube Ohren stoßen. Denn gleich neben Ihnen im Gedränge steht bereits der nächste Kunde, der den geforderten Preis ohne Murren bezahlt.

15. Wie ich Lieferverzögerungen begegne

So wie mir geht es wahrscheinlich vielen Käufern. Ist der Kauf endlich getätigt, will man sein Stück schnellstens haben. An die Kauffreude soll sich die Besitzerfreude unmittelbar anschließen. Aber ich muss neun Wochen warten.

Als Optimist funktioniere ich die lange Lieferzeit zu einer Zeit der Vorfreude um. Außerdem nutze ich sie, um die Einbaugeräte zu beschaffen.

Ich habe bereits ein gutes Angebot über 2.794,00 € vorliegen. Ich hole noch weitere Angebote ein, aber zu einem niedrigeren Preis komme ich leider nicht. Also übermittle ich die Gerätedaten per Fax an den Internethändler.

Neun Wochen. Obwohl ich die Küchenbranche und ihre Probleme mit den Lieferzeiten kenne, hege ich die Hoffnung, dass es keine weiteren Verzögerungen gibt. Wie komme ich eigentlich nur dazu, dies zu glauben? All meine Erfahrungen sprechen dagegen.

Immerhin, die Einbaugeräte stehen bereits in der Garage. Sie wurden schon 10 Tage nach meiner Bestellung von einer Spedition angeliefert.

Die 40. Kalenderwoche beginnt. Das Küchenstudio meldet sich nicht. Am Ende der Woche, Freitagmittag, rufe ich an. Man sagt mir, dass der Hersteller den Auftrag zur Lieferung in der 39./40. Kalenderwoche bestätigt habe. Die Sendung sei wegen Betriebsferien etc. noch nicht gekommen. Gewiss werde...

Ich will das gar nicht hören.

Das darf nicht wahr sein. Ich bin also ebenso ein Opfer der Unfähigkeit der Küchenbranche geworden, die ihre Liefermisere einfach nicht in den Griff bekommt. Und meine Frau stichelt: „Das passiert dir?"

Ärger wallt auf, aber er wandelt sich bald um in Coolness. Denn jetzt kommt Action. Schon sitze ich am PC und ruckzuck ist ein Schreiben ausgedruckt.

Wie ich Lieferverzögerungen begegne

Einschreiben mit Rückschein

Letzte Frist zur Lieferung

Sehr geehrte Damen und Herren,

am 01.08. schlossen wir einen Vertrag über die Lieferung einer Küche.

Laut Vertrag war sie in der 40. Kalenderwoche, das ist vom 01.10.-07.10., zu liefern und zu montieren. Heute, am 08.10., steht die Lieferung immer noch aus.

Ich muss auf pünktliche Einhaltung Ihrer Lieferverpflichtung bestehen und bin nicht bereit, länger zu warten.

Hiermit setze ich Ihnen eine letzte Frist bis zum 19.10. Sollte bis zu diesem Tag um 17:00 Uhr die Küche nicht geliefert und ordnungsgemäß aufgebaut sein, werde ich sie nicht mehr annehmen und meine Anzahlung zurückverlangen.

Mit freundlichem Gruß

Ich habe die hohe Anzahlung vor Augen und werde nicht mit mir spaßen lassen.

Weil der Händler auf mein Schreiben nicht reagiert hat, rufe ich am 19.10. ein weiteres Mal das Küchenstudio an. Die Küche sei leider noch nicht da. Der Hersteller habe aber versprochen...

Das kenne ich. Ich habe nicht erwartet, dass meine Telefonate tatsächlich etwas nützen. Aber ich werde jetzt den Küchenhändler nervös machen.

Ich setze mich wieder an den PC. Diesmal verfasse ich das Rücktrittsschreiben:

227

Einschreiben mit Rückschein

Rücktritt vom Küchenvertrag vom 01.08.
Rückerstattung der Anzahlung und Inanspruchnahme der
Bankbürgschaft

Sehr geehrte Damen und Herren,

Sie haben die letzte Frist zur Lieferung der Küche nicht eingehalten.

Hiermit trete ich vom Vertrag zurück.

Von heute an brauchen Sie eine Lieferung gar nicht erst zu versuchen, ich werde die Ware nicht mehr annehmen.

Den Anzahlungsbetrag über 5.920,00 € verlange ich zurück. Bitte überweisen Sie den Betrag auf mein Konto Nr. ... Das Geld muss bis zum 25.10. auf meinem Konto gutgeschrieben sein.

Mit gleicher Post geht ein Schreiben an Ihre Bank, mit dem ich die Bankbürgschaft in Anspruch nehme.

Seien Sie versichert, dass ich bei Nichtzahlung mein Geld gerichtlich beitreiben lassen werde.

Im Übrigen behalte ich mir vor, Schadensersatz zu fordern. Hierüber werden Sie von mir noch hören.

Mit freundlichem Gruß

Das Schreiben an die Bank sieht wie folgt aus:

Wie ich Lieferverzögerungen begegne

Einschreiben mit Rückschein

Inanspruchnahme der Bankbürgschaft
Ihre Bürgschaftsbestätigung vom 31.07.

Sehr geehrte Damen und Herren,

mit dem in Kopie beigefügtem Schreiben vom 31.07. haben Sie für das Küchenstudio ... über einen Betrag von 5.920,00 € die Bürgschaft für eine Anzahlung übernommen.

Die Bürgschaft wird fällig, wenn das Küchenstudio nicht vertragsgemäß liefert.

Die Lieferung blieb auch innerhalb einer verlängerten Lieferfrist aus. Demnach war Rücktritt vom Vertrag geboten. Kopien des diesbezüglichen Schriftverkehrs sind beigefügt.

Hiermit nehme ich Sie als Bürgen in Anspruch und fordere Sie auf, den Betrag von 5.920,00 € bis zum 29.10. meinem Konto Nr. ... gutzuschreiben.

Mit freundlichem Gruß

Am späten Nachmittag des folgenden Freitags klingelt es an unserer Tür. Als ich öffne, begrüßt mich der Chef des Küchenstudios mit einem freundlichen Hallo.

Dann bittet er um Entschuldigung wegen der Lieferverzögerung und sagt weiter, er habe nun die feste Zusage des Herstellers, dass die Küchenmöbel am Montag, den 29.10. in der Frühe an seiner Verladerampe abgeladen werden.

Er werde die Küche sofort hierher bringen und montieren lassen. Wir mögen bitte das Rücktrittsschreiben an ihn und die Inanspruchnahme der Bankbürgschaft zurücknehmen.

Nein, das komme gar nicht in Frage, sagen meine Frau und ich wie aus einem Munde. Wir erklären uns aber bereit – wenn es denn wahr werden sollte – die Monteure am 29.10. ins Haus zu lassen.

Wir würden das nur dann tun, wenn die Anzahlung termingemäß zurückgezahlt werde. Sein Geld werde er erhalten, wenn die Montage erledigt sei. Zähneknirschend stimmt er zu.

Tatsächlich, am 29.10. steht der Möbelwagen um 8:00 Uhr vor der Tür. Am 31.10. gegen Mittag sind die letzten Montagearbeiten erledigt.

Am 29.10. schaue ich nach meinem Kontoauszug. Eine Gutschrift über 5.920,00 € ist nicht gebucht. Also hatte die Bank hinsichtlich der Bürgschaft nicht reagiert. Wir belassen es natürlich dabei, weil die Küchenmöbel inzwischen in unserer Wohnung stehen, wenn auch die Montage noch nicht erledigt ist.

Wir sind noch einmal daran vorbeigekommen, die Sache unserem Rechtsanwalt zu übergeben.

16. Wie ich die Küchenmontage überwache

Zweieinhalb Tage lang Küchenmontage ist schon ein Stress. Für die Monteure weniger, denn das ist ihr Job. Aber für mich und meine Frau. Nicht nur der Küchenraum, sondern auch die Diele und teilweise das Wohnzimmer sehen aus wie ein Schlachtfeld.

Als ich früher selbst Küchen aufbaute, habe ich da ebenfalls solch ein Chaos geschaffen? Ich hoffe nicht. Aber das ist jetzt sowieso Vergangenheit. Außerdem ist das nur ein Nebeneffekt.

In der Hauptsache geht es mir um die Perfektion, mit der eine Küche aufgebaut sein soll. Perfekt montiert ist sie, wenn alle Küchenteile

- ✓ horizontal und vertikal im Lot sind,
- ✓ sicher stehen,
- ✓ sicher hängen,
- ✓ lückenlos beziehungsweise fugenlos stehen oder hängen,
- ✓ in geraden Fluchten verlaufen, außer Versetzungen in Höhen und Tiefen seien gewollt.

Ich werde aufpassen, dass diese Forderungen genau erfüllt werden. Dazu brauche ich nicht alle Handgriffe der Monteure zu beobachten. Sobald aber die Arbeiten beginnen an

- ✓ der Arbeitsplatte mit ihren Unterschränken,
- ✓ den Hochschränken,
- ✓ den Oberschränken,
- ✓ dem Kranz und den Lichtleisten,
- ✓ den Frontteilen (Türen, Auszüge) und
- ✓ den einzubauenden Geräten

bin ich aufmerksamer Zuschauer.

Die Monteure merken bald, dass ich ihr Tun genau verfolge. Am Anfang wird sie das vielleicht nervös machen. Sie mögen sich daran gewöhnen.

Sie beginnen ihr Schaffen, wie ich selbst es machen würde. Der Küchenplan (Grundriss) wird auf dem Heizkörper ausgebreitet, so dass jederzeit ein schneller Blick darauf geworfen werden kann.

Die Unterschränke der Kernküche werden herausgesucht und ausgepackt. Die Stellfüße werden angeschraubt und anschließend die Schränke von links nach rechts lose an den vorgegebenen Platz gestellt, dazwischen der Geschirrspüler.

Das Gleiche geschieht mit den Hochschränken für Backofen, Mikrowelle und Kühlgerät. Sie werden ebenfalls lose an ihre Stelle geschoben. Die Wand ist damit fast bis zur Ecke mit dem Kamin zugestellt. Rechts davon werden die drei restlichen Hochschränke angefügt.

Diese wichtige erste Aufstellprobe zeigt, ob richtig gemessen wurde. Das ist schon sehr spannend. Stimmt etwa die Ecklösung nicht?

Nach einigem Hin- und Herrücken seufze ich erlöst: Es wird knapp, aber es passt. Die Passleiste wird die Lücke zwischen den im 90°-Winkel zueinander stehenden Hochschränken genau schließen.

Während ein Monteur die restlichen Küchenteile auspackt, macht sich der andere daran, die Unterschränke endgültig auszurichten und zu verbinden. Das wichtigste Werkzeug ist jetzt die Wasserwaage.

Unterschränke und Arbeitsplatte

Die Arbeitsplatte im Bereich der Kochstelle muss absolut waagerecht aufliegen, sowohl in der Breite, als auch in der Tiefe. Die kleinste Abweichung hätte zur Folge, dass später z.B. der Braten leicht anbrennen würde, da sich das Fett in der Pfanne an einer Stelle sammelt. Den/Die Koch/Köchin würde das ewig ärgern.

Nun verläuft aber meine Arbeitsplatte U-förmig an drei Wänden entlang und ist fest verbunden. Also muss sie überall, auch auf der gegenüberliegenden Seite, völlig waagerecht sein.

Ich schlage den Monteuren vor, zuerst alle Unterschränke ringsum aufzustellen. Die Arbeitsplatte sollte jetzt schon zusammengesetzt, die Ausschnitte für Spüle und Kochfeld sollten gefertigt und das Ganze sollte dann anhand der Stellfüße an den Unterschränken waagerecht ausgerichtet werden.

Ferner sollten die nebeneinander stehenden Unterschränke fest miteinander verbunden werden, um die Waagerechte zu justieren.

„Jetzt schon?", meint einer der Monteure. „Das machen wir sonst immer erst zum Schluss, bevor die Oberschränke aufgehängt werden."

Ich kann die Herren dazu überreden, es diesmal anders zu machen. Später geben sie mir Recht. Das sonst so schwierige waagerechte Ausrichten der Arbeitsplatte war zur Kleinigkeit geworden.

Hochschränke

Als nächstes kommen die Hochschränke an die Reihe. Hier zeigt die Wasserwaage, ob sie horizontal und vertikal im Lot stehen.

Ferner müssen sie sicher stehen, wenn ich die Türen öffne und Auszüge herausziehe, die schwer beladen sind. Eine gewisse Standfestigkeit wird zwar dadurch erreicht, dass die Korpusse nebenstehender Hochschränke miteinander verschraubt werden. Doch das genügt mir nicht. Ich achte darauf, dass sie zusätzlich an der Wand befestigt werden. Das geht ganz einfach durch Anschrauben von Stahlwinkeln.

Oberschränke

Zur Wasserwaage kommt nun die Bohrmaschine hinzu. Zum Glück bestehen die Wände meiner Küche aus konventionellem Mauerwerk. Demgemäß wird das Dübeln keine Probleme bereiten und große Lasten können sicher hängen.

Da kommt mir in den Sinn, was mir ein Leser schrieb:

> *„(...) Wesentlich gravierender war aber der Umstand, dass die Mitarbeiter des Montageteams es ablehnten, die Oberzeile zu montieren. Für die einfache Ständer-Rigipswand, die Küche und Bad trennt, seien die Oberschränke zu schwer. Selbst wenn man spezielle Schlingdübel verwende, sei das nicht sicher genug. IKEA habe die Anweisung gegeben, in solchen Fällen nicht zu montieren.*

> *Nun sind aber derartige einfache Rigipswände bei rekonstruierten Altbauwohnungen in Berlin durchaus üblich, vielleicht sogar Standard. Niemand von den IKEA-Leuten hat uns bei den Beratungsgesprächen auf die Problematik aufmerksam gemacht. Und sie waren sogar hier in unserer Wohnung.*

> *Als wir bei IKEA reklamierten, sagte man uns, die bautechnischen Voraussetzungen für eine sichere Montage hätten wir selbst zu prüfen. Dabei verwies man auf die Geschäftsbedingungen. Was sollen wir jetzt tun? (...)"*

Ich erinnere mich, dass es schließlich eine Lösung gab. Ein anderes Montageteam fand technische Möglichkeiten und baute die Küche auf. Das kostete allerdings einiges. Die Mehrkosten sollten IKEA aufgebürdet werden. Mein Leser hat mir nicht mitgeteilt, ob dies gelungen ist.

Doch zurück zu meiner Küche.

Die Oberschränke werden in sogenannter Punktaufhängung befestigt. Der Aufhängebeschlag muss möglichst punktgenau auf den Wandhaken treffen. Großer Spielraum ist da nicht. Wenn es der Teufel will, verlaufen unter dem Wandverputz gerade an der Stelle, an der das Bohrloch sitzen muss, elektrische Leitungen oder Wasserrohre.

Ich bin beruhigt, als ich sehe, dass der Monteur einen Detektor zur Hand nimmt, um die Wand nach Leitungen abzutasten. Er wird also nicht blind darauf losbohren.

Doch bei mir will es der Teufel: Der Detektor zeigt eine elektrische Leitung genau da an, wo ein Bohrloch hingehört.

Punktaufhängung geht also nicht. Aber die meisten Küchenhersteller bieten Abhilfe, so auch meiner. Es gibt eine Montageleiste, bei der die Bohrlöcher frei gewählt werden können – allerdings ausschließlich in der Horizontalen. Abweichungen nach oben oder unten sind nur geringfügig möglich.

Das genügt in den meisten Fällen, denn es kommt selten vor, dass z.B. ein Wasserrohr gerade dort waagerecht verläuft, wo die Montageleiste sitzen soll.

Die Montageleiste ist profiliert und der Aufhängebeschlag der Oberschränke hängt sich in eine durchlaufende Kerbe ein. Es ist klar, dass nur eine kräftige Leiste aus gehärtetem Stahl das gleiche Gewicht aushält wie eine Punktaufhängung.

Der Monteur zeichnet dort, wo die Oberschränke vorgesehen sind, mit Hilfe seiner Wasserwaage rundum eine horizontale Linie an die Wand. Auf dieser Linie will er die Löcher bohren.

Wichtig ist, dass diese Linie in der richtigen Höhe verläuft, damit später die Oberkanten von Hoch- und Hängeschränken übereinstimmen. Ich bitte deshalb den Monteur, noch einmal nachzumessen. Er tut es bereitwillig.

In der Zwischenzeit nehme ich seinen Detektor zur Hand und fahre damit nochmals über die Linie. Um die Stelle, an der eine elektrische Leitung angezeigt wird, zeichne ich mit Bleistift einen Kreis. Hier ist das Bohren tabu.

Als die Montageleiste sitzt, werden zuerst die Eckoberschränke eingehängt, daran folgend die übrigen Hängeelemente. Die Wasserwaage wird angelegt und die gesamte Oberstrecke durch Verstellen der Hängebeschläge justiert.

Kranz und Lichtleisten

Kranz und Lichtleisten zu montieren ist Feinarbeit, besonders bei den Ecken (Gehrungen). Zwar wurden die Gehrungen bereits im Werk geschnitten, aber sie genau zusammenzusetzen, mit speziellen Verbindungsbeschlägen sauber aufeinanderzuklemmen und schließlich die exakte Verschraubung auf dem Korpus, erfordert handwerkliches Geschick.

Es erscheint mir nicht sinnvoll, den Monteuren dabei auf die Finger zu schauen. Aber das Ergebnis prüfe ich. Falls es Ungenauigkeiten gibt und sie nicht behoben werden können, werde ich sie am Ende in eine Mängelliste aufnehmen.

Ausrichten der Front

Die Fronten sitzen bereits vom Werk her recht genau. Bei den Türen braucht nur wenig an den Stellmechanismen gedreht zu werden. Die Fluchtlinien stimmen bald.

Etwas mehr Arbeit bereitet es, die Türen ganzflächig auf die Korpuskanten aufschlagen zu lassen. Ich beklopfe die Türen an zahlreichen Stellen leicht mit den Fingerspitzen. Liegen sie glatt auf, bewegt sich nichts. Bei manchen Türen klappert es. Der Monteur muss dann an den Stellschrauben der Scharniere so lange drehen, bis nichts mehr zu hören ist.

Etwas schwieriger ist es bei den Fronten von Schubladen und Auszügen. Hier sind mehrmals Stellschrauben zu lockern und wieder festzuziehen, bis die Fluchtlinien und Abstände gleichmäßig sind.

Bei allen Schubladen und Auszügen prüfe ich, ob die Einzugverzögerung und das leise Zufallen auf den letzten Zentimetern funktionieren.

Einbaugeräte und Anschlüsse

Meine integrierbaren Elektrogeräte passen exakt in die Einschuböffnungen der Hochschränke. Das zeugt von Wertarbeit des Küchenherstellers.

Da die Tür des Kühlschranks werkseitig rechts angeschlagen ist, braucht der Türanschlag nicht gewechselt zu werden. Die Gerätetür ist mit der Möbeltür durch einen sogenannten Schleifmechanismus verbunden, der ebenfalls einwandfrei funktioniert.

Die Befestigung der Möbeltür auf der Klappe des Geschirrspülers bereitet einige Schwierigkeiten. Die Monteure mühen sich lange ab. Dennoch sieht es am Schluss ein wenig schief aus.

Mit den Elektroanschlüssen kennen sich die Monteure aus. Das ist schnell erledigt. Das Kochfeld heizt sich ordnungsgemäß auf, sämtliche Heizungsarten des Backofens funktionieren beim ersten Mal, ebenso die Mikrowelle.

Ob die Sanitäranschlüsse auf Dauer wasserdicht sind, wird sich erst in einigen Tagen herausstellen.

Was die Monteure sonst noch alles tun, um das Werk zu vollenden, interessiert mich nicht so sehr. Die Abnahme wird zeigen, was ich akzeptieren kann und was nicht.

17. Wie ich Reklamationen manage

Abnahme. Das klingt behördlich und bürokratisch. Man muss es ja nicht förmlich nehmen, doch man braucht, wenn die Küche endlich steht, so etwas wie eine Bestandsaufnahme. Sie ist, falls es Mängel gibt, die Basis meines Reklamationsmanagements.

Mängel wird es fast mit Sicherheit geben. Da mache ich mir keine Illusionen. Es ist bezeichnend, was kürzlich eine hoch gestellte Persönlichkeit der Möbelbranche von sich gab: „Verschämt müssen wir uns eingestehen, dass bei so gut wie keiner Küche die Erstmontage reklamationsfrei über die Bühne geht."

Meine Küchenmonteure haben ein Papier dabei, das ich unterschreiben soll. Sie hätten natürlich gerne, wenn ich die Küche so abnehme und den Satz bestätige: „Küche ordnungsgemäß geliefert und mängelfrei montiert." Schön wär's. Mein prüfendes Auge hat aber einiges entdeckt. Ich schreibe es persönlich in das Abnahmeprotokoll:

1. Drei seitliche Sockelblenden (zwei links, eine rechts) fehlen.

2. Ein Besteckeinsatz beim Unterschrank 40 fehlt.

3. Ein Griff für den Auszug des Hochschranks 40 rechts fehlt.

Den ersten Mangel möchte ich etwas erläutern:

Wie üblich, wurde die Sockelblende in einem Stück geliefert, um sie vor Ort passgenau zuschneiden zu können. Sie war zwar länger als es für die Strecke der Unterschränke erforderlich gewesen wäre, aber nicht lang genug, dass es für die freistehenden Seiten der Unterschränke gereicht hätte. Das hätte man im Werk bei der Prüfung des Grundrisses sehen müssen.

Ich belasse es nicht dabei, die Mängel nur auf dem Montagebericht zu vermerken. Am nächsten Tag geht mein Schreiben an den Küchenhändler zur Post:

**Beseitigung von Mängeln an der gelieferten Küche
Vertrag vom 01.08.**

Sehr geehrte Damen und Herren,

die am 29.-31.10. gelieferte und montierte Küche kann ich leider so nicht abnehmen, denn sie hat folgende Mängel: ...

Ich bitte Sie, die Mängel bis spätestens 23.11. zu beseitigen. Bitte teilen Sie mir vorher kurz telefonisch mit, an welchem Tag Ihre Monteure erscheinen werden.

Mit freundlichem Gruß

Selbstverständlich muss ich jetzt auch ans Bezahlen denken. Nach dem Vertrag sind 4.260,00 € fällig, die ich sofort überweise. Nun zeigt sich, wie sinnvoll es ist, immer einen Restbetrag, in meinem Fall 1.100,00 €, zurückzubehalten. Der Händler wird sich hoffentlich beeilen, die Mängel zu beseitigen, damit er an sein Restgeld kommt.

Ich rechne nicht damit, dass die Mängel innerhalb der gesetzten Frist behoben werden. Ich werde deshalb das Geld zurückhalten, bis alles erledigt ist. Egal, wie lange das auch dauern mag. Sollte es der Händler vorher fordern, werde ich es unter Berufung auf seine Gewährleistungspflicht dennoch nicht zahlen.

Es passiert ein paar Tage später nämlich noch etwas Unvorhergesehenes: Wir sitzen am Ansetztisch, um zu frühstücken. Meine Frau erhebt sich und will eine Tasse aus dem nebenan hängenden Oberschrank nehmen. Als sie die Schranktür öffnet, knackt es laut. Beim Schließen knackt es wieder.

Außerdem bleibt die Tür einen kleinen Spalt breit offen. Die Ursache ist schnell gefunden: Im oberen Türbeschlag ist eine kleine Feder defekt.

Da haben wir also einen weiteren Mangel, der sich erst beim Gebrauch der Küche gezeigt hat. Wahrscheinlich lässt er sich beheben, indem ein neuer Beschlag eingebaut wird. Das wäre nicht so schlimm. Ich hoffe nur, dass nicht auch die anderen Türbeschläge so anfällig sind.

Ich prüfe das, indem ich alle Türen längere Zeit kräftig hin und her bewege. Sie bestehen die Probe.

„Was ist, wenn so etwas erst in drei oder vier Jahren passiert?", fragt meine Frau besorgt. „Deshalb habe ich ja beim Händler darauf bestanden, dass wir den Vertrag ausdrücklich als Werkvertrag abschließen. Er muss fünf Jahre lang kostenlos reparieren. Andernfalls geben wir die Küche zurück", versuche ich sie zu trösten. „Ach du liebe Zeit! Hoffentlich tritt das nicht ein."

Immerhin habe ich heute schon zusätzliche Arbeit. Ich muss wieder einen Brief schreiben:

Weitere Mängel an der gelieferten Küche
Mein Reklamationsschreiben vom ...

Sehr geehrte Damen und Herren,

mit Schreiben vom ... bat ich um Beseitigung verschiedener Mängel. Heute ist ein neuer Mangel aufgetreten: Am Türbeschlag des Oberschranks 60 links ist eine Feder gebrochen. Die Tür lässt sich nicht mehr schließen.

Ich bitte Sie, sämtliche Mängel nunmehr bis spätestens 30.11. vollständig zu beseitigen. Bitte teilen Sie mir vorher telefonisch mit, an welchem Tag Sie die Reklamationen beheben wollen.

Mit freundlichem Gruß

Ich muss berichten, dass bis zum 30.11. nichts geschah. Ich wartete eine weitere Woche und ließ dann den „Hammer" niedersausen:

> Einschreiben mit Rückschein
>
> **Rücktritt vom Vertrag**
> **Abholung der Küche und Rückerstattung des Kaufpreises**
>
> Sehr geehrte Damen und Herren,
>
> die am 29.-31.10. gelieferte Küche hat gravierende Mängel. Ich bat, die Mängel bis spätestens 30.11. zu beseitigen. Dieser Aufforderung sind Sie nicht nachgekommen. Hiermit trete ich vom Vertrag vom 01.08. zurück.
>
> Ich fordere Sie auf, die Küche bis zum 20.12. wieder abzuholen. Gleichzeitig fordere ich den gezahlten Kaufpreis zurück. Dieser ist Zug um Zug bar zu zahlen oder auf mein Konto ... zu überweisen (Wertstellung spätestens am Tag der Abholung der Küche). Im Übrigen behalte ich mir vor, Schadensersatz zu fordern.
>
> Mit freundlichem Gruß

Das hilft. Schon am nächsten Tag ruft mich der Händler an und entschuldigt sich.

Die Entschuldigung gewähre ich ihm, nicht aber eine längere Frist zur Mängelbeseitigung. Was soll ich sagen, zu Weihnachten sind alle Mängel behoben. Wir sind zufrieden. Am ersten Werktag nach Weihnachten überweise ich den Restbetrag von 1.100,00 €.

> Vielleicht bewerten Sie meine Schreiben bzw. Vorgehensweise hier und unter Ziffer 15. („Wie ich Lieferverzögerungen begegne") als Überreaktion. Sie können das daher gerne etwas „gemäßigter" angehen, wenn Sie mit Ihrem Küchenfachhändler bisher gut klargekommen sind. Trotzdem rate ich Ihnen, einen Reklamationsfall **konsequent und immer schriftlich** anzugehen. **Man wird Sie sonst nicht ernst nehmen.**

18. Klare Worte zum Schluss und drei Punkte, woran Sie einen seriösen Händler erkennen

Diesen Ratgeber haben wir für Sie als Verbraucher geschrieben. Unsere Absicht ist und bleibt es auch in der Zukunft, Sie als Küchenkäufer mit dem erforderlichen Fachwissen auszurüsten und Ihnen einen Leitfaden an die Hand zu geben, mit dem Sie die zahlreichen Preisfallen, die der Küchenhandel ausgelegt hat, sicher umgehen können.

Was die einen finanziell entlastet, kann die anderen belasten. Daher ist unser Ratgeber natürlich ein Faustschlag in das Gesicht vieler Küchenhändler. Wir stechen damit in ein Wespennest.

Die Vorwürfe und Beschimpfungen aus diesem Lager, wir würden pauschalisieren, seriöse Händler in Verruf bringen oder mit der ganzen Branche abrechnen wollen, zählen noch zu den mildesten.

Nein. Unser Buch ist ganz sicher keine Abrechnung mit der Zeit, zu der wir selbst fast drei Jahrzehnte lang Möbel- und Küchenhändler waren. Wir bringen auch niemanden in Verruf. Und wir pauschalisieren nicht.

Wir sensibilisieren. Das gelingt uns aber nicht, indem wir Verkaufsmethoden, die manchmal nahezu an Betrug grenzen, verharmlosend umschreiben und dabei auch noch darauf achten, ja niemandem auf die Füße zu treten.

So lange die Mehrheit der Küchenhändler auf die von uns beschriebene Art und Weise ihre Kunden regelrecht abzockt, und so lange uns das Feedback unserer Leserschaft tagtäglich Recht gibt, werden wir daher bei der negativen Darstellung der Händlerseite bleiben.

Wahrscheinlich werden Sie sich, liebe Leserin und lieber Leser, an dieser Stelle fragen: „Welchem Händler kann ich denn jetzt überhaupt noch trauen?"

Die Antwort ist recht einfach. Sie ergibt sich zwangsläufig aus dem, was Sie unter den vorangegangenen 17 Ziffern gelesen haben.

Ein seriöser Händler …

- ✓ ködert nicht mit durchgestrichenen Mondpreisen, Geschenken und Schein-Rabatten in schwindelerregender Höhe von 30% und mehr.
- ✓ hat nichts zu verbergen. Er gibt Planungsunterlagen heraus und erstellt preislich transparente Angebote.
- ✓ bietet hervorragenden Service nicht nur auf dem Papier. Er nimmt sich Zeit, beantwortet offen alle Ihre Fragen und sucht gemeinsam mit Ihnen die für Sie optimale Küchenlösung.

Ein letzter Tipp: Diesen offenen Umgang mit dem Kunden finden Sie häufig bei den kleineren Küchenfachhändlern und Küchenstudios. Denn nur so schaffen sie es, den Großen der Branche Paroli zu bieten.

Wir wünschen Ihnen viel Erfolg bei Ihrem cleveren Küchenkauf!

Anhang A:
Kleine Materialkunde – vom Material zur Qualität

1. Warum Materialkunde als Anhang?
2. Die Küchenfront
3. Der Korpus
4. Die Küche aus Holz
5. Die Beschläge
6. Die Arbeitsplatte
7. Die Spüle und die Armatur (Mischbatterie)

1. Warum Materialkunde als Anhang?

Als ich das Thema Küchenqualität abgehandelt hatte und es nochmals durchlas, merkte ich, dass die zahlreichen, meist technischen Details über die Küchenmaterialien Verwirrung stiften oder den Lesefluss stören.

Die Antworten auf die Kernfrage, welche Qualität ich denn nun wählen soll, waren überall verstreut und versteckt. Hin- und Herblättern war die Folge. Aber um diese Antworten geht es ja gerade. Deshalb müssen sie beim durchgängigen Lesen sofort klar werden. Ich habe also das Thema im Hauptteil von den Materialfragen befreit und sie hier in den Anhang gepackt.

Schließlich noch etwas Grundsätzliches: Die Küchenindustrie – und hier sind es insbesondere die Zulieferer – ist sehr innovativ. Immer wieder erscheinen neue Materialien. Man denke nur an die Beschläge. Ich kann in dieser Ausarbeitung nur die gängigsten Materialien behandeln.

2. Die Küchenfront

Die Küchenfront besteht aus dem **Trägermaterial** und dem **Oberflächenmaterial** (Abbildung 132).

Abbildung 132

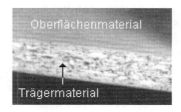

Anhang A: Kleine Materialkunde – vom Material zur Qualität

Trägermaterial ist oftmals die Spanplatte. Sie wird definiert als

Holzwerkstoff, hergestellt durch Verpressen von wesentlich kleineren Teilen aus Holz und/oder holzartigen Faserstoffen (Definition des Bundesverbandes des Deutschen Möbel-, Küchen- und Einrichtungsfachhandels e.V. – BVDM).

Verpressen heißt hier, genau eingestellten Druck unter bestimmten Temperaturen auszuüben.

Ausgangsmaterial für Spanplatten ist Frischholz und Sägerestholz, das zu Spänen, Fasern oder Schnippeln aufbereitet und mit Bindemitteln vermengt wurde. Ferner werden Hydrophobierungsmittel zugegeben, die dafür sorgen, dass die Pressmasse Wasser abweisend wird.

Wenn die Stärke der Platte festgelegt ist (übliche Plattenstärken sind 1,5 bis 50 mm), kommt es darauf an, wie viel Material in die Pressform hineingedrückt wird.

Daraus ergeben sich die Plattenarten

- Spanplatte   Dichte 470 bis 730 kg/m³
- MDF-Platte   Dichte 600 bis 850 kg/m³
- HDF-Platte   Dichte 800 bis 1.050 kg/m³.

HDF-Platten sind vorwiegend Trägermaterial für Fußbodenbeläge wie Parkett und Laminat.

Für die Küchenfronten verarbeitet man Spanplatten und MDF-Platten (MDF = mitteldichte Faser). Je nachdem, welches Oberflächenmaterial sie tragen soll, wird die Rohplatte geschliffen oder bleibt so, wie sie ist.

Viele Küchenhersteller begnügen sich nicht mit Rohplatten, sondern fordern von ihren Spanplattenproduzenten veredelte Platten. Diese Direktveredelung geschieht im Walzverfahren. Die Platte läuft mehrmals durch eine Walze und erhält einen Haftgrund und mehrere Schichten Walzgrund. Materialien sind Melaminharz oder Lack.

Wichtig für die Qualität der Direktveredelung ist, dass nach jedem Durchlauf eine ausreichende Zeit zum Trocknen gelassen wurde.

244

Die letzte Veredelungsschicht kann auch als Dekoraufdruck aufgetragen werden. Dazu wird ein Mehrfarbendruckwerk in die Maschine eingelegt. Die Druckdekorlackierung ist dann fester Bestandteil der Rohplatte. Leider bietet dieses Verfahren nur geringe Möglichkeiten für ansprechendes Design.

Damit komme ich zum **Oberflächenmaterial**. Das ist nicht mehr Sache der Spanplattenproduzenten. Ein eigener Produktionszweig von Oberflächenspezialisten ist hier am Werk.

Man bezeichnet das Oberflächenmaterial gerne mit dem neudeutschen Begriff Oberflächenfinish. Dabei handelt sich in erster Linie um das Furnieren, Lackieren und Beschichten.

Furnieren

Furniere sind dünne Holzblätter (0,5 bis 1,5 mm), die durch Sägen, Messern oder Schälen von einem Stamm abgetrennt wurden. Sie werden auf Trägerplatten geleimt, so dass diese aussehen wie wertvolles Massivholz. Vorteile furnierter Platten:

- Sie sind günstiger als Massivholz und
- sie arbeiten nicht so stark wie Vollholz.

Besondere Bedeutung hat hier der Leim (Klebstoff, Verbindungsmittel). Er wird aus synthetischen (künstlichen) oder natürlichen Grundstoffen hergestellt. Im Möbelbau sind die wichtigsten Leime der Weißleim und der Kunstharzleim.

Weißleim wird auch PVAC-Leim (Abkürzung für Polyvinylacetat) genannt. Er ist sofort gebrauchsfertig. Man kann ihn lange lagern und er lässt sich gut verarbeiten. Aber er ist nicht wasser- und wärmebeständig und deshalb zur Herstellung von Küchenfronten weniger geeignet.

Anders der Kunstharzleim. Ausgangsstoffe sind Luftstickstoff und Erdgas, die zu chemischen Verbindungen meistens mit

- Melaminharz,
- Harnstoffharz und
- Phenolharz

Anhang A: Kleine Materialkunde – vom Material zur Qualität

„gekocht" werden. Dazu kommen Zusatzstoffe, wie Füllmittel, Streckmittel, Alterungsschutzmittel, Weichmacher und Farbstoffe, aber vor allem Lösemittel und Verdünnungsmittel.

Ein Lösungsmittel ist eine Flüssigkeit, die andere feste, flüssige oder gasförmige Stoffe auflösen kann. Die Stoffe verändern sich dabei nicht. Laienhaft gesagt: Wenn der Leim aufgetragen wurde, verdunstet das Lösungsmittel und die verbleibenden Materialien verbinden die Schichten zu einer fast unzertrennbaren Einheit.

Da Furnier Holz ist, muss es wie Vollholz (Massivholz) eine Schutzschicht haben, weil es den erschwerten Bedingungen in einer Küche standhalten muss. Zu dieser Oberflächenbehandlung werde ich einiges sagen, wenn ich zu der Holzküche komme.

Lackieren

Bevor eine Trägerplatte lackiert werden kann, muss sie vorbehandelt bzw. grundiert werden. In der Regel erfolgt die Grundierung direkt, alternativ wird die Platte mit einer Grundierungsfolie beschichtet.

Die anschließende Lackierung erfolgt dann, je nachdem welcher Effekt (Hochglanz, matt, samtmatt, Struktur, Seidenglanz) gewünscht ist, mit

- **UV-Lack** (lösemittelfrei, Aushärtung unter UV-Strahlung in wenigen Sekunden, wirkt matter bzw. glänzender als andere Lacke),

- **PUR-Lack** (der „Mercedes" unter den Lacken, da eine außerordentlich strapazierfähige Oberfläche entsteht; Lösemittelanteil rund 50% und damit leider nicht umweltfreundlich),

- **wasserlöslichem Lack auf Acrylharzbasis** (hat ähnliche Eigenschaften wie NC-Lack, der sehr gut ausbessert werden kann),

- **Pulverlack** (ebenfalls umweltfreundlich, da lösemittelfrei).

Hochwertige Lackfronten werden nicht nur einmal, sondern mehrfach lackiert. Nach jedem Arbeitsgang wird außerdem die Lackschicht geschliffen und poliert. Zum Schluss erfolgt in vielen Fällen noch das Auftragen eines Decklacks.

Anhang A: Kleine Materialkunde – vom Material zur Qualität

Beschichten

Wenn man die Verkaufszahlen betrachtet, dann kommt neben den Lackfronten den beschichteten Fronten die größte Bedeutung zu. Dabei wird häufig der Begriff Laminat verwendet. Laminat? Ist das nicht ein Fußbodenbelag?

Sicher, aber nicht nur. In der Fachwelt ist Laminieren ein umfassender Begriff für das Verbinden von Materialien. Das Ergebnis ist ein Laminat. Materialien bei Laminaten sind

- Kunststofffolien (Folienfront, Lacklaminat),
- Zellulosebahnen und Kraftpapiere (Schichtstofffront) und
- Melaminharz.

Die Folien sind meistens aus PVC (Polyvenylchlorid), PE (Polyethylen), PET (Polyethylenterephthalat) oder PP (Polypropylen). Ausgangsmaterial für Zellulose und Kraftpapier sind Holz oder holzähnliche Stoffe.

Die einzelnen Schichten werden zunächst mit härtbaren Kunstharzen imprägniert. Die oberste Schichtlage ist bedruckt. Das ist dann das Frontdekor. Anschließend erfolgt die Beschichtung nach dem HPL-Verfahren (HPL = High-Pressure-Laminat). Kurzformulierung des Produktionsvorgangs:

Die übereinander geschichteten polymeren, hitzebeständigen und harzgetränkten Materialien werden unter Hitze hohem Druck ausgesetzt, damit sie sich miteinander verschweißen.

Die HPL-Schichtpressstoffplatte ist äußerst widerstandsfähig bei mechanischer, thermischer und chemischer Beanspruchung, also unempfindlich gegen Kratzer, Stöße, Abnutzung, UV- und andere Strahlen sowie hitzebeständig bis zu 200 °C. Man kann sogar eine Zigarette darauf ausdrücken.

Die Vielfalt der Dekore, die man in der Küchenwelt sieht, seien sie matt oder glänzend oder reliefartig strukturiert oder was es sonst noch geben mag, finden sich hauptsächlich auf diesen HPL-Laminaten.

Der Vollständigkeit halber will ich noch das LPL-Laminat erwähnen. Es wird unter niedrigem Druck gepresst. Materialien sind hier meist die sogenannten Melaminpapiere. Das sind spezielle Papiere mit einem Flächengewicht von 80 bis 100 g/m², welche die Fähigkeit besitzen, Melaminharz aufzusaugen.

247

3. Der Korpus

Der Korpus ist die tragende Grundkonstruktion eines Möbels ohne Einsatzteile und Front. Er wird auch Kasten genannt, weshalb man von Kastenmöbeln spricht. Die Küchenelemente sind ebenfalls Kastenmöbel.

Korpus oder Kasten sind auch Schublade und Auszug. Nicht umsonst ist der Begriff Schubkasten so häufig. Seine tragende Konstruktion hat alle Merkmale eines Korpus. Für die Qualität des Korpus sind von Bedeutung

- die Art der Platten und ihre Stärke sowie
- die Art und Weise des Zusammenbaus.

Platten

Zur Konstruktion des Korpus werden meist Spanplatten verwendet. Die Küchenhersteller verarbeiten Platten mit Stärken zischen 16 mm und 20 mm wobei gilt: Je dicker, umso besser. Vorherrschend sind 16 mm und 19 mm.

Nur einige wenige Hersteller bieten alternativ einen Korpus aus Tischlerplatten an. Diese sind um ein mehrfaches biegefester und zudem leichter als Spanplatten.

Zusammenbau

Der einfachste Zusammenbau von Korpusplatten ist das Aufeinandersetzen und Zusammenleimen. Stabil wird das Gebilde natürlich nur, wenn es verdübelt (Abbildung 133) ist.

Abbildung 133

Solch ein Korpus ist, wenn die Kanten zusätzlich verleimt sind, ohne Gewalt kaum mehr auseinanderzubringen.

Anhang A: Kleine Materialkunde – vom Material zur Qualität

Der Konstruktions- und Oberboden sollte mit einer seitlichen Platte an mindestens drei Stellen doppelt verdübelt und verleimt sein. Bei einem Oberschrank sind es mindestens zwei Stellen.

Der Oberboden des Unterschrankkorpus ist in aller Regel als Traverse ausgeführt. In diesem Fall sind zwei verleimte Hartholzdübel je Seitenverbindung ausreichend.

Die Korpusrückwand sollte mindestens 3,0 mm, besser 4,0 mm oder 5,0 mm oder sogar 8,0 mm stark sein. Eine zusätzliche Verschraubung ergibt ein Plus an Stabilität.

Manchmal ist es sinnvoll, den Korpus wieder zerlegen zu können. Das ist hauptsächlich bei Küchen in Do-it-yourself-Bauweise (Mitnahmeküchen) der Fall. Auf Leim wird hier verzichtet. Die Platten werden nur mit Beschlägen verbunden. Dazu mehr, wenn ich zu den Beschlägen komme. Einem Stabilitätsvergleich mit verdübelten und verleimten Platten hält solch ein Korpus allerdings nicht stand.

4. Die Küche aus Holz

Holz in der Küche ist besonderen aggressiven Einflüssen ausgesetzt. Deshalb können nur Hölzer verwendet werden, die entsprechende Rohdichte, Härte, Elastizität und Festigkeit aufweisen.

Diesen Kriterien entsprechen vor allem Eiche und Buche. Weitere Holzarten im Küchenbau sind Erle, Ahorn, Fichte und Pinie.

Vollholzküchen, also Küchen, die in allen Teilen aus Massivholz bestehen, sind selten. Meistens sind nur die Fronten aus Holz, alles andere besteht aus Holzwerkstoffen oder Kunststoff.

Die Holzfronten ihrerseits sind nicht immer durchgehend massiv. Wenn nur die Rahmen oder die Anleimer massiv sind, die Füllungen jedoch furniert, handelt es sich um eine teilmassive Front.

Oberflächenbehandlung

Die Qualität beurteile ich hauptsächlich danach, wie die Holzoberfläche behandelt wurde – denn Holz arbeitet.

Die Arbeit besteht darin, dass Feuchtigkeit an die umgebende Luft abgegeben oder von ihr aufgenommen wird. Einerseits: Wenn trockenes

249

Holz Luftfeuchtigkeit aufnimmt, vergrößern sich die Zellwände. Die Form des Holzes ändert sich, es quillt. Andererseits: Bei trockener Luft geben feuchte Holzzellen ihre Feuchtigkeit ab. Die Zellwände werden dünner. Das Holz schrumpft.

Abgesehen vom Quellen und Schwinden kann das Holz auch noch arbeiten, indem es sich verzieht oder reißt. Es kommt also darauf an, dieses Arbeiten zu unterbinden.

Die Oberflächenbehandlung soll nicht nur verhindern, dass das Holz arbeitet. Es soll dieses Naturprodukt zudem unempfindlich machen gegen Kratzer, Stöße, Abrieb, UV- und andere Strahlen sowie gegen Hitze, Dämpfe und aggressive Flüssigkeiten.

Das gelingt recht gut, wenn man harten PUR (Polyurethan) Lack, auch als DD Lack bezeichnet, in mehreren Schichten auf das Holz aufträgt (versiegelt).

Bewährt haben sich auch Holzoberflächen, die

- mit Hartwachs überzogen oder
- offenporig geölt sind.

Bei diesen Behandlungsarten bleibt anders als bei Lack die natürliche Holzstruktur vollkommen sichtbar. Beschädigungen sind leichter zu beheben.

Holzverbindungen

Vollholzküchen sind erst dann richtig klasse, wenn die Elemente (Kasten) auf alte Schreinerart zusammengefügt sind: Durch natürliche Holzverbindungen. Ein Beispiel ist die durchgezinkte Holzverbindung (Abbildung 134):

Abbildung 134

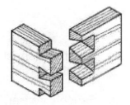

Es gibt noch weitere Verbindungsarten, bei denen keine Beschläge verwendet werden. Ich kann hier der gebotenen Kürze wegen nicht darauf eingehen.

Ansonsten wird auf Verbindungsbeschläge auch bei Vollholzküchen nicht verzichtet. Machbar wäre es, aber kaum mehr bezahlbar.

5. Die Beschläge

Beschläge beim Korpus

Für den Korpus brauche ich Beschläge nur dann, wenn er zerlegbar sein soll (Mitnahmemöbel, SB-Möbel). Ansonsten wird er ohne Beschläge verdübelt und verleimt. Für den zerlegbaren Korpus werden hauptsächlich Excenterverbindungen (Abbildung 135) und Trapezverbindungen (Abbildung 136) verwendet.

Abbildung 135　　　　　　　　Abbildung 136

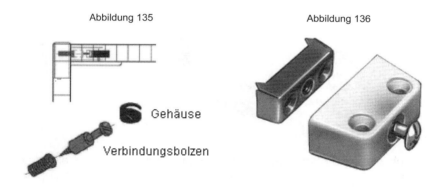

Beschläge für Drehtüren und Klappen

Die Grundkonstruktion eines Drehtürbeschlags sieht so aus (Abbildung 137):

Abbildung 137

Dann geht es aber auch schon los mit der Vielfalt. Sie rührt daher, dass alles Mögliche möglich werden soll:

- große Öffnungswinkel (mindestens 100°, bei Eckoberschränken mindestens 160°),
- einfaches, 3-dimensionales Justieren,
- einstellbare Türbewegung (Federkraftverstellung),
- selbsttätiges Schließen (Schließautomatik, Zuhaltefunktion),
- gedämpfter Anschlag auf den letzten Zentimetern (Softstopp),
- hohe Belastbarkeit und Sicherheit,
- einfache Montage und Demontage.

Echte Bonbons sind hier beispielsweise die Scharniere „Sensys" von Hettich und „CLIPtop Blumotion" von Blum. Man montiert sie ohne Werkzeug durch einfaches Aufclippen (Abbildung 138).

Abbildung 138

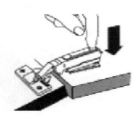

Für noch mehr Komfort sorgen Öffnungsunterstützungen, vor allem bei grifflosen Fronten. Abbildung 139 zeigt den „Push-to-open" oder „Tip-on" Beschlag:

Abbildung 139

Mit seiner Hilfe öffnet sich durch einfaches Antippen die Tür einen Spalt weit, sodass ein bequemes Hintergreifen der Front möglich wird. Zum Schließen der Tür wird sie nur leicht angedrückt.

Nun zu den Klappen. Im einfachsten Fall dreht sich die Klappe in zwei waagerecht an der Korpusdeckplatte angebrachten Standardscharnieren. Beim Öffnen sollen sie in der gewünschten Stellung stehen bleiben, also arretieren. Das besorgt dann der seitlich innen im Oberschrankkorpus montierte Liftbeschlag.

Auch da gibt es immer wieder Neuentwicklungen, insbesondere bei den Beschlägen für Faltlifttüren und Schwenkklappen. Diese Hightech-Produkte vereinen in sich Schließautomatik, Dämpfung, Arretierung und optional einen elektromotorischen Antrieb.

Beschläge bei Schubkästen und Auszügen

Hier müssen die Beschläge hohe Lasten tragen und bewegen. Bei einem normalen Schubkasten sind das üblicherweise bis zu 40 kg, bei einem überbreiten Auszug (breiter als 60 cm) das Doppelte. Weitere Gütemerkmale sind:

- Vollauszug (Abbildung 140),

Abbildung 140

- Leichtgängigkeit (Kugellager oder Teleskop),
- verdeckter Einbau (Abbildungen 143 und 144), somit gegen Verschmutzungen geschützt und wartungsfrei (einfacher Einbau Abbildungen 141 und 142),

Abbildung 141   Abbildung 142

 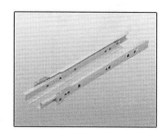

253

Anhang A: Kleine Materialkunde – vom Material zur Qualität

Abbildung 143

Abbildung 144

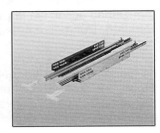

- leichtes Ein- und Aushängen ohne Werkzeuge,
- Endarretierung (Sperre beim gänzlichen Herausziehen),
- automatischer Ausgleich von Toleranzen (bei voller Last horizontal und vertikal stabil).
- verzögerter Einzug auf den letzten Zentimetern (Softeinzug),
- Kindersicherheitsverschluss (optional).

Bei der Schublade in Abbildung 143 mit ihren verdeckten Kugellagerschienen will ich noch auf etwas hinweisen, wenn es auch nicht unbedingt zum Thema Beschläge gehört:

Verdeckte Beschläge werden produktionstechnisch oft in Metallzargen untergebracht. Zargen nennt man die Seitenwände der Schublade. Als Material wird meist eloxiertes Aluminium verwendet.

Manchmal finde ich am Boden eines Schubkastens eine sogenannte Wischlippe (Abbildung 145). Sie soll verhindern, dass sich Schmutz in den Ritzen festsetzt.

Abbildung 145

Die Wischlippe muss schmal sein. Sie darf nicht daran hindern, einen Topf oder ein Gefäß dicht an die Seitenwand zu stellen.

Nicht alle Hersteller bauen Wischlippen in ihre Schubladen ein.

Wenn einer es tut, ist das für mich ein Hinweis dafür, dass er auch sonst auf hohem Qualitätsniveau produziert. Nach einer Wischlippe brauche ich nicht zu suchen, wenn der Schubladenkorpus aus Kunststoff in einem Guss geformt ist.

Zum Schluss möchte ich den Beschlag für den beliebten Apothekerschrank (Abbildung 146) erwähnen. Er muss gehärteten Stahl und besonders gehärtete Kugeln aufweisen, weil er mindestens 80 kg tragen muss.

Abbildung 146

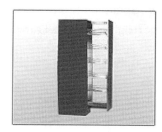

Beschlagsysteme zum Aufhängen und zur Standsicherung

Oberschränke werden punktuell oder mittels einer Schiene aufgehängt. Punktuelle Aufhängung bedeutet: Es werden Haken in die Mauer gedübelt und die Oberschränke einfach eingehängt. Schienenaufhängung bedeutet: An die Wand wird eine Profilleiste geschraubt (ebenfalls verdübelt), die eine durchgehende Auskragung hat. Die Aufhängebeschläge der Oberschränke passen hier hinein.

Die Aufhängung muss einer Dauerbelastung von mindestens 80 kg standhalten.

Zu einem guten Aufhängebeschlag gehört, dass er dreidimensional verstellbar ist. Er muss im Innern des Korpus links und rechts oben leicht zugänglich sein. Dann ist es ein Kinderspiel, die nebeneinander hängenden Oberschränke in einer Linie auszurichten.

6. Die Arbeitsplatte

Die gängigsten Arbeitsplatten bestehen aus Schichtstoff, Massivholz oder Granit.

Arbeitsplatte aus Schichtstoff

Diese Arbeitsplatte wird wohl am häufigsten verwendet. Sie ist aufgebaut wie eine Frontplatte (Vgl. Ziffer 2. „Die Küchenfront"), nämlich aus

- einer Trägerplatte (Spanplatte) und
- einer HPL-Schicht (High-Pressure-Laminat).

Abbildung 147

Bekannte Schichtstoff-Marken sind Pesopal® und Fenix NTM®.

Materialien und Herstellungsweise von Spanplatten und HPL hatte ich oben schon eingehend beschrieben. Zu ergänzen wäre lediglich, dass die Unterseite der Arbeitsplatte ebenfalls besonders beschichtet sein muss, um Feuchtigkeit abzuweisen.

Damit komme ich zur Vorderkante, zum Profil.

Die Abbildung 147 oben zeigt das sogenannte Postformingprofil. Weitere Profile sind unter anderen das Klassikprofil, Wasserprofil, Vollrundprofil und Bugprofil (von links nach rechts, Abbildungen 148 bis 151):

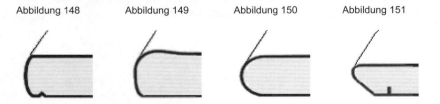

Abbildung 148   Abbildung 149   Abbildung 150   Abbildung 151

Anhang A: Kleine Materialkunde – vom Material zur Qualität

Sinnvoll ist die Abtropfkerbe an der Unterseite. Sie sorgt dafür, dass Flüssigkeiten auf den Boden abtropfen und nicht am Unterschrank hinunterlaufen.

Arbeitsplatte aus Massivholz

Die Qualität von Arbeitsplatten aus Massivholz wird bestimmt durch die

- Güte der ausgesuchten Hölzer und die
- handwerkliche Verarbeitung.

Die für Arbeitsplatten am meisten verwendeten Holzarten sind Buche, Esche, Eiche, Ahorn und Birke, manchmal auch die Feuerlandkirsche.

Das Holz muss abgelagert und trocken sein. Die Holzfeuchtigkeit darf höchstens bei 8% der Masse liegen.

Die Holzplatte besteht nicht aus einem Stück, sondern wird aus Planken (Lamellen) zusammengefügt, die ca. 8 cm breit sind. Sie sollten „durchgezinkt" verbunden und dann verleimt sein.

Arbeitsplatte aus Granit

Das Hartgestein Granit bietet bereits von Natur aus viele Vorteile. Es ist schnitt-, kratz- und abriebfest. Säuren und Basen greifen den Stein kaum an – vielleicht etwas, wenn sie hoch konzentriert sind. Aber wer hantiert schon mit solch gefährlichen Flüssigkeiten in seiner Küche?

Ich weiß, dass ein enormer Aufwand betrieben werden muss, um die Verarbeitungsqualität sicherzustellen. Nur versierten Fachbetrieben gelingt es,

- Ausschnitte für Spüle und Kochfeld sowie
- Kanten, Profile, Rundungen, Schrägschnitte und Ausklinkungen

sauber einzuarbeiten. Das gilt besonders dann, wenn eine Abtropffläche mit Gefälle eingefräst werden soll, wie sie bei flächenbündigen Spülbecken benötigt wird.

Zum Schluss noch die Maße: Die gängige Plattenstärke ist 3 cm. Es gibt auch 4 cm starke Platten. Meistens sind dann zwei Platten mit je 2 cm Stärke aufgedoppelt (Abbildung 152).

257

Abbildung 152

Gängige Plattentiefen sind 60, 70, 82, 90 und 120 cm.

Arbeitsplatte aus Mineralwerkstoff

Varicor®   in Frankreich entwickelt, wird dieser polymergebundene Mineralwerkstoff inzwischen unter Regie der deutschen Keramag AG produziert, weiterverarbeitet und vertrieben. Er besteht aus dem natürlichen mineralischen Füllstoff Aluminiumhydroxid und aus gebundenen Kunstharzen. Der in der Produktion zunächst flüssige Werkstoff kann in fast jede beliebige Form gebracht und nach dem Aushärten einfach weiter be- und verarbeitet werden. Der Hersteller beschreibt die Eigenschaften so:

- fugenlos und nahezu unsichtbar verklebbar,
- homogen und daher dreidimensional bearbeitbar,
- warm verformbar,
- griffsympathisch und
- reparabel durch farbgleiches Reparaturmaterial.

Corian®   DuPont brachte im Jahr 1967 diesen Werkstoff als „massive Oberfläche" auf den Markt. Wie Varicor® ist er eine Mischung aus natürlichen Stoffen wie Aluminiumhydroxid und reinem Acrylpolymer. Auch die Produkteigenschaften sind nahezu gleich.

Plexicor®   Plexiglas® ist bekannt. Kombiniert mit Aluminiumhydroxid, ist ein Werkstoff entstanden, der nach Werksangaben so robust wie Stein ist und wie Holz verarbeitet werden kann. Ferner werden das nahezu fugenlose Verbinden und die thermoplastische Verformbarkeit gepriesen.

Anhang A: Kleine Materialkunde – vom Material zur Qualität

Als weitere Mineralwerkstoffe möchte ich aufzählen: Wilsonart®, Fountain Heat®, Surell®, Cornerstone®, Avonite®, Antium®, SolidCor® und Marlan®.

Meistens wurden solche Werkstoffe zunächst für Laboreinrichtungen und Kliniken entwickelt, bis man erkannte, dass sie auch für Bäder und Küchenarbeitsplatten sehr gut geeignet sind.

7. Spüle und Armatur (Mischbatterie)

Materialarten und Werkstoffe bei der Spüle

Emaille

Das traditionelle Material ist Emaille auf Stahl. Solche Wasch- und Spülbecken kenne ich noch aus der Zeit meiner Kindheit. Ganz out sind sie auch heute noch nicht. Emaille ist hitzebeständig und verfärbt sich nicht. Allerdings ist es nicht besonders widerstandsfähig gegen Stöße, die Oberfläche kann absplittern.

Keramik

Auch Keramik gehört zu den althergebrachten Materialien für Spülen. Weil die Oberfläche härter als Metall ist, hält sie Kratzern stand und ist hitzebeständig. Ich denke da sofort auch an die Glaskeramikkochfelder.

Keramik ist unempfindlich gegen Flecken. Aber oft sind die Kanten nicht allzu gerade. Das ist produktionsbedingt und gibt der Keramikspüle ihren einzigartigen Charakter.

Edelstahl

Als klassisches Spülenmaterial ist Edelstahl (Nirosta) immer noch am weitesten verbreitet. Es handelt sich um Chromnickelstahl in der Zusammensetzung 18% Chrom, 10% Nickel und 72% Eisen. „18/10" findet sich deshalb meistens als Zusatz in der Produktbezeichnung.

Die Oberfläche ist rostfrei, porenfrei glatt, leicht zu reinigen und deshalb hygienisch. Säuren und Laugen in haushaltsüblicher Konzentration hinterlassen keine Spuren.

259

Granit

Granit erwähnte ich bereits bei den Arbeitsplatten. Einbauspülen aus diesem Material weisen die gleichen hervorragenden Eigenschaften auf, wobei die Hitzebeständigkeit bis 280 °C hervorzuheben ist.

Mineralwerkstoffe

Mineralwerkstoffe und ihre zahlreichen (Marken)Namen habe ich bereits bei den Arbeitsplatten aufgeführt. Sie sind meistens auch das bevorzugte Material für Spülen. Ich denke da besonders an Corian® und Varicor®.

Weitere kommen hinzu wie z.B. Tekalon® von Teka oder Silgranit® von Blanco. Silgranit® besteht zu 80% aus den härtesten Bestandteilen des Granits und enthält ca. 20% Acryl. Aussehen und Griffigkeit erinnern stark an das Basismaterial Granit.

Flächenbündiger Einbau von Spülen

Sollen Spülen flächenbündig eingebaut werden, muss die Arbeitsplatte besonders dazu vorbereitet sein. Die Abbildungen 153 und 154 zeigen es:

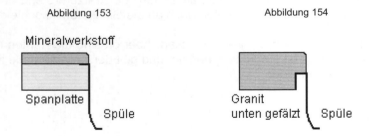

Abbildung 153   Abbildung 154

Bewusst habe ich Platten aus Mineralwerkstoffen und Granit als Beispiele herausgesucht. Sie werden für den flächenbündigen Einbau bevorzugt ausgewählt.

Auch die Spüle muss für den flächenbündigen Einbau besonders gerüstet sein. Mit der herkömmlichen Einbauspüle geht das nicht.

Die Abbildungen zeigen deutlich die Vorteile dieser Einbauweise: Keinerlei Erhebung stört die Fläche, Krümel fallen beim Abwischen sofort ins Spülbecken – alles in allem eine saubere Sache.

Zwei Spülen möchte ich noch herausgreifen, weil sie beispielhaft für ergonomische Gestaltung sind und deshalb – und nur deshalb – mit Qualität zu tun haben. Sie stammen vom Hersteller Blanco.

Abbildung 155

Blanco hat die Tatsache aufgegriffen, dass Hausfrauen und -männer oft mit großem Geschirr in der Spüle hantieren müssen, und vergrößerte die Beckendiagonale entsprechend (Abbildung 155).

Ferner ist man darauf gekommen, dass es dem Küchenbenutzer gut tut, wenn er alle Arbeit an der Spüle von einem festen Standpunkt aus erledigen kann. Blanco nennt diese Gestaltung „Einachsenlösung".

Abbildung 156

Der Nutzer kann von einem Platz aus alles erledigen, indem er die Einsätze (Schneidebrett und Locheinsatz) hin und her schiebt (Abbildung 156). Vielleicht ist das etwas gewöhnungsbedürftig. Mein Theorieverständnis sagt mir jedoch, dass die Einachsenlösung leicht zu handhaben ist.

Die Mischbatterie

Die Mischbatterie vereinigt kalte und warme Wasserströme und mischt sie beim Betätigen des Hebels oder der Drehknöpfe bis zu der Temperatur, die ich eingestellt habe. Gleichzeitig kann ich die auslaufende Wassermenge regulieren. Nach Art der Bedienung unterscheidet man zwischen dem Einhandmischer (Abbildung 157) und der Zweigriffbatterie (Abbildung 158).

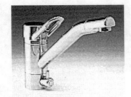

Abbildung 157

Abbildung 158

Weitere technische Merkmale sind:

- weit schwenkbarer Auslauf (mindestens 180°),
- ausziehbare Brause (möglichst 150 cm und mehr),
- verstellbarer Strahl (von Mousseur- auf Brausestrahl),
- eingebautes Absperrventil für Geräte (Geschirrspüler),
- Antikalksystem und
- langlebige Innentechnik aus Keramik (Dichtungen, Kartusche).

Besonders möchte ich auf die Thermostatbatterie hinweisen. Sie kommt ursprünglich aus der Badtechnik. Ich kann mir gut vorstellen, dass sie mehr und mehr in der Küche Einzug halten wird. Eigentlich steht nur noch der hohe Preis im Wege.

Bei dieser Armatur wähle ich mit einem separaten Griff die Temperatur vor. Beim Öffnen des Hebels läuft das Wasser mit dieser Temperatur stetig und mit gleichem Druck aus. Ein integrierter „Verbrühschutz" bewahrt mich vor allzu heißem Wasser.

Die Hersteller sagen, dass ich mit einer Thermostatbatterie 40 bis 50% weniger Wasser als mit einer Mischbatterie verbrauche. Wenn das stimmt, macht sich die Armatur schnell bezahlt.

Manchmal muss die Spüle unter einem Fenster platziert werden. Oft ist die Mischbatterie ein Problem, weil sie das Öffnen des Fensters behindert. Ich brauche dann eine Armatur mit ausziehbarem oder abklappbarem Auslauf (Abbildung 159).

Abbildung 159

Neuheiten bei den Küchenarmaturen sprießen wie Pilze aus dem Boden, wie z.b. ein in der Mischbatterie integrierter Spülmittelspender. Er mischt dem ausfließenden Wasser automatisch ein Spülmittel bei. Man braucht also nicht mehr das Becken mit Wasser zu füllen und die üblichen Spritzer Spülmittel dazu tun. Die wertvollen Gläser spült man unter dem fließenden Auslauf ab.

Zu erwähnen ist an dieser Stelle natürlich auch der Quooker®, eine Mischarmatur, die neben warmem und kaltem auch kochendes Wasser liefert. Inzwischen soll das „kochende Wasser aus dem Hahn" in fast jeder sechsten Küche zu finden sein.

Material bei Armaturen

Das beste Material für das Innenleben der Armaturen ist Keramik. Es ist langlebig und vermag Temperatur und Wassermenge stetig zu regulieren. Die sichtbaren Teile der Armatur sollten aus korrosionsfreiem Edelstahl sein. Ob dieser verchromt, vergoldet oder emailliert wird, ist eine Frage des Geschmacks und des Geldbeutels. Da halte ich mich heraus. Ein weiteres Material ist gehärtetes Edelmessing.

Hin und wieder findet man Armaturen aus Kunststoff mit – ich nenne sie mal so – imitierter Oberfläche, wie z.B. die sogenannte Edelstahloptik.

Anhang B: Checkliste Messen

Die Checkliste Messen soll dazu dienen, alle notwendigen Messschritte abhaken zu können. Sie soll außerdem die Prüfung erleichtern, ob die einzelnen Messschritte richtig vorgenommen wurden. Wenn nicht anders angegeben, werden alle Maße in cm erfasst.

Abmessungen des Küchenraums

□ Länge: ....   □ Breite: ....   □ Höhe: ....

□ Raumvolumen für die Berechnung der benötigten Abluftleistung des Dunstabzugs in m³: ....

Fenster, Heizkörper, Türen

□ Fenster 1   □ Fenster 2

□ Breite: ....   □ Breite: ....
□ Höhe: ....   □ Höhe: ....
□ Wandabstände: ...., ...   □ Wandabstände: ...., ...
□ Rollladenzüge: Position /   □ Rollladenzüge: Position /
   Abstand vom Fenster: ....   Abstand vom Fenster: ....
□ Höhe der Fensterbank: ....   □ Höhe der Fensterbank: ....
□ Tiefe der Fensterbank: ....   □ Tiefe der Fensterbank: ....
□ Überstände über darunter   □ Überstände über darunter
   liegende Wände: ....   liegende Wände: ....

□ Heizkörper 1   □ Heizkörper 2

□ Breite: ....   □ Breite: ....
□ Höhe: ....   □ Höhe: ....
□ Tiefe bis zur Wand: ....   □ Tiefe bis zur Wand: ....
□ Wandabstände: ...., ...   □ Wandabstände: ...., ...

□ Tür 1   □ Tür 2

□ Breite: ....   □ Breite: ....
□ Höhe: ....   □ Höhe: ....
□ Wandabstände: ...., ...   □ Wandabstände: ...., ...

Anhang B: Checkliste Messen

Stellwand (1) für den Koch-/Spülbereich (Installationswand):

☐ Breite: ....

☐ auf dem Boden entlang der Wand gemessen
☐ Breite von Sockelblenden dazugerechnet
☐ parallel ca. 60 cm davor nochmals gemessen
☐ in ca. 90 cm Höhe (Arbeitsplattenhöhe) gemessen
☐ in ca. 155 cm Höhe (Oberschrankhöhe) gemessen
☐ Besonderheiten berücksichtigt, wie

    ☐ Nischen
    ☐ Mauervorsprünge (Kamin, Ecken usw.)
    ☐ Wandfliesen (Maße der gefliesten Fläche, Fliesenstärke)
    ☐ Wandschrägen
    ☐ unterschiedliche Raumwinkel
    ☐ Schaltkasten
    ☐ Lüftungsgitter
    ☐ Sonstige ....

☐ Messungen zur Sicherheit wiederholt

☐ Abstände der Installationen

	von der Wand		vom Fußboden	
☐ Abwasser	☐	....	☐	....
☐ Kalt-/Warmwasser	☐	....	☐	....
☐ Herdanschluss	☐	....	☐	....
☐ Gasanschluss	☐	....	☐	....
☐ Steckdosen	☐	....	☐	....
	☐	....	☐	....
	☐	....	☐	....
	☐	....	☐	....
	☐	....	☐	....
☐ Schalter	☐	....	☐	....
	☐	....	☐	....
☐ Sonstige	☐	....	☐	....

Die Abstandsmessung „von der Wand" geht in der Regel von der links gelegenen Raumecke aus.

Stellwand (2):

□ Breite: ....

□ gleiche Messungen wie bei Wand (1) vorgenommen

....

....

....

....

....

....

....

....

Stellwand (3):

□ Breite: ....

□ gleiche Messungen wie bei Wand (1) vorgenommen

....

....

....

....

....

....

....

....

Anhang C: Checkliste Planen

Vorbemerkungen:

- Es ist immer von Vorteil, wenn ich einen ersten (vorläufigen) Plan meiner Einbauküche selbst erstelle. Wenn mir dazu kein PC zur Verfügung steht, kann ich auch per Hand zeichnen. Ich benötige lediglich von irgendeinem Küchenhersteller einen sogenannten Kundenprospekt mit Typenübersicht. Die Typen darin sind die üblichen Basiselemente einer Einbauküche und bei allen Herstellern weitestgehend identisch.

- Bei der Erstplanung kann ich das Küchendesign, also die Gestaltung der Front, Farbgebung, Griffe usw. außer Acht lassen. Denn meine mit Grundelementen geplante Einbauküche kann praktisch jeder Küchenhersteller verwirklichen. Welches Modell von welchem Hersteller ich letztlich auch wähle, mein Plan bleibt weitgehend gültig.

- Jedes Element, das ich irgendwo hinstelle, beeinflusst die Stellmöglichkeiten der anderen Elemente in allen Richtungen: In der Breite, in der Tiefe und in der Höhe. Ich muss also bei jedem Planungsschritt alle Maße sowohl des Küchenraumes, als auch der einzelnen Einbauelemente ständig im Auge behalten. Ebenso muss ich darauf achten, dass die Funktionalität der Küchenteile nicht beeinträchtigt wird. Ein Beispiel: Schublade stößt beim Öffnen an den Heizkörper.

Eine Küchenplanung erfordert deshalb mehrdimensionales Denken und ständiges Messen.

Anhand der folgenden Checkliste kann ich nicht nur meine eigene Küchenplanung überwachen, sondern auch das Planungswerk eines professionellen Küchenplaners im Küchenstudio überprüfen.

1. Einzelne Planungsschritte

☐ Links-Rechts-Prinzip

    ☐ Planung von links nach rechts

    ☐ bei Ecklösungen

        ☐ linke Ecke zuerst
        ☐ bei mehreren Ecken linke zuerst

☐ Kernküche zuerst zusammenstellen

☐ Unterschränke

    ☐ bei Planung von Wand zu Wand mit einem Passstück von mindestens 5 cm beginnen

        Falls eine Lücke von 2 cm oder weniger entsteht, braucht man sie nicht auszufüllen. Als Schattenfuge ist sie optisch nicht wahrnehmbar.

    ☐ Türanschlag beachten

        Der Türanschlag richtet sich danach, wo der Küchennutzer am häufigsten steht. Meistens ist dies der Platz vor der Kochstelle bzw. Spüle. Alle Türen links davon sind links, alle Türen rechts davon sind rechts anzuschlagen.

☐ Oberschränke

    ☐ vertikale Linienführung zu den Unterschränken beachten
    ☐ Türanschlag wie bei den Unterschränken
    ☐ Kopffreiheit im Bereich Kochen und Spülen

        Kopffreiheit wird optisch ansprechend beispielsweise durch kurze Oberschränke mit untergebauten Regalen erreicht.

☐ Erweiterte Küche zusammenstellen

☐ Komplettküche zusammenstellen

2. Allgemeines

☐ Zahl der Personen im Haushalt: ....

☐ Frühstück in der Küche?

    ☐ immer   ☐ teilweise   ☐ gar nicht

☐ Mittag-/Abendessen in der Küche?

    ☐ immer   ☐ teilweise   ☐ gar nicht

☐ Essplatzlösung

    ☐ Essecke mit Eckbank   ☐ Essecke mit Tisch und Stühlen
    ☐ Frühstücksbar   ☐ Imbissplatz als Ansetztisch
    ☐ Sonstige ....

3. Ergonomie und Funktionen

3.1. Gestaltung der Arbeitsfläche

☐ Körpergröße der Küchennutzer: ...., ..., ..., ... cm

☐ Der Haupt-Küchennutzer ist

    ☐ Rechtshänder
    ☐ Linkshänder
    ☐ körperlich behindert

☐ Arbeitshöhe (Sockelhöhe plus Korpushöhe plus Arbeitsplattenstärke)

    ☐ 86 cm   ☐ 91 cm   ☐ 96 cm   ☐ .... cm

    Die Arbeitshöhe ist ergonomisch, wenn der angewinkelte Unterarm ca. 15 cm Abstand von der Arbeitsplatte hat.

☐ Koch-/Spülbereich abgesenkt

☐ im Koch-/Spülbereich links und rechts von Spüle und Kochstelle mindestens je 30 cm Freifläche

☐ genügend Steckdosen im Arbeitsbereich (bei Neubau)

3.2. Funktionen in der Kernküche

3.2.1. Kochen und Backen

☐ Kochstellenschrank

☐ Kochstelle ☐ als Insellösung ☐ als Ecklösung

☐ Kochfeld

> ☐ Kochmulde ☐ Cerankochfeld
> ☐ Induktionskochfeld ☐ Gaskochfeld

☐ Backofen ☐ im Kochstellenschrank ☐ hochgebaut

☐ Kochfeld und Backofen als ein Gerät

☐ Dunstabzug

> ☐ integrierte Haube ☐ Wandhaube
>
> ☐ Inselhaube ☐ Downdraft-Lüftung (Tischhaube)
>
> ☐ Kochfeldabzug ☐ Sonstiger ……………..………..…
>
> ☐ Randabsaugung
>
> ☐ Abluft ☐ Umluft ☐ Hybrid
>
> ☐ Flachkanalsystem bei Abluft
>
> ☐ benötigte Abluftleistung: …….. m³/h

☐ Mikrowellengerät

> ☐ im Oberschrank ☐ im Hochschrank
> ☐ als Standgerät auf der Arbeitsplatte

☐ Dampfgarer ☐ Dampfbackofen

☐ Sonstige Geräte

……………………………………………………………………………………

……………………………………………………………………………………

3.2.2. Spülen

□ Spülenunterschrank   □ Eckspülenunterschrank

   □ integriertes Mülltrennungssystem

□ Spüle

   □ ein Becken   □ zwei Becken   □ Restebecken

   □ Eckspüle   □ flächenbündiger Einbau

□ Zubehör

   □ Geschirrkorb   □ Abtropfbrett   □ Schneidebrett

   □ Sonstiges ....

□ Geschirrspüler   □ hochgebaut

□ Handtuchschrank

□ Putzmittelauszug

□ Sonstiges ....

3.2.3. Kühlen und Gefrieren

□ Kühlschrank

   □ als Unterschrank   □ als Standgerät
   □ im Hochschrank eingebaut (integriert)

□ Gefrierschrank

   □ als Unterschrank   □ als Standgerät
   □ im Hochschrank eingebaut (integriert)

□ Kühl- und Gefrierkombination

   □ als Unterschrank   □ als Standgerät
   □ im Hochschrank eingebaut (integriert)

□ Sonstiges ....

3.2.4. Aufbewahren

☐ Vorratsschränke als Hochschränke

☐ Apothekerschrank

☐ Eckschränke

    ☐ mit Karussell   ☐ mit Drehboden
    ☐ mit Le-Mans-Auszug   ☐ mit Magic Corner

☐ Unterschränke mit

    ☐ möglichst vielen und breiten Schubkästen / Auszügen
    ☐ Innenschubkästen
    ☐ Sockelschubkästen

☐ Innenausstattung der Unterschränke

    ☐ Besteckeinsätze
    ☐ Brotfach
    ☐ Allesschneider   ☐ elektrisch   ☐ mechanisch
                            ☐ in Schublade versenkbar

☐ Flaschenschrank

☐ Ausziehtisch

☐ Oberschränke mit

    ☐ Drehtüren   ☐ Schiebetüren
    ☐ Faltklappen   ☐ Schwenkklappen

☐ Sonstiges

....

....

....

....

....

Anhang C: Checkliste Planen

4. Gestalterische Festlegungen

☐ Nischenrückwand im Nassbereich (Kochen und Spülen)

    ☐ bauseits gekachelt
    ☐ Nischenverkleidung

☐ Beleuchtung

    ☐ Arbeitsplätze schattenfrei und gleichmäßig beleuchtet

    ☐ Oberschränke mit Glasbodenbeleuchtung / Lichtleisten
    ☐ Innenbeleuchtung für Schubkästen und Auszüge
    ☐ Beleuchtung der Griffmuldenprofile (bei grifflosen Küchen)
    ☐ beleuchtete Sockelblenden
    ☐ LED- und Halogen-Unterbauleuchten
    ☐ beleuchtete Wandabschlussprofile

☐ bei Landhausküchen   ☐ Kranzleiste   ☐ Lichtleiste

☐ Sonstiges

....

....

....

....

....

....

....

....

....

....

....

Anhang D: Checkliste Küchenqualität

Anhang D: Checkliste Küchenqualität

Die Checks zur Küchenqualität erstrecken sich auf

- ✓ die Küchenfront,
- ✓ den Korpus,
- ✓ die Beschläge,
- ✓ die Arbeitsplatte,
- ✓ die Küche aus Holz,
- ✓ die Spüle und die Armatur.

Geprüft wird auf zwei Wegen:

◊ Prüfung anhand von Produktbeschreibungen, Werksbeschreibungen, Testberichten und dergleichen

□ selbst vorzunehmende Tests und Bewertungen

Die Zeichen ◊ (Beschreibungen) oder □ (Selbsttests) vor den Prüfpunkten geben die Prüfart an.

1. Küchenfront

◊ □ Frontstärke (Plattendicke)

　　　◊ □ 18 mm　　　◊ □ 20 mm　　　◊ □ 22 mm　　　◊ □ ...... mm

◊ Dichte der Rohplatte

　　　◊ Spanplatte, Dichte 470 bis 730 kg/m³
　　　◊ MDF-Platte, Dichte 600 bis 850 kg/m³

Bei veredelter Rohplatte

◊ Zahl der Veredelungsschichten: ....
◊ Zahl auf beiden Plattenseiten gleich?
◊ Veredelung der Kanten
◊ Ergebnis der Gitterschnittprüfung: ....

274

Bei beschichteten Oberflächen

◊ Kunststofffolie (Folienfront)
◊ Melaminharz
◊ Lacklaminat
◊ Schichtstoff

◊ Resopal®   ◊ Fenix NTM®   ◊ Sonstiger ....

◊ Zahl der Schichten: ....

◊ Beschichtungsverfahren

◊ mit organischen Lösungsmitteln   ◊ auf Wasserbasis

◊ Unempfindlichkeit der Oberfläche gegen

◊ kalte und heiße Flüssigkeiten
◊ trockene und feuchte Hitze (Dämpfe) von mindestens 180 °C
◊ chemische Beanspruchung
◊ widerstandsfähig gegen Abrieb
◊ Kratzer
◊ Stöße
◊ UV-Strahlen

◊ Oberfläche lebensmittelecht

□ Kanten und Ecken

◊ Laserkante
□ Schichten dicht aneinander gefügt (Fugen unsichtbar)
□ keine Farbabweichungen

Bei lackierten Oberflächen

◊ UV-Lack   ◊ PUR-Lack

◊ Pulverlack   ◊ Lack auf Wasserbasis

◊ Sonstiger Lack ....

◊ Mehrschichtlackierung   ◊ Zahl der Schichten: ....

◊ Decklack

◊ 6-seitig fugenlos lackiert   ◊ nur Sichtseiten lackiert

◊ Lackeigenschaften

    ◊ abriebfest
    ◊ UV-strahlenbeständig
    ◊ spirituosenbeständig
    ◊ lösemittelbeständig
    ◊ lebensmittelecht
    ◊ gefahrstofffrei

Bei furnierten Oberflächen

◊ □ Stärke des Furnierblatts: …….. mm
◊   Verleimung auf Melaminharzbasis
◊   Schutzschicht (Versiegelung)

◊ Unempfindlichkeit der Oberfläche des Furniers gegen

    ◊ kalte und heiße Flüssigkeiten
    ◊ trockene und feuchte Hitze
    ◊ chemische Beanspruchung
    ◊ widerstandsfähig gegen Abrieb

□ Verarbeitung der Kanten

    □ Furnierblätter fugenlos dicht aneinander
    □ Ecken sauber geschliffen
    □ keine Abweichungen der Farben (Beizton) an Kanten, Ecken
      und Flächen

Bei Glasfront

◊ □ Klarglas   ◊ □ satiniertes Glas

◊ Einscheibensicherheitsglas (ESG)   ◊ Glasdicke: …… mm
◊ Glasplatte am Rand rund geschliffen
◊ Frontkanten belegt mit

    ◊ Acrylglas   ◊ Metall
    ◊ lackiert   ◊ beschichtet

Bei sonstiger Front

◊ Keramik   ◊ Beton

◊ Stein   ◊ Metall

◊ Acrylglas

   ◊ massive Platte   ◊ Plattenstärke: .... mm

◊ Sonstige ....

Griffsystem

◊ □ grifflos

   ◊ □ Griffmuldenprofil aus Metall
   ◊ □ aufgesetzte (integrierte) Griffleiste
   ◊ □ abgeschrägte Front mit (Zier-)Leiste aus Metall oder Holz
   ◊ □ Push-to-open / Tip-on

◊ □ Griffe und Knöpfe aus

   ◊ □ eloxiertem Aluminium
   ◊ □ Messing
   ◊ □ Edelstahl

      ◊ □ vernickelt   ◊ □ verchromt
      ◊ □ vermessingt   ◊ □ vergoldet

   ◊ □ Holz massiv

      ◊ □ natur   ◊ □ gebeizt   ◊ □ lackiert

   ◊ □ Kombination aus Holz und Metall
   ◊ □ Porzellan mit Verschraubung aus Messing
   ◊ □ gehärtetem Kunststoff

      ◊ □ vernickelt   ◊ □ verchromt
      ◊ □ vermessingt   ◊ □ vergoldet

2. Der Korpus (auch Auszüge und Schübe)

◊ Korpusplatte

    ◊ Spanplatte   ◊ Tischlerplatte

    ◊ Plattenstärke

        ◊ 16 mm   ◊ 19 mm   ◊ …….. mm

    ◊ □ bei Beschichtung alle Flächen (oben, unten, alle Kanten) einbezogen

    ◊ □ Vorderseite mit Dickkante versehen

◊ Rückwand

    ◊ Spanplatte   ◊ MDF-Platte
    ◊ HDF-Platte   ◊ Hartfaserplatte

    ◊ Plattenstärke:

        ◊ 3,0 mm   ◊ 4,0 mm   ◊ …….. mm

◊ Zusammenbau Unterschrank

    ◊ mindestens an drei Stellen je Verbindung Boden/Seite doppelt verdübelt und verleimt

    ◊ Traversen: Mindestens zwei verleimte Holzdübel je Verbindung mit einer Seite

    ◊ Rückwand eingenutet und verleimt
    ◊ Rückwand zusätzlich am Korpus verschraubt

◊ Zusammenbau Oberschrank

    ◊ mindestens an zwei Stellen je Verbindung Boden/Seite doppelt verdübelt und verleimt
    ◊ Rückwand eingenutet und verleimt
    ◊ Rückwand zusätzlich am Korpus verschraubt

◊ □ Farbgebung

    ◊ □ weiß   ◊ □ farbig gemäß Frontfarbe

Anhang D: Checkliste Küchenqualität

◊ □ Sockelfüße

◊ □ höhenverstellbar   ◊ □ Metall   ◊ □ Kunststoff

◊ □ Sockelblende

□ Klemmsystem

□ Dichtungslippe   □ Dichtungsprofil

◊ □ Einlegeböden

◊ □ bei Beschichtung alle Flächen (oben, unten, alle Kanten) einbezogen

◊ □ Vorderseite mit Dickkante versehen

◊ □ Stärke der Einlegeböden

◊ □ 16 mm   ◊ □ 19 mm   ◊ □ .... mm

◊ □ Traglast der Einlegeböden

◊ □ mindestens 20 kg (Unterschrank)
◊ □ mindestens 15 kg (Oberschrank)

◊ □ Einlegeböden aus Glas

◊ □ Stärke der Einlegeböden

◊ □ 6 mm   ◊ □ 8 mm   ◊ □ ...... mm

◊ □ Traglast der Einlegeböden

◊ □ mindestens 10 kg

□ Bodenträger aus

□ Metall   □ Kunststoff

◊ □ Sicherung aller Böden gegen Kippen und Herausziehen

3. Die Beschläge

Zu untersuchen sind die Beschläge bei

- ✓ Korpus,
- ✓ Drehtüren und Klappen,
- ✓ Schubkästen und Auszügen,
- ✓ Systemen zum Aufhängen (Oberschränke) und
- ✓ Systemen zur Standsicherung (Hochschränke).

Die Beschlagqualität ist ausschlaggebend für Stabilität und Funktionalität der gesamten Küche.

3.1. Korpus

◊ falls zerlegbar

◊ Excenterverbindung   ◊ Trapezverbindung

3.2. Drehtüren und Klappen

◊ □ Öffnungswinkel

□ mindestens 100°   Öffnungswinkel: ....
□ mindestens 160° (Eckoberschrank)   Öffnungswinkel: ....

◊ □ einfaches, 3-dimensionales Justieren (Ausrichten der Türen)
◊ □ einstellbare Türbewegung (Federkraftverstellung)
◊ □ selbsttätiges Schließen (Schließautomatik, Zuhaltefunktion)
◊ □ gedämpfter Anschlag auf den letzten Zentimetern (Softstopp)
◊ □ einfache Montage und Demontage der Türen

□ Clip-Scharnier

◊ □ Öffnungsunterstützungen (Push-to-open / Tip-on)

◊ □ mechanisch   ◊ □ elektromotorisch

Bei Klappen

◊ □ Stehenbleiben (Arretieren) in jeder beliebigen Position möglich

Anhang D: Checkliste Küchenqualität

3.3. Schubkästen und Auszüge

◊ □ Vollauszug   ◊ □ normaler Auszug

◊ □ Materialien

◊ □ gehärteter Edelstahl
◊ □ besonders gehärtete Stahlkugeln
◊ □ gehärteter Kunststoff

◊ □ Belastbarkeit

◊ □ bei Breite bis 60 cm mindestens 40 kg
◊ □ bei Breiten ab 60 cm mindestens 80 kg

◊ □ leichter Lauf über gesamte Auszugslänge
◊ □ horizontal und vertikal stabiler Lauf (automatischer Ausgleich
   von Toleranzen)
◊ □ Softeinzug (Verzögerung auf den letzten Zentimetern)
◊ □ verdeckter Einbau (unsichtbare Technik)
◊ □ gesicherter Anschlag (Endarretierung)
◊ □ Kindersicherheitsverschluss (optional)
◊ □ Ein- und Aushängen, Justieren der Blenden

◊ □ ohne Werkzeug   ◊ □ mit Werkzeug

◊ □ Öffnungsunterstützungen (Push-to-open / Tip-on)

◊ □ mechanisch   ◊ □ elektromotorisch

◊ □ Wischlippe

◊ □ rutschfeste Böden

3.4. Systeme zum Aufhängen

◊ □ Punktaufhängung (einzelne, in die Wand gedübelte Haken)

◊ □ Schienenaufhängung (Einhängeschienen mit variablen
   Befestigungspunkten)

◊ □ Verstellbeschlag

◊ □ einfach   ◊ □ zweidimensional   ◊ □ dreidimensional

3.5. Systeme zur Standsicherung

◊ □ starrer Stahlwinkel
◊ □ verstellbarer Winkelbeschlag

3.6. Sonstige Beschläge

....

....

....

....

....

....

4. Die Arbeitsplatte

Ein Bewertungsschema über die Gebrauchseigenschaften, wie sie bei Arbeitsplatten allgemein zu fordern sind, wird vorangestellt. Anschließend werden einige Besonderheiten abgefragt, die bei den häufigsten Arbeitsplattenarten (Schichtstoff, Massivholz und Granit) vorkommen.

Bewertung der Arbeitsplatte

Hitzefest:

Die Oberfläche muss mind. 200 °C aushalten, also auch Zigarettenglut.

Wie erfüllt?
□ gut   □ weniger gut   □ gar nicht

Kratz- und stoßfest:

Messer und andere scharfe Gegenstände oder gar ein aus der Hand gefallener Topf dürfen keine Spuren hinterlassen.

Wie erfüllt?
□ gut   □ weniger gut   □ gar nicht

Resistent gegen Chemikalien: Was immer an scharfem Zeug auch auftropfen sollte, es darf der Oberfläche nichts anhaben.

Wie erfüllt?
□ gut   □ weniger gut   □ gar nicht

Pflegeleicht und hygienisch: Man muss alles leicht wegwischen können: Schmutz und Flecken aller Art. Keime, Pilze und Bakterien dürfen keinen Lebensraum finden.

Wie erfüllt?
□ gut   □ weniger gut   □ gar nicht

Lebensmittelecht: Es dürfen keine Substanzen aus der Platte die Nahrungsmittel beeinflussen.

Wie erfüllt?
□ gut   □ weniger gut   □ gar nicht

Bei Arbeitsplatte aus Schichtstoff

◊ Resopal®

◊ Fenix NTM®

◊ Sonstiger ....

◊ □ HPL-Schicht in einem Stück über die Vorderkante (Profil) bis zur Unterseite gezogen

◊ □ Profil mit Anleimer aus

□ Kunststoff   □ Holz

◊ □ Beschichtung der Unterseite

◊ □ Abtropfkerbe

◊ □ Nut- und Federverbindung

Bei Arbeitsplatte aus Massivholz

◊ □ Verbindung der Holzplanken

    ◊ □ gezinkte Verbindung in Längs- und Querrichtung

    ◊ □ Sonstige ....

◊ □ Klebstoffe formaldehyd- und phenolfrei
◊ □ Oberfläche schadstofffrei versiegelt
◊ □ Unterseite mit Schutzschicht gegen Feuchtigkeit
◊ □ Abtropfkerbe

Bei Arbeitsplatte aus Granit

◊ □ Granitqualität

    ◊ □ offenporig   ◊ □ feinporig

◊ □ Oberflächenversiegelung

◊ □ Abtropfkerbe

Sonstige Arbeitsplatte

◊ Mineralwerkstoff   ◊ Edelstahl   ◊ Glas

◊ Sonstige ....

....

5. Die Küche aus Holz:

◊ □ Holzverarbeitung

    ◊ □ massiv   ◊ □ teilmassiv

◊ □ Holzverbindungen

    ◊ □ ohne Beschläge   ◊ □ mit Beschlägen

◊ ☐ Oberfläche

◊ ☐ gebürstet und gebeizt ◊ ☐ gelaugt und gebeizt
◊ ☐ gekalkt und gebeizt

◊ ☐ Oberflächenversiegelung

◊ ☐ PUR (Polyurethan) Lack, DD Lack
◊ ☐ Hartwachs
◊ ☐ offenporig geölt

◊ ☐ Sonstige ....

◊ ☐ Zahl der Versiegelungsschichten: ....

6. Die Spüle und die Armatur

Spüle

◊ ☐ Material

◊ ☐ emaillierter Stahl ◊ ☐ Chromnickelstahl 18/10 (Nirosta)
◊ ☐ Keramik ◊ ☐ Granit
◊ ☐ Mineralwerkstoff ◊ ☐ Sonstiges ....

Armatur (Mischbatterie)

◊ ☐ Material

◊ ☐ korrosionsfreier Edelstahl

◊ ☐ verchromt ◊ ☐ emailliert
◊ ☐ vergoldet

◊ ☐ gehärtetes Edelmessing

◊ ☐ imitierte Oberfläche, z.B. Edelstahloptik

◊ ☐ Sonstiges ....

◊ ☐ Einhandmischer ◊ ☐ Zweigriffbatterie

◊ ☐ Thermostatbatterie ◊ ☐ Quooker

Anhang D: Checkliste Küchenqualität

◊ □ integriertes Absperrventil für Geräte
◊ □ weit schwenkbarer Auslauf (mindestens 180°)
◊ □ ausziehbare Brause (möglichst 150 cm und mehr)
◊ □ verstellbarer Strahl (von Mousseur- auf Brausestrahl)
◊ □ eingebautes Absperrventil für Geräte (Geschirrspüler)
◊ □ Antikalksystem
◊ □ Innentechnik (Dichtung, Kartusche) aus Keramik
◊ □ abnehmbare Mischbatterie (meistens bei Montage unter
　　　Fenstern erforderlich)

◊ niedriger Geräuschpegel beim Wasserauslauf

7. Gesundheit, Umwelt und Gütezeichen

◊ □ Holzwerkstoffe nach Norm E 1
◊ □ Emissionsklasse der Holzwerkstoffe (A / B / C / D / E)

◊ □ Goldenes M
◊ □ Blauer Engel
◊ □ PEFC-Zertifikat

◊ □ Weitere Gütezeichen

....

....

....

Notizen

....

....

....

....

....

Stichwortverzeichnis

A

Abgabepreis 185
abgesenkte Kochfläche 78
Ablagefläche 79, 93
Abluft 69, 148, 149, 270
Abluftkanal 63
Abluftleistung 149, 264, 270
Abluftsystem 62
Abschlussleisten 26
Abschlussregale 42
Abstellfläche 83, 93
Abtropfbrett 271
Abtropffläche 59, 60, 79, 257
Abtropfkerbe 133, 257, 283, 284
Acrylglas 117, 119, 177, 178, 276, 277
Acrylglasfronten 12, 117, 119
Allesschneider 64, 92, 103, 166, 171
Aluminium 121, 254, 277
Angebote 13, 139, 144, 164, 167, 172,
    173, 174, 186, 188, 206, 208, 223,
    226, 242
Anleimer 54, 124, 133, 249, 283
Anschlag 128, 129, 252, 280, 281
Anschlüsse 30, 31, 32, 193, 197, 236
Ansetztisch 99, 102, 104, 165, 170,
    172, 238, 269
Anstellfläche 43, 103
Anstelltisch 102, 103
Anzahlung 21, 195, 197, 211, 212, 219,
    220, 221, 227, 228, 229, 230
Apothekerschrank 45, 46, 98, 165, 170,
    255, 272
Arbeitsfläche 21, 34, 36, 64, 80, 84, 92,
    95, 99, 100, 102, 103, 135, 198, 269
Arbeitshöhe 21, 44, 77, 78, 89, 95, 218,
    269
Arbeitsplatte 12, 28, 29, 30, 34, 36, 44,
    54, 59, 66, 71, 77, 78, 85, 91, 92,
    100, 101, 102, 112, 120, 132, 133,
    134, 135, 136, 151, 165, 170, 189,
    231, 232, 233, 243, 256, 257, 258,
    260, 269, 270, 274, 282, 283, 284
Arbeitsplattenecklösung 54
Arbeitsplattenhöhe 265
Arbeitsplattenprofil 133
Armatur 13, 91, 103, 112, 136, 166,
    171, 176, 243, 259, 262, 274, 285
Aufhängebeschlag 130, 234, 255
Aufhängung 130, 255
Aufsatzschränke 56, 82

Auftrag 27, 173, 197, 198, 215, 225
ausmessen 29, 32
Außenqualität 109
Ausstellungsküche 17, 108, 167, 169
Ausstellungsstück 16
Ausziehtisch 272
Auszüge 41, 64, 81, 86, 91, 97, 110,
    120, 125, 127, 128, 129, 138, 165,
    170, 172, 231, 233, 273, 278, 281

B

Backofen 42, 45, 66, 78, 82, 84, 88, 89,
    92, 93, 103, 157, 159, 165, 170, 189,
    221, 232, 270
Bankbürgschaft 211, 219, 220, 228
Bartheken 55
Basiselemente 11, 38, 39, 40, 47, 48,
    86, 127, 267
Becken 58, 59, 85, 136, 263, 271
Beckendiagonale 261
Beizton 118, 217, 276
Beleuchtung 64, 99, 176, 273
Belüftung 70
beschichten 115
Beschichtete Fronten 12, 114
Beschichtung 114, 115, 123, 133, 247,
    278, 279, 283
Beschichtungsmaterialien 112
Besenschrank 98
Besteckeinsatz 139, 237
Beton 12, 118, 132, 277
Bewertungsschema 111, 132, 133,
    134, 135, 282
Blauer Engel 157, 160, 286
Blockverrechnung 13, 173, 189, 190,
    193, 210
Breitenmaße 39, 56
Brotfach 272
Bugprofil 256

C

Cerankochfeld 51, 73, 89, 148, 270
Corian® 258, 260

D

DD Lack 125, 250, 285
Deckenhaube 69

287

Downdraft-Lüftung 69, 148, 270
Dübel 36, 104
Dunstabzugshaube 49, 62, 69, 103, 166, 171
Dunsthaube 51, 63, 68, 85, 96, 176, 189, 192
durchgezinkte Holzverbindung 250
DVGW 158

E

Ecke 27, 43, 48, 59, 87, 88, 89, 97, 101, 103, 114, 118, 232, 268
Eckloch 97
Ecklösung 43, 60, 97, 102, 103, 104, 232, 270
Eckpassleiste 97, 165, 170
Eckschränke 43, 139, 272
Eckunterschrank 165, 170, 221
Edelstahl 49, 120, 121, 132, 134, 135, 138, 139, 152, 166, 171, 259, 263, 277, 281, 284, 285
Eigenplanung 18, 20, 74
Einbaubackofen 66, 148, 166, 171, 192
Einbaugeräte 11, 13, 38, 65, 68, 73, 74, 144, 166, 171, 173, 176, 183, 186, 190, 191, 192, 196, 207, 208, 210, 214, 220, 226, 236
Einbauspüle 52, 58, 59, 103, 166, 171, 176, 189, 260
Einhandmischer 262, 285
Einkaufskonditionen 13, 183, 185, 201, 208
Einkaufspreisliste 179
Einkommensteuer 218
Einlegeböden 45, 96, 123, 279
Einsätze 139, 261
Einscheibensicherheitsglas (ESG) 117, 276
Einstandspreis 185, 188
EK-Listenpreis 184, 185, 188
Elektrogeräte 153, 193, 221, 236
Elektrosmog 153
Elektrozubehör 64
Emaille 259
Endarretierung 129, 254, 281
Ergänzungsteile 11, 38, 53, 58, 64
Ergonomie 11, 75, 84, 88, 93, 104, 136, 172, 174, 223, 269
erweiterte Küche 12, 97, 167
Essplatzlösung 269
Excenterverbindungen 127, 251

F

Fachböden 41, 123
Fenix NTM® 115, 256, 275, 283
flächenbündiger Einbau 271
Flachkanalsystem 62, 270
Flachschirm 96
Flachschirmdunsthaube 99, 165, 170
Flaschenschrank 272
Folie 12, 113, 115, 119, 131, 177, 178
Folienfront 119, 247, 275
Formaldehyd 116, 153, 156, 157, 160
Frontausführungen 175, 178
Fronten 12, 39, 114, 116, 117, 118, 119, 120, 124, 129, 167, 175, 177, 178, 179, 182, 235, 247, 249, 252
Frontfarbe 195, 278
Frontoberflächen 113
Frontpassstück 90
Furnier 113, 177, 178, 246
Furnierstärke 118

G

Gasanschluss 88, 265
Gasherd 88, 152, 158, 159
Gaskochstellen 32
gebeizt 121, 125, 277, 285
gebürstet 125, 285
Gefahrstofffreiheit 116
Gefriergeräte 31, 70
Gefrierschränke 70
Gehrung 166, 171
Gehrungsschnitte 57, 104
gelaugt 125, 285
Gerätehochschrank 70, 92, 93, 189
Geräteschrank 45, 70, 93
Gerätesicherheit 154
Geschirrkorb 60, 136, 271
Geschirrspüler 61, 72, 89, 92, 137, 144, 147, 148, 166, 171, 176, 192, 232, 262, 271, 286
Gewährleistung 109, 142, 213, 219
Gewürzregale 47
Gitterschnittprüfung 113, 274
Glasfronten 12, 117, 122
Glaskeramikkochfelder 259
Goldenes M 157, 160, 286
Granit 53, 132, 134, 136, 256, 257, 260, 282, 284, 285
Griffe 120, 121, 203, 217, 267, 277
Griffleiste 120, 277
Griffmuldenprofil 120, 277

288

Grundriss 17, 24, 25, 48, 51, 86, 99, 102, 212, 231
Grundrisszeichnung 26
Gütesiegel 157, 160, 161
Gütezeichen 13, 110, 160, 161, 286

H

Halbhochschrank 46, 52, 85
Handelsaufschlag 181, 185, 189, 190
Handelsmarken 14, 144, 201, 202, 217
Händlerplanung 19, 20
Hängeschränke 30, 36, 96
Harnstoffharz 156, 245
Haubenschrank 96
Haushaltsgeräte 38, 76, 83
HDF-Platte 244, 278
Heizkörper 26, 92, 100, 231, 264, 267
Herd 22, 47, 78, 79, 152, 155
Herstellerranking 13, 141
Hochglanzlack 116
Hochschränke 11, 12, 38, 39, 44, 45, 82, 89, 95, 127, 131, 173, 176, 195, 232, 233, 236, 272, 280
Höhen 29, 30, 34, 39, 46, 49, 123, 231
Höhenraster 39, 40
Holzfronten 124, 249
Holzoberfläche 125, 134, 249
Holzverbindungen 125, 250, 284
Holzwerkstoff 44, 117, 244
HPL-Laminat 247
HPL-Schicht 132, 133, 247, 256, 283
HPL-Schichtpressstoffplatte 247

I

Indexzahlen 178
Induktion 67, 166, 171
Induktionsherde 155
Induktionskochgeräte 13, 151
Innenbeleuchtung 64, 273
Innenqualität 109
Inselhaube 69, 270
Inselküche 12, 106
Installationen 16, 265
Installationsanschlüsse 11, 30, 32

K

Kanten 112, 114, 115, 118, 122, 123, 218, 248, 257, 259, 274, 275, 276, 278, 279
Karussellschrank 101

Kasten 22, 38, 45, 65, 81, 121, 122, 128, 248, 250
Kaufpreisrückerstattung 216
Kaufvertrag 16, 20, 168, 183, 192, 194, 197, 212, 213, 214, 215, 218, 219, 220, 297
Keramik 12, 118, 119, 136, 137, 259, 262, 263, 277, 285, 286
Kernküche 12, 88, 89, 94, 96, 97, 99, 101, 103, 105, 165, 167, 170, 176, 186, 189, 221, 232, 268, 270
Kindersicherheitsverschluss 129, 254, 281
Klammerbeschläge 104
Klarglas 117, 135, 276
Klassikprofil 256
Kleingedrucktes 212
Kochfeldabzug 69, 148, 270
Kochfelder 67, 151
Kochinsel 69, 107
Kochstelle 49, 51, 69, 80, 84, 85, 88, 89, 92, 94, 95, 96, 99, 103, 113, 133, 232, 268, 269, 270
Kompaktschrank 48
Komplettküche 12, 99, 167, 173, 268
Kopffreiheit 95, 268
Korpus 12, 44, 45, 78, 109, 112, 120, 121, 122, 123, 125, 127, 142, 165, 170, 174, 221, 235, 243, 248, 249, 251, 255, 274, 278, 280
Korpusplatten 123, 248
Korpustiefe 44, 46, 50, 56
Kraftpapier 247
Kranzleisten 11, 38, 53, 57, 99
kratz- und abriebfest 117, 257
Küche aus Holz 12, 112, 124, 243, 249, 274, 284
Küchenaufbau 29
Küchenbauteile 25
Küchenblock 17, 189, 190
Küchenelemente 17, 18, 25, 26, 28, 34, 35, 37, 38, 39, 40, 74, 81, 109, 122, 127, 132, 139, 164, 217, 220, 248
Küchenergonomie 47, 74
Küchenfachberater 22, 124, 129, 182
Küchenfachhändler 19, 20, 109, 144, 145, 183, 240
Küchenfläche 24
Küchenfront 12, 46, 112, 243, 256, 274
Küchenhersteller 13, 31, 32, 35, 38, 55, 64, 76, 78, 81, 86, 94, 101, 106, 113, 116, 119, 121, 123, 125, 140, 141, 142, 143, 145, 173, 174, 177, 179, 182, 186, 189, 190, 198, 206, 223, 234, 244, 248, 267
Küchenmontage 14, 192, 219, 231

Stichwortverzeichnis

Küchenobjekte 25
Küchenplan 11, 12, 17, 18, 20, 22, 40,
  51, 96, 107, 164, 167, 168, 169, 173,
  182, 208, 217, 220, 231
Küchenpläne 17
Küchenpreise 13, 175, 177, 223
Küchenprojekt 32, 37, 107
Küchenqualität 12, 14, 108, 109, 111,
  132, 140, 141, 169, 174, 205, 223,
  243, 274
Küchenstudio 17, 18, 20, 22, 108, 116,
  120, 130, 137, 164, 186, 193, 195,
  209, 210, 212, 226, 227, 229, 267
Küchenteile 16, 25, 26, 28, 164, 169,
  195, 214, 231, 232, 267
Küchen-Test 14, 140, 198, 199
Küchentisch 99
Küchenverbände 184
Küchenvertrag 14, 210, 212, 223, 228
Küchenwagen 100
Küchenzeile 17, 50, 189, 195
Kühl- und Gefriergut 76, 80
Kühlgeräte 147
Kühlschrank 22, 70, 80, 82, 84, 85, 89,
  93, 103, 271
Kundengruppe 193
Kunststoff 117, 121, 123, 124, 131,
  133, 139, 151, 249, 255, 263, 277,
  279, 281, 283
Kunststoffbeschläge 131
Kunststofffolien 247

L

Lackfronten 12, 116, 117, 246, 247
Lacklaminat 12, 116, 119, 177, 178,
  247, 275
Laminat 114, 132, 155, 244, 247, 256
Le-Mans-Auszug 43, 101, 103, 272
Lichtblenden 11, 38, 53, 57, 99
Liefertermin 219, 221
Lieferung 193, 197, 198, 210, 212, 216,
  218, 219, 220, 225, 226, 227, 228
Lieferungsgegenstand 217
Lieferungsumfang 218
Lieferverzögerungen 14, 226, 240
Lieferzeit 226
Lifttüren 128, 129, 168, 174
Links-Rechts-Prinzip 87, 268
Listenpreis 185
Listenpreise 13, 185, 188, 189
Lochreihen 123
Lösungsmittel 246
LPL-Laminat 247
Lüftungsgitter 100, 165, 170, 265

M

Mängel 216, 237, 238, 239, 240
Maße 22, 25, 26, 28, 29, 30, 31, 49, 50,
  59, 62, 66, 78, 86, 164, 169, 217,
  257, 264, 265, 267
Massivholz 118, 132, 133, 178, 245,
  246, 249, 256, 257, 282, 284
Maßunterschiede 27
Materialkunde 14, 243
Mattlack 116
Maxi-Mini-Vergleich 146, 148, 152
MDF 112, 122, 140, 244, 274, 278
Mehrschichtlackierung 275
Melaminharz 12, 114, 115, 119, 156,
  177, 178, 244, 245, 247, 275
Melaminharzbasis 118, 122, 276
messen 11, 22, 25, 26, 29, 30, 32, 46
Messfehler 28
Messing 121, 277
Messung 24, 25, 27
Metall 12, 117, 118, 119, 120, 121,
  123, 124, 129, 131, 135, 259, 276,
  277, 279
Metallbeschläge 131
Meterküche 14, 195, 196, 198
Mikrowelle 45, 71, 150, 165, 170, 176,
  221, 232, 236
Mikrowellengerät 56, 71, 82, 84, 89, 92,
  150, 151, 153, 270
Mindestabstand 51, 96
Mineralwerkstoff 132, 135, 258, 284,
  285
Miniküche 73
Mischbatterie 58, 60, 136, 137, 189,
  243, 259, 262, 263, 285, 286
Montage 27, 30, 37, 44, 63, 96, 128,
  131, 193, 210, 211, 212, 218, 220,
  230, 233, 252, 280, 286
Montageanleitung 216
Montagekosten 218, 221
Montageleiste 234, 235
Montagequalität 12, 108
Muldenlüfter 69
Mülltrennungssystem 42, 59, 61, 91,
  166, 171, 271
Musterküche 108, 116

N

Nirosta 259, 285
Nischenausstattung 11, 38, 53, 56
Nischenmaß 50, 51
Nischenregale 56

Nischenrückwand 94, 273
Nischenschränke 56
Nischenverkleidung 94, 273
Nut- und Federverbindung 54, 283

O

Oberfläche 113, 114, 115, 116, 121,
    133, 134, 135, 138, 246, 258, 259,
    263, 275, 276, 282, 283, 284, 285
Oberflächen 112, 113, 118, 275, 276
Oberflächenbehandlung 125, 246, 249
Oberflächenfinish 113, 245
Oberschränke 11, 12, 36, 38, 44, 47,
    49, 50, 51, 56, 57, 64, 81, 82, 84, 85,
    94, 95, 96, 102, 127, 130, 176, 195,
    232, 233, 234, 255, 268, 272, 280
Oberschrankecke 48, 165, 170
Oberschrankhöhe 96, 265
Oberschrankzeile 48, 51
Öffnungsunterstützungen 129, 130,
    252, 280, 281
Öffnungswinkel 127, 252, 280

P

Pantry 73
Parallelmessung 27, 30
Passstück 90, 91, 96, 103, 268
PCB 116
PCP 116
PEFC 162, 286
PET-Folie 116
Phenolharz 245
Planung 19, 20, 39, 40, 73, 86, 89, 90,
    94, 97, 103, 105, 163, 167, 168, 169,
    173, 174, 186, 209, 223, 268
Planungsfehler 21, 28, 52, 85, 86
Planungssoftware 18
Planungstiefe 44, 180
Planungsunterlagen 169, 173, 206, 242
Platten 55, 102, 112, 122, 140, 159,
    174, 244, 245, 248, 249, 257, 260
Plattenseiten 112, 274
Plattenstärke 55, 257, 277, 278
Porzellan 138, 277
Postformingprofil 256
Preisblätter 13, 179, 181
Preisgestaltung 13, 175, 177, 179
Preisgruppen 13, 177, 178, 179, 180,
    182, 192
Preiskampf 201, 203
Preiskategorien 179
Preisnachlass 109, 173, 190, 194, 216

Preisspanne 175
Preisspiegel 13, 175, 176, 179
Preisübersicht 176
Preisvergleich 13, 164, 169
Preisverhandlungen 208, 218, 223
Produktbeschreibungen 109, 110, 119,
    130, 133, 155, 169, 218, 220, 274
Produktinformation 110
Produktqualität 12, 108, 109
Profil 120, 256, 283
Profilleiste 255
Prüfberichte 109, 110, 132
Punktaufhängung 234, 281
PUR-Lack 178, 246, 275
Push-to-open 120, 129, 252, 277, 280
Putzmittelauszug 271
PVAC-Leim 245

Q

Qualitätsmerkmale 111, 140, 218
Quooker 263, 285

R

Rabatt 168, 187, 189, 190, 198
RAL 110, 160, 161, 162
Randabsaugung 69, 270
Regal 48, 98
Regenwette 200
Reklamation 113, 240
Resopal® 115, 275, 283
Restebecken 58, 91, 103, 136, 271
Restzahlung 219, 220
Rohplatte 112, 244, 245, 274
Rücktritt 216, 228, 229, 240

S

Samtlack 116
satiniertes Glas 117, 135, 276
Satinlack 116
Schemel 81, 82
Schichtstoff 12, 114, 115, 132, 177,
    178, 256, 275, 282, 283
Schienenaufhängung 255, 281
Schließautomatik 127, 252, 253, 280
Schneidebrett 136, 261, 271
Schrankbreiten 39
Schränke 25, 27, 44, 47, 68, 81, 83,
    113, 140, 232
Schranktür 94, 238

Stichwortverzeichnis

Schubkästen 42, 64, 120, 125, 127, 128, 253, 272, 273, 280, 281
Schutzschicht 118, 133, 246, 276, 284
Sicherungsbeschlag 131
Silgranit® 260
Sockel 44, 78, 89, 165, 170, 221
Sockelblenden 64, 237, 265, 273
Sockelfüße 124, 279
Sockelhöhe 77, 218, 269
Softeinzug 128, 254, 281
Sondergeräte 11, 73
Spanplatten 122, 140, 244, 248, 256
spirituosenbeständig 276
Spülbecken 18, 58, 91, 95, 101, 257, 259, 261
Spüle 13, 21, 22, 26, 34, 59, 78, 79, 80, 91, 92, 94, 96, 103, 112, 133, 134, 136, 193, 232, 243, 257, 259, 260, 261, 263, 268, 271, 274, 285
Spülenunterschrank 43, 58, 61, 91, 103, 165, 170, 189, 221, 271
Spülmittelspender 263
Stauraum 43, 46, 68, 78, 81, 82, 83, 91, 96, 97, 99, 102, 104, 105, 174
Steckdose 35
Strukturlack 116
Stückliste 164, 165, 167, 168, 169, 170, 173, 174, 182, 183, 186, 189, 191, 206, 208, 217, 220, 221, 223

T

teilmassiv 124, 284
Thermostatbatterie 262, 263, 285
Tiefe 26, 44, 46, 96, 232, 264, 267
Tip-on 120, 129, 252, 277, 280, 281
Tischhaube 69, 270
Topfauszüge 81
Trägerplatte 112, 115, 116, 117, 132, 246, 256
Trapezverbindungen 251
Trittschemel 75
Türanschlag 93, 94, 236, 268
Türbeschlag 238, 239
Typenplan 18
Typenübersicht 180, 181, 267

U

Umluft 148, 149, 270
Unterschränke 11, 12, 27, 28, 38, 41, 42, 44, 48, 52, 58, 79, 89, 95, 135, 176, 180, 195, 232, 237, 268, 272

UV-Lack 178, 246, 275

V

Varicor® 258, 260
Verbände 183, 184, 185, 201, 202
verchromt 121, 138, 263, 277, 285
verdeckter Einbau 129, 253, 281
Veredelungsschichten 112, 274
vergoldet 121, 138, 263, 277, 285
Verkaufspreis 181, 185, 188, 190, 193
Verkaufstricks 13, 187
Verleimung 118, 276
vermessingt 121, 277
vernickelt 121, 277
Versiegelung 118, 125, 133, 276
Verstellbeschlag 281
VOC 155, 156
Vollauszug 110, 128, 146, 253, 281
Vollholz 124, 177, 245, 246
Vollrundprofil 256
Vorratsschränke 272

W

Wandabschlussprofil 54, 134, 165, 170
Wandansichten 34
Wandarmatur 34, 91, 103, 105
Wandborde 96
Wandflächen 33, 34
Wandhaube 69, 270
wartungsfrei 129, 253
Waschmaschine 72
Wasserablauf 61
Wasserprofil 256
Weißleim 245
Werkvertrag 213, 214, 219, 220, 239
Widerrufsrecht 212
Winkelbeschlag 282
Winkelunterschrank 43
Wischlippe 254, 255, 281
Wohnküche 12, 83, 106

Z

Zahlungsvereinbarungen 219
Zargen 254
Zeitdruck 194, 195
Zielpreis 14, 206, 208, 209, 223, 225
Zubehör 47, 58, 60, 145, 147, 193, 271
Zweigriffbatterie 263, 286

Hinweise

Auflagen von *Clever Küchen kaufen*

ISBN 978-3-947557-11-0   **11. aktualisierte Auflage**
(ISBN 978-3-947557-10-3   10. aktualisierte Auflage 2019)
(ISBN 978-3-9814858-9-9   9. aktualisierte Auflage 2016)
(ISBN 978-3-9814858-6-8   8. aktualisierte Auflage 2015)
(ISBN 978-3-9814858-3-7   7. aktualisierte Auflage 2013)
(ISBN 978-3-9814858-0-6   6. aktualisierte Auflage 2011)
(ISBN 978-3-9811218-6-5   5. aktualisierte Auflage 2009)
(ISBN 978-3-9811218-5-8   4. aktualisierte Auflage 2008)
(ISBN 3-9808863-3-6   3. aktualisierte Auflage 2006)
(ISBN 3-9808863-7-9   2. bearbeitete Auflage 2004)
(ISBN 3-9807393-7-6   1. Auflage 2002)

© Verlag Günther Net Publishing

Besuchen Sie die Internetseiten

www.clevermoebelkaufen.de
www.cleverkuechenkaufen.de

und

- ✓ abonnieren Sie die **kostenlose** Online-Zeitschrift **Möbel-Tipps** (ISSN 1616-2013)
- ✓ lesen Sie viele weitere wertvolle und aktuelle Informationen zum Thema Möbelkauf.

Haftungsausschluss

Der Inhalt des Buchs wurde sorgfältig recherchiert, bleibt aber ohne Gewähr für Richtigkeit und Vollständigkeit.

Autoren und Verlag haften nicht für Schäden, die auf die Nutzung oder Nichtnutzung der dargebotenen Informationen oder auf die Nutzung oder Nichtnutzung fehlerhafter und unvollständiger Informationen zurückzuführen sind.

Urheberrechte Dritter

Alle in diesem Buch genannten Firmen und Produkte dienen lediglich der Information des Lesers und könnten Marken sein. Die Markenzeichen sind Eigentum der jeweiligen Hersteller, Handelsunternehmen oder sonstigen Inhaber und sind gesetzlich geschützt ®.

Soweit Texte, Abbildungen und Grafiken verwendet wurden, die fremden Urheberschutzrechten unterliegen, sind sie autorisiert oder es konnte kein Copyright festgestellt werden. In solchem Falle wird um nachträgliche Nutzungsgenehmigung gebeten.

Kontakt

Verlag Günther Net Publishing
Inhaber: Olaf Günther
Gertrud-Bäumer-Weg 4
D-71522 Backnang
Telefon: (0 71 91) 34 55 37 - 1
Telefax: (0 71 91) 34 55 37 - 2

Internet: www.cleverkuechenkaufen.de

ISBN 978-3-947557-01-1

Sie wollen **weniger Geld** für Ihre neuen Möbel bezahlen? Dabei aber auf Qualität nicht verzichten?

Clever Möbel kaufen bietet Ihnen 99 Tipps, mit denen Ihr Möbelkauf zum stolzen Gewinn wird – Gewinn durch hohe Einsparungen und langlebige Qualität, die Sie mit einfachen Tests wirksam selbst geprüft haben. Die Möbelexperten Heinz G. und Olaf Günther verraten Ihnen

- ✓ wie Sie den niedrigsten Preis herausholen,
- ✓ wie Sie die Möbelqualität selbst fachmännisch beurteilen,
- ✓ was hinter Blendwerk steckt (z.B. Sonderangebote, Räumungsverkäufe, Rabatte und Prozente),
- ✓ was im Kaufvertrag drinstehen muss und was nicht,
- ✓ wie Sie Reklamationen erfolgreich hinter sich bringen.

Die Hintergrundinfos über fast alle Möbelbereiche (Polster- und Kastenmöbel, Tische und Stühle, Matratzen, Marken- und Designermöbel et.) werden leicht verständlich dargestellt mit Beispielen, Grafiken und Bildern. Mit diesem einzigartigen Ratgeber wird Ihr Möbelkauf zu einem Kauferlebnis der besonderen Art!

Erhältlich unter **www.clevermoebelkaufen.de** oder im Buchhandel!

ISBN 978-3-9811218-8-9

Clever mieten? Müssen Sie heutzutage bereits clever sein, nur um wohnen zu können? Mag sein, dass Sie als Mieter eine Wohnidylle gefunden haben. Möge sie Ihnen erhalten bleiben! Was aber, wenn

- sich an den Wänden Schimmel bildet?
- die Wohnfläche kleiner ist als im Mietvertrag angegeben?
- von außen andauernd störender Lärm in Ihre Wohnung dringt?

Denken Sie jetzt etwa daran, die Miete zu mindern? Fragen Sie sich, wie das geht?

Oder: Die Mietnebenkosten sind wesentlich höher, als der Vermieter zuvor veranschlagt hat. Oder: Die Miete wird drastisch erhöht. Fragen Sie sich, ob Sie etwas dagegen tun können?

Christian Franz ist Fachanwalt für Mietrecht und hat sich mit diesem Ratgeber auf die Seite der Wohnungsmieter geschlagen. Er stellt Ihnen sein profundes Rechtswissen praxisorientiert zur Verfügung. Damit Sie als Haus- oder Wohnungsmieter von Anfang an alles richtig machen!

Erhältlich unter **www.mietrecht-information.de** oder im Buchhandel!